环境与规划国家级实验教学示范中心支持项目
河南大学区域发展与规划研究中心支持项目
教育部产学合作协同育人项目（202002060063）
河南省高校科技创新人才支持计划项目（人文社科类：2021-CX-016）
河南大学本科教学改革研究与实践项目（HDXJJG2021-034）
河南大学研究生教育教学改革研究与实践项目（YJSJG2022XJ028）
河南大学研究生培养创新与质量提升行动计划项目（SYLKC2022003）

大学生应该知道的事

丁志伟◎著

Things Undergraduates Should Know

中国经济出版社
CHINA ECONOMIC PUBLISHING HOUSE
北京

图书在版编目（CIP）数据

大学生应该知道的事 / 丁志伟著. -- 北京：中国经济出版社，2023.4

ISBN 978 - 7 - 5136 - 7198 - 9

Ⅰ. ①大… Ⅱ. ①丁… Ⅲ. ①大学生 - 学生生活 Ⅳ. ① G645.5

中国版本图书馆 CIP 数据核字（2022）第 247519 号

责任编辑 丁 楠
责任印制 马小宾
封面设计 久品轩

出版发行 中国经济出版社
印 刷 者 北京富泰印刷有限责任公司
经 销 者 各地新华书店
开　　本 710mm × 1000mm 1/16
印　　张 17.5
字　　数 290 千字
版　　次 2023 年 4 月第 1 版
印　　次 2023 年 4 月第 1 次
定　　价 69.80 元
广告经营许可证 京西工商广字第 8179 号

中国经济出版社 **网址** www. economyph. com **社址** 北京市东城区安定门外大街 58 号 **邮编** 100011
本版图书如存在印装质量问题，请与本社销售中心联系调换（联系电话：010–57512564）

序 言

FOREWORD

没有想到，我的学生丁志伟教授竟然费神费力写了这样一本指导当代大学生如何过好大学生活、如何准备考研的书，作为多年从事高等教育管理与教学的老师，我甚是欣慰。当今，许多人认为大学生学习劲头不高、上进意识不强、不愿吃苦受累、不懂奉献感恩，甚至让“精致的利己主义者”“你大学生了吗”成为流行的嘲讽说辞。大学生是民族的精英、时代的希望、国家的未来，如此状况让人揪心！

我认真读完了《大学生应该知道的事》的初稿，惊异地发现志伟对大学生面临的学业问题、心理问题、情感问题竟然了解得如此全面、透彻，对大学生的人生宗旨、价值观念、方向选择、自我疏导等竟然解析得如此深刻！岁月催人老、晚辈催人老，我不服老，从来无视岁月、晚辈的催老。现在，当年那个小丁竟然变成了老丁，而且是老辣的老丁，老师怎能不老？但是，身边能有一大群这样的“老丁”，老师的老是快乐的老、幸福的老！

这本书包含两部分内容。前一部分重点讲大学生该如何面对各种可能遇到的事务并如何解决，旨在有效地帮助大学生正确处理大学生活的常见问题，以心理疏导的方式给出了许多亦师亦友的建议、规劝与指点。后一部分主要讲大学生为什么要考研、如何备战考研、如何度过研究生学涯的初始阶段等问题，有助于准研究生们提前适应研究生生活。

掩卷沉思，免不了要想到本书作者与这本书的内在联系。我的结论是：志伟有资格、有条件，也有相当的积累写这本书，因此书中所述切合实际、鲜活生动，读者一定会开卷有益；志伟把自己的位置摆得很平和，即“亦师亦友”，从而创造了一种很独特的语言环境，以人生导师、亲密朋友甚至兄弟姐妹的心绪、口吻与大学生说话。

志伟有从两个方向“看世界”的经历。一个农家子弟，从为了上大学而报考专科类学校开始，到专科升本科，再到硕士、博士，他整整花费了十年光阴，最后手捧博士研究生优秀毕业论文结束了学生生活。其中的曲折、压力、艰辛乃至苦楚，他自知，我也知；其中的心无旁骛、志坚若磐、自律磨砺、勇毅向前，他不一定自知，我知。他自感是一名不倦的求索者、不休的奋斗者，甚至是不惧的孤勇者，当然也是我国这十年高等教育的亲历者、亲受者、获益者。2014年志伟毕业留校，至今也有八个年头。从年轻助教做起，到讲师，再到副教授、教授，从本科生主讲教师做起，到硕士、博士研究生导师，再到河南大学地理与环境学院区域与城市科学系主任。大家看到了他的快速进步，该是怎样的“春风得意”。但有谁知道在坚守初心、砥砺前行的路上他付出了多少劳动与汗水？我不知但能想象得到，他应该自知，他的师兄弟和院领导、老师当知，他的生活伴侣更知。

志伟用十八年黄金岁月从“学”与“教”两个方向看世界，看中国大学、中国大学生，当然有许多话要讲，当然能感悟出一些道道，而且是非常鲜活的道道。这为他做一名合格乃至优秀的大学教师奠定了基础。

至于“亦师亦友”，本该是新时代大学师生关系的必然，但也有一些令人痛心的扭曲。极个别为师者失尊无道，极个别为学者丢弃了尊师重道。志伟坚持“亦师亦友”，不知不觉中成了一名拥有40多万粉丝的与大学生谈心的抖音短视频创作者，前两年出版的《研究生是如何炼成的：学术研究与论文写作导引》一书也获得了读者的欢迎。所以，我有理由相信，这本《大学生应该知道的事》同样会得到大学生的认可，甚至吸引大学生家长与大学老师阅读并反思。

听志伟说，未来3~5年还要撰写一系列有关硕士生、博士生的著作，我会心一笑。我相信他能够写出来，而且有能力写出来高质量的研究生导引书，因为我相信他的干劲、钻研劲和拼命劲，让我们期待吧。

我还想提醒老丁：“你做的这些事，是人民教师传道、授业、解惑的本分，理当支持。但莫忘了我们中原学者的地域使命，‘中原崛起是中原学者的中原梦’，你的中原城市—区域综合发展、协调发展研究还有很大的拓展、提高、深入空间。”

老丁，你大胆地往前走！

王发曾[①]

2022年9月1日于河南大学新民苑

① 河南大学原副校长。

前 言

PREFACE

受新冠肺炎疫情影响，我的教科研工作放慢了一些，但我的心却沉重起来了，因为出版社几次催我这本书的进展，我都有些不好意思了。说起这本书，最初就是想给即将上大学的高中生或者要准备考研的大学生说一些心得体会，使大家在不了解情况的时候少吃些亏。比如，很多学生以为大学里面只要好好学习，成绩好就可以轻松保研，所以心里觉得成绩还是改变人生命运的核心因素，其实保研还受很多其他因素如学科竞赛、社会实践等方面积分的影响；很多同学以为大学是自由的天堂，谈恋爱是“必修课”，必须轰轰烈烈地谈一场，哪怕身心受到伤害也在所不惜，其实大学里谈恋爱可能只是“选修课”，甚至可有可无，建立科学的爱情观、婚姻观才是最重要的。还有一件事让我印象深刻，一个同学不了解专业型硕士（专硕）和学术型硕士（学硕）的区别，以为只要考上硕士研究生就可以轻松地读博，其实不然，后来他了解到这个专业选择专硕，读博的机会就很渺茫了。总之，大学里面同学们会遇到各类事，还面临就业和考研的抉择，一旦贸然选择，会造成一些不可预知的深远影响，甚至让人痛苦不堪。我虽然是一个爱和学生谈心的老师，但不可能针对每个同学面临的具体问题进行解答，于是我就萌生了写这样一本书的初衷和打算，希望能解决大部分同学面临的一些困惑。

我写这本书，虽不可能完全解决大学生或者准大学生面临的一切困惑，但希望通过我已有的经历和感悟帮大学生渡过一些难关，解答他们的一些疑虑或者不安，帮助大学生健康成长。本书的架构是按照从准大学生到大一、大一到大四、大四到准研究生的过程变化和各个阶段应注意的问题展开的，时间轴线式的撰写非常明显，也希望不同年级的同学随手翻阅时有所收获。当下，受就业形势、新冠肺炎疫情、国内外环境等主客观因素影响，很多大四的学生在毕业时选择了考研，以减缓自己的就业压力和求得学历上的提升，那么考研就成为大学生毕业时要关注的焦点话题。因此，根据大学生阶段性特征和考研面临的各类问题，我将整本书分为两个部分，即前17章重点解答大学生不同年级面临的阶段性问题，后15章重点分析大学生考研面临的一些常识性问题和解析考研初试、复试应注意的事项。从前半部分看，本书不仅解答了大学生可以学到什么、四年如何度过、应该明白的一些道理，而且针对大学生面临的实际问题如转专业、保研、入党、职业定位等进行了解答，还针对学生社交技巧的不足进行了专门论证。此外，前半部分最后几章还针对学生参加社团、谈恋爱以及毕业准备进行了分析，期望为学生自我成长提供支撑。在后半部分，本书不仅介绍了为什么要考研、考研的基本常识、考研与考博的关系等，而且针对如何应对考研初试、准备复试、选导师、师生交流等进行了回应和解读，提出了相应的解决之策，以期能实实在在为准研究生提供一些帮助。此外，针对部分准研究生不知道如何度过暑假、不明白读研为了啥进行了分析，解读准研究生开学前面临的一些综合问题。虽然书稿针对大学生求学、考研等方方面面的事情进行了解读，但值得说明的是，学生还是应以学业为重，所以论证的重点依然是学习能力的提升、专业技能的提升、心态上的调整和心理健康方面的调节，不是“包治百病”的，因为不同阶段、不同个体的大学生认知不同，所面临的具体问题也不同。无论怎样，我以解答式、分析式、论证式、解惑式以及心理疏导式等多种方式提出了一些解决之道，希望对一些心态失衡的、学业困惑的、彷徨无助的大学生有些帮助，也不枉费我写这本书的初衷。

人生之事，不如意十之八九，但如果能提前了解一些基本的规则、可能出现的问题和能避免的“坑”，还是有助于未来大学生的身心健康的。当然，有人看完书可能会说，书里都是一些基本层面的内容，没有深入骨髓、触及灵魂的解答，没啥意思；有人可能会说，老丁的书都是一些基于自身感受的“自以为是”，对我们年青一代的帮助极小；还有人可能会说，老丁的心灵鸡汤有“毒”，没事少读，可能面临新的彷徨……不管怎样，老丁就是发挥了自身的一些余热，传递当代大学老师应尽的一份社会责任，期望能对和这本书有缘的同学有所帮助，让其有了一丝丝开悟、心理或者感情不再压抑了，我就知足了，毕竟“佛度有缘人”，能领悟多少就多少吧。

由于书稿的一些内容源自我“老丁说研究生”抖音号的创作视频，所以让我带的研究生如马芳芳、赵芮、余九月、李志远、张希阳、罗婉琳、王芸彪、本楚岑等进行了音频的解译和基础文字的整理，在此表示感谢！由于书稿中收录了一些以往采访的内容、撰写的小文章、我与学生的对话、研究生的邮件等，在此对杨雪娇、马韵佳、刘徐然、毛佳圆、张路遥、王闯等同学表示感谢！当然，本书的成稿，离不开校院各级领导的支持和恩师的督导，离不开同事、好友、家人、同学的支持，离不开粉丝们的殷殷期盼和时时催促，离不开一路关心老丁成长的热心人，在此一并表示感谢！此外，也离不开河南大学地理与环境学院提供的大力支持，离不开环境与规划国家级实验教学示范中心、教育部黄河中下游数字地理重点实验室、河南大学区域发展与规划研究中心、河南大学区域经济研究中心等国家级、省部级平台的支撑，在此感谢这些“窝”和“家”的保障。最后，感谢为书稿出版提供帮助的中国经济出版社的编辑们，尤其感谢丁楠编辑在繁忙工作中的及时交流、耐心等待，你们辛苦了。

不知不觉，夜已深，时间将近零点了，也就到了9月份的第一天，教师节快到了，书里撰写了很多关于对恩师王发曾教授的祝福、谢意的文字，作为一份礼物送给他，道一声教师节快乐！

由于个人学识和能力所限，加之有些文字来源于“老丁说研究生”的口播内容，内容肯定有很多不足甚至错误之处，请有缘看到全文的师生多多批评指正！

丁志伟

2022年8月31日于开封家中

目 录

CONTENTS

第十四章　你适合担任学生干部吗

第十五章　你需要参加社团活动吗

第十六章　谈恋爱的事你悠着点

第十七章　给即将毕业的你十一条忠告

第一章 上大学你到底要学些什么

在经历了高中阶段的高强度学习、高密度做题、高目标追求，又经历了高考志愿填报的煎熬之后，很多准大学生期待着进入目标院校或者调剂院校后，可以自由地享受大学生活，可以少受些精神折磨，甚至可以痛痛快快谈一场恋爱。殊不知，有些期待或者畅想，如“大学时代就是理想的伊甸园，想干什么就干什么”“大学时间自由，不用特别努力”“大学期间，打游戏都正常”等是家长为了让孩子考上大学的“一时之计”。下面结合笔者大学期间的经历和作为大学老师、研究生导师的一些体会，给即将进入大学学习的高中生、准大学生或者说“大 0”生，以及已经进入大学学习的同学们，分享上大学究竟是为了什么。

一、知识之力量

21 世纪以来，知识的更新、互联网的升级、智慧便利的生活等都需要我们不断地适应教育信息化时代的新要求，因为你一旦停止了学习，很多时候就会适应不了信息技术带来的改变，就不能很好地理解身边人交流的话题，甚至不理解一些热点话题带来的潜在价值。总之，这是一个知识经济、数字经济和信息经济的时代，你需要抱着“学到老、活到老”的价值导向，正确地看待生活的改变和辩证地处理自我成长与社会变化的关系。

在大学期间，学习一门专业知识固然重要，因为它关系着你未来的职业方向和职业技能。有些大学的学科是体系类布设，并没有职业技术类专业的培训式教学，所以有些专业的大学生并没有学到应用型本领，更多学到的是知识性素养和综合类普适性内容，应对职业发展和专项技能发展就显得不足。

有学生就开始抱怨，学习这些专业没什么前途，将来还需要自己重新锤炼技能去适应复杂的社会，发出“上大学也没有什么用”的感慨！还有学生看到有些名牌大学毕业的学生去卖肉、卖课、当快递小哥或者创业做生意等，会发出“你大学生了吗”的嘲讽！不可否认，大学阶段教师传授给学生的专业知识、实操技能和价值方向依托于学生学习的地方环境、师资匹配和学生素质，也依托于助力其成长的知识殿堂氤氲。引导一个人真正发生改变的不是大学专业，而是一些重要人物的影响、一次重要的生命历程蜕变、几句社会刻薄的讽刺等，这些并不完全和专业知识学习相关。在重要人物的影响下，很多大学生会意识到大学非楼宇之高，而是大师之高，因为这些大师在课堂内、课下间、生活中让人成长的话、触动心灵的语言是一剂良药，这些在校园生活之外无法获得的内心感悟，会让人有质的改变、精神的升华，对今后专业技能的形成、拼搏进取精神的养成意义重大。有人说，老师的一句话让我受益终身，助力我在人生痛苦的节点发生蜕变，笔者深信不疑，因为这就是大学知识传递之力量。如果你大学期间遇不到好的导师，遇不到好的传道授业解惑者，遇不到精神激励的心灵力量，请不要放弃，因为只有经过大量的历练后，你才可以奔赴更宽广的知识舞台，才能遇到更好的自己。如果你在大一大二还很迷茫，请读读之前笔者仿写网络段子的这段话，希望对你有所启示：

我知道你这段时间上课很烦
除了一两个讲得还不错的老师
其他的课没有意思，而且老师长得也没啥意思
感觉自己很无助、很佛系、很了无牵挂
但是，请你坚持一下
千万别自暴自弃、自怨自艾
前途取决于你的奋斗状态，而非眼前的困境
唯有相信自己
有了内心的坚定、主动的求索和积极的拼搏
才能有所成绩
要不然校园生活中

就只剩下躯壳支撑下的你

上大学也就没有了意义

说了这么多，大学里面究竟要学习什么知识？笔者认为，不仅要认认真真学习专业知识，为将来的工作奠定扎实的专业基础；还要学习社会进步的力量，充实自己内心的厚度，为将来人生遇到的坎坷提供解决之法、心理困惑的解压之道，从而以更积极的态度迎接未知的人生。

二、精神之信仰

有人说，大学是知识的殿堂，是放飞梦想的地方。这句话，没有太大的问题，因为大学生除了学习专业知识之外，还可以接触到很多科研顶尖人才和教学名师，为自己的求索方向明确、励志人生书写、精神追求实现提供“偶像”支撑，有了更加充盈的力量，进而产生了精神之信仰。关于科研顶尖人才，如院士、中国社会科学院学部委员、国家杰出 / 优秀青年科学基金获得者、入选国家级百千万人才工程人士或者获得其他地方称号的学者、省 / 校特聘教授、省优秀专家等，自带光环和科研魅力，为国家建设贡献了力量。关于教学名师，有国家万人计划教学名师、全国优秀模范教师、省 / 校级名师等，他们不仅具有扎实的教学技能与课堂创新教学方法，而且对师生关系的重塑、现代化教学方法的应用、学生心智的开启具有重要意义。有人说，大学教师教是为了不教，让学生学会积极主动地思考并提升学习效率即可，让学生有奋斗之力量和克服各种困难之法即可，笔者深信不疑。事实上，这种教学理念有其道理，因为大学本来就是一个以自我学习为主的地方，如果大学生还要老师一步一步教该怎么做，那么其创新精神就无从谈起了。在培养过程中大学老师发现，由于很多大学生缺乏独立思考之精神、创新实践之激励、克服困难之方法，学习之初风风火火干劲十足，但后来往往限于各种理由推进不下去或者主动放弃了。因此，基于大学生心理的发展需求，从职责出发，大学老师应多与学生谈心、多鼓励学生尝试、多激励学生奋勇争先等，这是现代大学师生关系转型的重点。在这种形势下，一些大学生班主任、本科生导师制政策的出台和实施，对塑造大学生的精神品格具有重要意义。不可否认，《开学第一课》《名师讲坛》等节目为学生提供了精神升华的动力，但在现实的校园生活中，很多大学生在心理上、精神上还面临着诸多压力，自身找不到应对之策。因此，在教学科研之外，笔者乐于与学生交流，为学生的思想开悟、智慧启迪、心理疏导等提供一些帮助。正如笔者接受河南大学党委教师工作部谷晓萌老师委托，就师德师风谈的一些寄语所述：

作为教师，传道授业相对容易一些，因为术业有专攻，也是职责所在。但在解答疑惑方面，尤其是在大学生面临的心理压力、生活困惑、就业学业抉择等方面就显得有些不足，因为教师也面临着诸多教学科研压力。我喜欢和学生交流，希望自己的一点见解、感悟能帮助他们，使其摆脱颓势、看清目标、重拾信心等，以更积极的状态面对未知的人生。有老师说，让资质一般的学生成才，让资质中等的学生优秀，让优秀的学生更出彩，这就是教师的作用。我很认可这句话，因为这是师德精髓之要求，也是立德树人的师之践行。

笔者坚信，在真实的校园生活之中，良师的一句真心点拨和用心鼓舞，对生命的改变意义重大，甚至是人生前行的灯塔。笔者记忆最深的一件事就是当时一位老师在课堂上用“一辈子不发疯，你就成不了功”之类的话，激励大家一定要努力学习，才可以通过奋斗获得自己想要的生活。虽然这句话对很多人来说就是一句“打鸡血”“心灵鸡汤”的空喊，没有什么实际意义，然而对笔者当时所处的场所、心境而言，这位老师的话深深地印入了笔者心房，成为笔者考研路上的重大精神支撑、遇到难事的自我调整动力。因此，笔者在培养学生心灵成长的课堂中，或者是课下的师生交流中，都会从目标、意志和奋斗层面，多与学生谈心，让其获取精神力量，让其更加有动力去拼搏自己未知的人生。

三、技能之掌握

有同学说，大学不就是把本门专业课学好，为毕业打好基础吗？有这种想法的同学，可能还是高中生思维或者是对大学生活还不了解，对大学期间应获取的深入性技能思考不够。由于在高中阶段开设的课程不同、家庭环境不同、社会认知的深度不同，以及高考复习的压力，很多学生往往不具备基本的社会技能，就像一个躲在象牙塔的“书呆子”。例如，操作基础软件如

office 的熟练程度如何？课堂汇报 PPT 和展示技能如何？对基本的社交礼仪熟悉吗？键盘打字的速度能到一分钟 200 字以上吗？这些技能老师不会专门教，是在潜移默化的过程中沉淀出来的，但对未来的生活、工作、学习非常重要。还有很多日常必备技能如买东西砍价、修电脑、换灯泡之类的，很多学生也不了解，也不想去提升，所以要正确看待自身"原始"家庭、已有不良学习习惯等方面带来的影响，努力缩小与同龄人之间的社会技能差距，以便自己在今后的工作中少受些窝囊气。总结来看，笔者认为大学生应重视下面几种技能的学习：

（1）专业类，包括制图、动手实践、专业软件使用、仪器操作等，这是安身立命的基础保障。

（2）英语类，包括通过四六级考试、提升专业阅读能力、提升日常口语表达等，这是拓展生存空间的重要支撑。

（3）计算机修理类，包括重装系统、解决卡顿、换内存、装硬盘等，这是提高工作效率的重要技巧，也能为他人提供方便。

（4）绘图类，包括 office、美图秀秀、PS 等简易操作软件的使用，这是处理各种日常材料的保障。

（5）文字撰写类，包括新闻稿、小论文、报告总结等方面的内容撰写，这是今后处理工作总结的前期锻炼。

（6）汇报类，包括汇报 PPT、师生交流等方面，这是今后工作场合用到的技能。

（7）基本礼仪类，包括乘电梯、坐商务车、社交用餐等方面的礼仪，这是今后日常工作细节做到位的保障。

（8）生活技巧类，包括代人购物、出行安排、组团旅行等方面的处事方法，这是促进人与人和谐相处的小技巧。

（9）主动学习类，包括深入分析问题、获取相关知识、付费学习专业技能等方面的能力，这是主动上进的客观保障。

（10）处世哲学类，包括应对他人刁难等方面的方法，这是让自己身心健康的重要保障。

总之，上述仅仅是笔者感受到、接触到的，还有很多没列举的技能，希望对大学生有所帮助，不要陷入自己上大学什么也学不到的误区，从而导致“毕业即失业”的尴尬局面。

四、薪火之传递

也许是受人近四十、不惑之年将至的影响，笔者总觉得大学老师学到的有些知识、技能或者道理应该传授给下一代，下一代不一定是自己的儿女或者学生，而是自己品格能影响到的人，以更好地让大学“明德、亲民、止于至善”的精神薪火传递。作为大学生，既要接受老一辈革命先贤、老师等传授下来的各种技能，也要学习一些大师传递下来的内在精神力量或者闪光点，从而为健康、高质量发展提供力量。有人说，笔者搞自媒体、玩抖音“不务正业”，其实笔者就是想发挥余热将一些有用的知识点、技能传递下去。看到此处的诸君别嫌笔者显摆自己，因为这是笔者的真实想法。所以大学生在求索的过程中，要有这方面的意识，清楚自己承接上一辈知识、技能、力量的重要性，也要把这些闪光点传递给下一代，从而达到智山慧海传真火、愿随前薪作后薪的精神传递之目的。下面内容是笔者 2021 年接受河南大学《新研究生时代》杂志专访的一些感想，虽然内容是针对研究生的，但还是希望一些精神力量能传承下去，帮助大家成长。

师者：引路导径，追求至善

本科生与研究生的培养方式不同。本科期间学生主要学习的是基于自身专业的“通识”知识与技能，而不聚焦于具体的关键领域和核心环节；而研究生阶段，要跟着导师做某些核心或者关键领域的具体研究，聚焦于特定的知识领域，要解决科学问题或者探索未知。可以说研究生阶段学生接触最多的人就是自己的导师，导师给出方向、方法，学生去探索研究方法、研究路径。那么，研究生如何与导师相处？师生之间应该保持何种相处模式？关于这个问题，在丁老师 5 月份参加的教职工演讲比赛中找到了答案。

丁老师在我校“中国梦•永远跟党走”演讲比赛中表现出彩，作品《老竹青翠，赤心铁骨》在比赛中获得了二等奖。作品中的“老竹”就是丁老师的博士研究生导师、河南大学原副校长王发曾教授，主要研究人文地理学、城市地理学，曾任国际地理联合会（IGU）数学模型委员会委员、中国地理学会城市地理专业委员会副主任委员、中国区域科学研究会理事、中国商业地理学会理事等学术职务。被问到为什么会做这样一篇演讲，丁老师表示王发曾教授对其科研路上的成长有三个方面的重要帮助。

首先，给其引路导径，培养思想启迪的智慧。他说："读研期间，导师给我的指导不是单纯的技法，而是给我方向性的指引。例如，对于一篇待发表的论文，他不会在原文直接帮我修改，而是在旁边标明'这样表述会不会好一些''用这个词会更好''应该朝这个方向'等这样的方向性引领或者批注，给我带来了思想上的启迪，对我的研究生生涯以及后来读博影响重大。"

其次，强调追求"至善"，注重思想碰撞。丁老师很动情地表述道，读研期间，自己与导师王发曾教授就某一专业问题也有过激烈的争论，甚至是争吵，但单纯是学术探讨，事后两个人在科研、生活等方面的关系没有受到丝毫的影响。丁老师强调，在学术问题上，师生之间就应该是自由平等交流，就应该围绕问题进行深入碰撞，否则真理很难在研究中呈现。

最后，外传学术之道，内塑人文精神。除了在学术道路上强调追求真知、不畏探索之路艰辛外，王发曾教授也是一位关心学生，有人文关怀的老师，经常和学生进行深入谈话。对于某些学术不解，王发曾教授常常会耐心地与其研究生深入交流两三个小时，无论是面谈还是打电话，都会认真交流，直到把问题弄通弄透。对于生活中有些细节，导师除了嘘寒问暖的表达外，还时不时送一些衣服、小礼物，让人感动不已。总之，王发曾教授既像一个关心学徒的传道者，也像传递真心真爱的家人、亲人，能解答丁老师所遇到的学习、生活上的困惑。"这样的人文关怀给了我很大的力量支撑，使我对一些事情的理解更深刻，在面对一些困难时就觉得没那么难了"，丁老师说道。

刚刚入学的研究生常常会担心导师不喜欢自己。那么，导师究竟喜欢什么样的学生呢？丁老师表示，对于这个问题要分为理想与现实两个方面。就理想层面而言，导师常常希望学生参加过一些项目、比赛，掌握一些专业技能；也希望学生与人交流的能力强，办事灵活，能很好地完成导师布置的任务，具备一定的执行力；还希望学生有一定的想法，能带给导师思想上的灵感；更强调学生需要具备一些其他方面的素质和能力，例如身体素质好有韧劲、具备驾驶能力、能适应调研等。

当然以上这些都是理想的状态，现实生活中，丁老师对学生的期待主要有以下三点：第一，能够按照导师要求、时间节点开展任务，有较强的执行力。此外，研究生还要能够及时跟导师反馈，以产生有效的互动，否则在整个过程中，导师并不知道进程，从而白白浪费了时间，也就影响了工作的效率。第二，能够脱离导师的“拐杖”作用，具备独立思考的能力。对于某些自己不会的问题，研究生要思考自己缺哪方面的技能，主动去解决遇到的困难。具体而言，不会的软件就去自己学，不懂的问题可以找视频自己看，也可以跟身边的老师同学交流。总之要积极主动地思考问题、解决问题，而不是干瞪眼。第三，能够顶得住导师的“火气”，具备听进一些尖锐建议的胸怀。科学探索的过程不是一蹴而就的，要经过一番苦难，甚至实验操作好几遍才能找到正确答案，因此要做好“渡劫”的准备。如果研究生仅仅因为一次实验没做出来就灰心丧气，听到老师提出一点批评意见就气馁，只会让自己压力越来越大，科研的路也就越走越窄。因此，在师生相处中，如果研究生觉得有时候老师说的话太尖锐，不要急着反驳，而要学会听得清“话里”的期待。此外，丁老师指出，研究生也不能时刻紧绷着神经，要学会通过喜爱的运动进行调节，尤其当做出一定成绩时可以适当放松一阵。

学者：追根溯源，持之以恒

所谓研究生，也是学者的一种，但只是刚入门的探索性学者。在其成长的过程中，也需要在专业领域发现问题并提出解决之道，让自己的研究成果体现在学术论文上。如何发现选题、撰写论文以及发表论文也是研究生普遍关心且困惑的问题。对于这个问题，丁老师曾在2019年独立完成并出版了《研究生是如何炼成的：学术研究与论文写作导引》一书，目前该书也在各大平台热销。被问到为何会想要出一本这样的书，丁老师表示，作为一名研究生导师，在指导学生的过程中发现大多数学生常常并不明白自己为什么要做这个研究，而且经常出现懈怠、意志力不强等问题，因此需要给予一定的方法引导；也发现一、二年级的研究生存在文字表达能力不强、句子之间的衔接缺乏语言逻辑、画图能力不强、论文格式不正确等问题，需要给予科学的指正并纠正其常见的问题。这些都是同学们的普遍问题，自己与其一遍遍给每位同学讲解，不如将其整理成一本书，供所有同学参考学习。除此之外，丁老师认真思考后，发现学术问题、科研写作背后是师生相处问题，因此其著作中也指出了师生相处的一些原则，为不懂师生相处之道的学生提供了一些方法。

如何界定一篇论文是否是优秀论文？丁老师认为，并不是非得发 SCI 几区或者发 CSSCI 顶刊的论文才是优秀论文，对于初涉研究之路的研究生，除去资质、禀赋的差异之外，能通过自己独立思考、加工和实验，解决一个科学问题，探索出一些规律就具备了学者的探索精神。因此，在科学方法引领下的创新发现或者有不一样观点的论文都可以称得上是一篇优秀的论文。

对于大多数研究生都困惑的论文写作与发表的问题，丁老师认为首先要选好题、聚焦前沿，因为学术前沿能解决经济社会发展的核心问题，为科学的前进贡献力量。如果导师没有给自己提供选题方向，自己就要多读代表性、典型性文献并努力读懂，进而找到一个问题去探索和攻克。丁老师指出，研究生要明白高质量学术成果的产出主要靠的是自我探索的能力，其本质是自驱力，因为学会带着科学问题去探索，才能在探索的路上不畏风雨、勇闯险途。在论文投稿阶段，一定不要盲目投稿，应该多找导师把把关，把框架体系弄得再合理一点，把语言再做一些凝练、把图件再优化一下、把内容弄得再深入透彻一点，这样投稿成功率会更高一些。

此外，研究生阶段常常听到有同学抱怨导师对自己“放养”。在丁老师看来，如果导师对自己要求比较松，而自己又从不主动进行思考，那才是真正的“放养”。我们不可能永远遇到带领自己成长的人，因此书籍、视频、身边的同学等都是老师，让他们进一步引领你成长。因此，研究生要学会自己想办法，寻求正确的路径去攻克难关，最终一定会拨云见日，遇见闪光的自己。

“人”者：内外兼修，历劫渡难

随着研究生规模的不断扩大，研究生之间的竞争更加激烈。“内卷”与“躺平”代表了两种不同的学习态度。很多同学主张“反内卷”，但是我们要明白“内卷”是随着时代的发展，社会对人才提出的更高要求。过去专科生、师范生就可以有非常好的就业岗位，但随着科技的发展以及知识、信息的更新迭代，社会对专业性人才尤其是适应信息化、数字化的“主动思考”技能型人才要求更高、需求量更大，因此很多本科阶段的通识性教育已经不能满足社会的需求，这也是近年来考研人数持续上涨的原因。

此外，庞大的研究生规模也使得学生在心理上、学业上形成竞争，而激烈的竞争必然带来“内卷”，也塑造了一批适应“潮流”、懂得“变通”的新型人才。因此，“内卷”是正常现象，我们没必要为此过度焦虑，更不要选择“躺平”。即使每个人来到这个世界的目标不一，也都要适应社会的迭代更新，获得一技之长，去实现自己的追求和自身的责任使命。面对成长过程中的压力，我们应该一点一点克服，即使每天进步一小步也值得赞赏。丁老师指出，在这个日趋竞争化、淘汰化的环境中，不必每件事都做到顶尖，只要比一般人稍好一点就可以了，也就是“7分”原则，多项事情你都做到了“7分”，那么你在时代竞争中的综合素质就高出很多人许多倍了，这样你在不知不觉中能力也有所提升了。丁老师强调，每个人都要了解自己的特质，不为某些“名”“利”迷失方向，因此在这个自由开放、创新的时代，每个人都应该有自己的开放性和独立性，我们不必活在别人眼里，而应该有自己的想法和一定的追求，因为这个想法和追求能够带来精神上的满足，让人保持身心的健康。作为一名研究生，我们应该反思读研的价值到底是什么，不要总顾及别人的想法，应该想一想有没有满足自我内心价值追求的东西，说不定这些就可以让自己获得成就感。

研究生的心理健康问题是当下社会普遍关心的问题。丁老师认为要缓解压力，就要正确分析压力的来源。首先，如果是学业上的压力，就要考虑是自己能力不足还是缺少与导师、同学的交流，进而有的放矢地提升自己的能力或者技能。如果是缺乏某方面的技能，可以通过自主学习来弥补，也可以积极主动向身边同学、老师请教，解决“短板”带来的苦闷和技术难题。“不愿意改变自己缺点的人，一般成长都比较慢”，丁老师说道。其次，来自生活上的压力每个人都会有，不要怨天尤人，躲在象牙塔里靠哭天抹泪疗伤。如果我们改变不了别人，就可以试着让自己适应环境、融入环境。丁老师强调，研究生的适应和改变，要有判断是非的能力，要有保持正确认知的自省，不要没有底线和原则，甚至为了某种利益而丧失了真我。最后，如果是情感方面的压力，就要厘清主次关系。丁老师指出女生通常比较感性，男生可以多站在女生的角度想问题，双方多一些理解与沟通，保持积极健康的人格与心理状态。丁老师建议大家平时可以多看一些关于情商方面的书，因为人与人之间的交流是有技巧的，有时候一个笑声、一句简单的话就可以化解尴尬的气氛。

新生：勇者无畏，砥砺前行

不知不觉中采访已接近尾声，因为本期杂志是新生专刊，希望丁老师能给刚刚步入研究生阶段的同学们提出一些建议或寄语，帮助各位准研究生们上好“开学第一课”，为此，丁老师提出了以下三点建议。

首先，要研究出来点东西，对得起“研究”二字。本科时期是通识教育，有固定的答案和解题步骤，而研究生则要在导师的指引下钻研一个领域，围绕一个科学问题进行论证、攻坚克难，因此研究生既需要有方向做支撑，也需要一颗积极向上、砥砺前行的心做支撑，正所谓“板凳宁坐十年冷，文章莫写一句空”，所以别“躺平”，努力研究出一些成果，对得起研究生的身份。其次，要学会适应平凡，别变成压力“困难户”。由于每个研究生的性格以及适应环境、压力的能力不同，因此在前进过程中不要总想着达成最高目标，只要能够比目前的自己上一个台阶就可以了，也就是前面的“7分”原则，切忌给自己太大压力，让自己畏首畏尾，成为半途而废之人。最后，要有专业上的职业规划，培养安身立命的技能。希望每个研究生入学后都能做好未来职业生涯规划，在校期间努力夯实专业技能，使自身所学足以支撑起未来的职业所需。同时研究生也要学会建立和谐的人际关系，把自己锻炼得更有韧性一些，能独自抵抗困难和应对复杂的社会关系。

正如丁老师所言，“研究生就是在导师的引领下进行‘青灯苦修’，就是要经历劫难才能取得‘真经’，因此，希望研究生要常带着使命、熬得住苦修、抓得住机遇、练得好硬功，在三年的坚持和磨砺下，一定会守得云开见月明，形成属于自己的研究成果。此外，要掌握一些与周围人相处的技能，遇事解事，多从对方角度考虑，这样我们的心理会更加健康，也会少一些是非”。

第二章

你了解大学四年的状态吗

进入大学之后，大学生应该有一个清晰的职业规划，因为已经选定了学校和专业，应该有了大概的职业意向或者考研打算。然而，很多大学生限于社会知识的局限性、个人性格的狭隘性、恐惧未来复杂社会生活的不确定性以及不愿接受毕业之后的工作状态，进入大学之后就想“痛痛快快、无忧无虑”过四年清净生活，抱着“走着看着”的心境去“渡”学习生活，没有长远规划。在大学里，每个学生都是独立的个体，如果没有本科生导师或者专业辅导员的指导，很多学生都只能勉强有一个相对模糊的规划，但还不是职业规划，对未来工作的定位、自己的人生价值都是懵懵懂懂的，也不想深入地去思考这些问题。记得有一位家长向笔者进行高考志愿填报咨询，让笔者帮其对专业深度进行解读、对就业的对口岗位进行分析，笔者问其用不用进行院校的推荐，他说他们已经对大学四年的职业规划、未来考研院校专业的选择、就业的大概方向进行了打算，可谓是一体化的“专业—产业—就业”分析，符合高考志愿填报的深层次逻辑。另外一位家长向笔者咨询时说：“丁老师，我家里是农村的，什么专业选择都不知道，考了 490 分，能不能随便帮我们选个专业？”笔者当时就一脸无奈，虽然心生怜悯，但因为不了解学生的家庭情况、学生性格、要不要考研、想不想快速就业等问题，就不能进行深入的职业规划，怕影响孩子的一生啊！因此，本章重点从大学生四年的心理状态特点出发，指出不同阶段应注意调整的方向，从而为四年后的毕业选择和考研规划提供支撑。

一、一年级的“傲”与“魄”

大学生的学习方式主要是有课的时候学习，有集体活动的时候参与，有例会的时候偶尔发言，其余的时间可以自由支配，做自己想做的事，因此很多学生在课余时间会参加一些社团或者有一些三五成群的集体活动，日子在自己的支配中忙活着。有的同学高中学习成绩优异或者高考成绩好，可能是校状元，也可能是单科第一，进入大学后往往觉得自己能力强，应该发挥成绩好的优势，想着在大学期间能再称霸一时；有的同学觉得自己之前是班干部，在管理学生或者在师生交流中有自己的特长，想着进入大学之后，再弄个“一官半职”，重拾往日的“雄风”；有的同学有一技之长，是演唱比赛、书法比赛、棋类比赛、球类比赛等方面的佼佼者，想“显摆显摆”自己的真本事；有的同学长得俊俏，觉得自己是班草、班花，甚至是校园级别的明星，觉得应集万千宠爱于一身……总之，自认为有优势的同学一般自信心强，能够独当一面，有时候会“心高气傲”看不起一些没有特长或者平淡无奇的同学，在学习过程中、生活交往中，容易伤害同学之间的感情。

在大学一年级的上半学期，一些高考成绩中等、资质一般的同学因为没有高考成绩优异的同学和特长生那么好的基础条件，容易产生“消沉”情绪或者不积极不上进。笔者记得一个同学由于高考发挥失常，进入大学后一直自责，对学习丧失了兴趣，天天在自怨自艾中度过，从而丧失了在学业上的竞争力，也丧失了保研（推免研究生）的前期优势。还有的同学，很容易受周遭不好的环境影响，也就“近墨者黑”了。因此，笔者告诫大家，无论周围的环境好不好，一定不能丧失自我上进的动力，因为一旦没有斗志了，也就丧失了学业上的发展机遇，很有可能就“堕落”下去了。这些同学如果到二、三年级想要再崛起，因为没有一年级的“底儿”，很容易出现再次“消沉”，从而浑浑噩噩地“混”了大学四年，就真正“落魄”了。

一些成绩差、没有动力上进的学生，往往是真正的落魄者，因为本来学得就不好，再加上学业上没有可以同行的伙伴，容易自我堕落或者寻求其他方面的刺激，比如打游戏、追网剧、吃吃喝喝等。在这样的学习状态下，这类学生期末的时候往往应付着去考试，循环过着后面的日子。如果这类学生大三醒悟了，要奋进，要考研，往往发现自己专业技能掌握得一塌糊涂，考公考编又没有规划。所以如果你大一是“这种”学生，已经发现自己有点落后了，那笔者告诫你，多想想以后的出路，一定要为了某个目标而拼搏出青春应该有的样子，否则就枉费了大学这么好的青春年华。总之，大学生不要囿于书本上的条条框框，而应多学点对未来就业有用的知识和技能，为将来的安身立命多做打算。

从学业课程上看，一年级的课程多，甚至有些费脑细胞，因为除了英语、政治、体育等一些公修课外，还有很多专业基础课，需要花费大量的时间进行学习和准备考试。如果学生受到了学业上的压力、军训的煎熬、生活状态的影响等，很容易联系到高考时的决策失误或者联想到家庭、社会环境的压力，从而丢失了上大学最初的那份傲气和自信。虽然说挂科可以补考或者重修，但对考研是有影响的，因为除了不能保研外，一些重点院校比较看重学生在校的成绩表现，还有导师在研究生入学的师生互选时对成绩好的学生更青睐。除考研方面的一些影响外，挂科也会影响工作应聘时的简历填写和面试应答，所以笔者告诫大家，再苦再难，请多找些时间平衡学习和生活中的压力，尽量不要挂科。当然，如果挂了，二年级就要奋起直追，让一年级挂科的影响降到最小，因为人生的路还很长，还折腾得起，不要因为一时的失意浪费大好的青春年华。累了、烦了的时候，多问自己以下几个问题：

你做好转专业的各项准备了吗？

你在学习公共英语的过程中，真的开始准备四六级考试了吗？

你在忙碌的一年级生活中迷失了自我吗？

你已经沉迷游戏了吗？如果有，抓紧时间醒醒吧！

你考虑过入党吗？为以后的考公考编着想过吗？

你挂科了吗？

你还有青春奋起的斗志吗？

你还在念念不忘，逃脱不了对她的想念的折磨吗？

二、二年级的“平”与“阔”

一年级的时候由于地理环境、学习模式、人际交往等方面的差异，大学生在对周遭的事充满新鲜感的同时也存在诸多不适应，基本上处于“烦乱”调整和拼命适应的状态，自己的思考能力不强，很多事情也看得不明朗。进入二年级后，也进入了“平稳期”，主要表现在以下几个方面：第一，学业成绩上的“平稳”。学习好的同学希望自己保持学业上的领先，不断强化自身学习的强度、听课的认真度和完成作业的完整度，以保持学业上的领先优势和平稳状态。学习一般的同学适应了大学学习的模式，课堂上有时候认真听，有时候心猿意马，总之只要不挂科，就将就着学习，平稳适应着大学生活。学习状态不好的同学多数已经不再考虑学业上的进步了，以“平时不努力”“作业应付一下”“期末熬夜冲一冲”的状态混日子，以顺利毕业为终极目标。第二，生活状态上的“平稳”。大学是很多同学人生第一次离开生长的城市在外求学，第一次住集体宿舍，第一次独立应对同学关系，第一次独立购买大型物品……因而在一年级出现了各种不适应，甚至孤独、自闭，有社交恐惧，哭着想家里人等。进入二年级后，大学生在生活上的独立自主性增强，与同学的交流能力得到提升，独立面对困难的能力增强，也不再那么依赖家庭的温暖，有了自我前行的动力。第三，社团活动上的“平稳”。大学生在一年级进入社团后，发现了志同道合的朋友，遇到了一两个爱好相同的知己，感受到集体的快乐，有了自我归属感。进入二年级后，大学生逐渐有了在专业上的清晰认知，有了未来就业的一些打算，不再痴迷于社会活动，而是精打细算地控制着时间，以保证在学习上的专注，因而心态也更平稳了。

所谓二年级的“阔”是指本科生经历了一年级的适应期之后对大学学习、生活模式有了深入了解，能按照自己的习惯或者行为方式过自己想要的生活。在学习方面，有些同学开始按照自己的认知对课程进行区别看待，该认真听的课认真听，该“听一阵跑一阵”的课任性听，该“溜之大吉”的课阔步出去潇洒。在饮食方面，哪个食堂的饭好吃，哪家校外的小吃不错，顺着自己的胃口想怎么吃就怎么吃；周末同学聚会或者生日宴，怎么畅快就怎么玩，可谓活出青春应有的样子……在课外娱乐方面，大学生不仅可以培养自己的兴趣，在社团中潇洒地展现自己，而且可以在周末或者空闲时间看电影、游景区，尽情地放松自己，甚至来一场说走就走的旅行。此外，大学生有了自由恋爱的权利，可以和心爱的她 / 他腻歪一天，甚至忘却了时间、学业和未来。

需要说明的是，很多同学大二就开始下定决心考研了，因为当今本科生的就业形势不容乐观，获得的薪资待遇水平也不尽理想，使得本科生不得不提前逼着自己思考是否要通过考研获得更多的人生选择。“本科生请走吧，硕士研究生站一站，博士研究生坐下来”就是当今学历要求的一个写照，虽然有点言过其实，但学历提升对人的影响还是非常大的。有些同学在家长的告诫下或者在优秀学长的影响下，早早地开始考研前的一些准备。这是因为，一方面保研需要好的学习成绩、良好的科研锻炼和必要的竞赛活动；另一方面考研英语和专业课的前期准备和早期规划非常可贵。如果有专业的指导老师或者规划师进行点拨，学生就会对自己的职业规划非常清晰，从而开始了在学业上、科研上、竞赛上的全方位准备。但有些同学依然处在“蒙”的学习状态，依然受诸多社团活动的影响，很容易陷入误区，片面产生“上了大三再认真学、使劲准备、磨炼技能，很多问题会迎刃而解”的错误认识。如果同学们能早点意识到这些规划常识从而早做准备，可能毕业的时候就不会经历那么多碰壁和不安了。因此，希望看到本书此处的诸君，为将来的考研和职业规划早做准备。还无所适从的你，多问自己以下几个方面的问题：

你开始参与一些科研训练了吗？

你还一直忙于社团事务吗？

你有过学业上的获奖吗？

你参加过高级别的专业竞赛吗？

你有考研的决心了吗？

你开始认真学习专业课了吗？

你的恋爱进入甜蜜期了吗？

三、三年级的“纠”与“佛”

进入三年级之后，大学的毕业目标已经相对明确，不是考研就是就业。然而，有些同学因为二年级的“散漫”“漫无目标”，在考研和就业之间徘徊。想考研吧，自己学习成绩一般，二年级时没有早一些定目标院校，显得动力不足；想工作吧，自己好像没有学到什么真本事，就业可能会四处碰壁。当然，这些选择主要出现在学习成绩一般的同学身上，因为他们看到了其他同学拼命学习的样子和为目标天天稳坐自习室的状态，心里产生了要不要拼一把的念头。除了上述学习成绩一般同学的犹豫不决，还有一些同学，看到社会新闻和不学无术学长的建议，说自己所学的专业就业一般，趁早换个专业考研或者做生意，别浪费太多的青春热血，天天心里不踏实，不知道报考哪个专业。为了选择其他专业“改变人生”，这些同学开始关注各类考研信息并通过考研机构的“指点迷津”“择院校择专业”。这些同学或许能考出个理想成绩，但因为是跨专业考研，需要忍受极大的“转行”煎熬，即使能考上目标院校，学起来依然很吃力。除了是否考研下不了决心、专业选择迟迟不定、考研日常“三天打鱼、两天晒网”外，还有一部分同学在职业选择和考公考编方面彷徨。究其原因，一方面是这些同学不适合搞研究或者没有一颗做实验、分析科学问题的恒心，另一方面是这些同学面临家庭压力、生存所需、情感危机等，不得不就业以解决当前的窘状。如果是被逼到了绝境才想到考公考编，真的是需要付出异于常人的努力才能有所突破。

还有一部分同学到三年级已经麻木了，甚至学业预警了，究其原因是自己大一、大二吃着、玩着、任性着，到了大三既没有动力改进自身的状态，也不想逃离自身的舒适区，那么只能“佛系”地过着。这样的同学，如果没有贵人的引领、重大事件的催醒，很难从“佛系”的生活中醒过来，也踏不出人生逆袭的成功蹊径。还有一部分同学，幻想着未来的工作很容易，车到山前必有路，还活在家长庇佑的世界里和象牙塔中，无忧无虑地“佛”着。如果未来依然能活在父母搭建的“温巢”和无限包容的“溺爱”中，他们还可以顺顺当当地混若干年。一旦没有金钱和关爱等方面的持续供给，当他们遇到重挫时，曾经的“保护罩”可能一下子就被击碎了，心再也不能苏醒如初，甚至找不到安全感。如果你还“佛”着，不妨问自己以下几个问题：

你全身心做好考研准备了吗？

你的专业技能究竟怎么样？

你有其他社会技能吗？

你有清晰的职业规划吗？

你心爱的姑娘还对你感兴趣吗？她对你的事业发展有要求吗？

你为达到毕业条件做好准备了吗？

你还想让父母帮你解决就业和考研的事情吗？

四、四年级的“拼”与“搏”

进入大四的同学对未来目标更加清楚了，要么付出全部精力进行考研复习，要么开始准备秋招或者考公考编了，此时已经没有多少时间供同学们犹豫和彷徨了。很多学习不好或者定位不清的同学在即将毕业的大四，总会发出几句感慨：“要是大一就知道该怎么规划和付出就好了”，因此错过了很多努力学习和争取荣誉的机会，此时只能尽最大努力去“搏”了，因为在没有技能保障、时间不充分的情况下，只能对自己狠一些了。我们应该清楚地认识到，如果没有“拼搏”出理想的考研院校和心仪的工作，是自己不努力的结果，不要错把短暂的“玩命”付出当作自己的实力，从而陷于怨天尤人的境地。学习好或者职业规划清楚的同学，应该进一步坚定决心并用异于常人的毅力去真正地拼搏、冲刺，因为很多学习不够好的同学已经“玩命”在追赶了，你如果不够努力，完全有可能被他们取代，因为这些所谓不努力或者“渣”的同学也有智商很高的，他们有可能经过两三个月的突击取得了不错的成绩或者应聘成功了不错的职位，毕竟有时候人天生的特质、慧根也能起到一定的作用。无论是学习好的尖子生，还是所谓的差生，都会为了实现目标在大四阶段拼命冲刺，这个目标即一份体面的工作或者一份闪光的学历，所以很多人开始自律了、不想说话了、默默地“卷”了，因为大家都不想毕业即失业。有些同学开始求助家庭，投入更多的金钱为考研报辅导班，或者寻求社会关系解决工作问题，总之“八仙过海、各显神通”。试想，如果你没有资源、金钱、人脉，你不努力能行吗？很多同学入学时没有正视过家庭的影响，跟着别人在大学混了四年，最后别人混出了名堂，自己却输了青春。

在大四，有一个重要的事情就是撰写毕业论文或者毕业设计，因为这关乎着毕业证和学位证，大学生只有通过毕业论文、毕业设计答辩才可以获得相应的学位。很多同学不重视，他们觉得自己要为考研或者找工作付出时间、精力，毕业论文、毕业设计很耽误事，所以就拖着或者等老师催促了才执行。毕业论文指导老师也有很多重要的事要处理，其不只给一个同学的毕业论文进行指导，还要照顾大多数同学的利益和诉求。如果你在毕业论文指导老师的催促下表现依然很不像话，那么你可能在开题报告、中间检查、预答辩、答辩过程中遇到各种麻烦，甚至抱怨老师对自己怎么这样不好。殊不知，问题是自己的不重视，而不是老师的故意刁难。所以，无论自己多么不喜欢毕业论文、毕业设计，多么抱怨这件事，都要将其作为必修课而且要争取取得高分，因为这关乎着未来的职业生涯。也就是说，没有毕业证、学位证，研究生考上了也录取不了，考公考编录用了也入不了职。此外，很多同学在这个阶段还要进行专业实习，要到工厂或者对口部门实习 1~2 个月，顺利完成实习后才能获得 2~3 个学分，才算满足了专业性要求。不要小瞧了这 2~3 个学分，因为这几分直接影响毕业，很多考研的同学就反映，因为自己不参加实习，老师就让自己重新实习或者补交一堆材料，最后影响了考研录取，令人惋惜。大四的你如果还迷茫，不妨问问自己下面的一些问题：

你的自信心回来了吗？

考研报考、初试、复试的基本规则你都了解吗？

你的学分修够了吗？你的实习完成了吗？你能顺利毕业吗？

你心爱的人要和你一起奋斗吗？要不要考研考到一个地方呢？

对自己就业的技能有把握吗？家里有财力支撑、人脉资源吗？

自己的心智、抗压力提升了吗？还在自怨自艾吗？

你的职业规划到底行不行？

第三章

给你入学前的十大忠告

笔者带过很多届学生，目睹了一些大学生因为不了解基本规则或者错误判断形势而走了大弯路，让人心痛不已。为了让大家提前了解大学的一些规则，这一章笔者给出大学生入学后应注意的一些问题和顺利度过大学四年的一些建议，避免一些大学生到快毕业的时候后悔自己当初的决定，就相当于开学第一课送给大家。

一、大学不是放任自由

有同学认为进入大学后，自己有了金钱、时间、空间上的自由，不再像高中那样被束缚着、管教着，可以做自己高中做不了的事，放飞自己。其实，大学里很多同学为了保研，异常努力地学习，刻苦程度不亚于高中时期，因为保研就相当于直通研究生。其实，大学生获得的绩点、分数和竞赛奖励，都是毕业履历或者考研复试的“通行证”，只是没有很多老师像高中老师那样给你说明白；大学里的学习需要自律，如果老师下课了你就潇洒地走了，从来不问老师专业问题，也从来不用心地交作业，那么你的学习效果或者毕业质量是很低的；大学里的自由是宽松环境的自由，而不是没有自我约束的放荡不羁的自由，如果意识不到这一点，你就没有了自律下的自我认知，也就得不到大学里真正的自由。

二、千万不要挂科

在高质量的高中时代挂科可能是不存在的，因为大家都是憋足了劲朝着高分去的。然而，到了大学时代，如第一点所述，很多同学放飞自我了，上课不认真听，下课不按时交作业，到了期末也不好好复习和答题，导致自己成绩不及格！还有一些同学，由于自己考上的学校不理想，上了所谓冷门的专业，就丧失了人生信条，表面上答应家长和辅导员好好学，其实内心还是不想学，就晃荡到期末随便应付下，一查分数不及格。无论怎样，大学生要有上大学的一个底线，就是不能挂科，因为一旦挂科，评优奖先不能参与，保研没有资格，一些好的竞赛也没有机会，相当于大学四年“废”了。有同学说，考研不是不看挂科不挂科吗？从现实情况看，考研初试是不看的，但复试环节很多老师会问及大学学业、竞赛等方面的内容，因而还是会受一些影响的。此外，即使考上了研究生，在选导师环节，很多老师会看学生大学期间的成绩单，如果成绩不好，在选择名师方面也会受到很大影响。

三、转专业并非不可能

一些知名的院校，在入学后转专业政策是比较灵活的，如果你觉得自己上的专业不理想，那么入学后要提前转专业，到教务处的网站和各院网站多看看具体流程和政策要求，因为很多专业只要你学习好且符合条件是可以转的。如果你进入学校后只知道上课，不了解转专业的具体程序和相关成绩、绩点要求，那么转专业的成功率是很低的。一般而言，转专业有成绩要求，也就是说你成绩太差或者有挂科，那么基本无缘这条道路了。下面章节，笔者会重点介绍这个问题。总之，希望你在大学一年级认真学习，不要认为这个专业不好就不努力了，甚至挂科了，不然当你想转专业时已经没有可能了。

四、英语四六级能考过就一定要考过

英语四六级成绩作为反映大学生英语水平的等级证明，已经成为社会各类工作单位检测学生学业水平和考研导师识别学生能力的重要依据。在找工作时，如果你没有通过四六级考试，可能你在竞争相关岗位时会失去优势。在考研复试时，导师会因为你没有通过四六级而将你拒之门外。有同学说，考研初试不就是只看政治、英语和专业课成绩吗？与四六级没有关系啊！从表面看，很多没有通过四六级的同学，也能考上目标院校的研究生，甚至考研英语成绩达到 70 多分，然而当导师选择学生时，四六级成绩也是一个重要的参考指标，所以能考过一定要考过。如果你学有余力的话，可以考个雅思、托福，对以后找工作或者考研很有帮助。此外，即使上了研究生，从写英文SCI论文、翻译文献的角度看，通过英语四六级也具有非常重要的实用价值。

五、大学时期要获得一些荣誉证书

从找工作的角度看，如果大学里面你获得了优秀三好学生、优秀班干部、优秀奖学金等荣誉，那么就证明你在大学期间好好学习了，没有虚度光阴，因而用人单位或者研究生导师会对你有所青睐。如果你没有荣誉，也没有四六级、计算机、普通话等方面的能力证书，那么招聘机构怎么认可你的基础能力？从考研的角度看，复试小组的导师往往会问你大学里面获得过哪些奖励，甚至参加过哪些重要的国家级比赛，因为他们要验证你在科研探索方面的基础能力。如果你什么证书都没有，只有一些唱歌、长跑、乒乓球之类的比赛成绩，那么你在复试中被录取的可能性就小很多。总之，不要虚度大学的光阴，多像高中阶段那样拼几个证书，证明你的实力和能力！

六、一定不要沉迷游戏

其实大家都知道不要沉迷游戏，但真正到了躁动不安的宿舍环境，不自觉就被周遭带“坏”了。大学生适度玩游戏，不排斥，可以调节身心，但如果过度玩游戏，没日没夜地透支身体，必然得不偿失。因为，很多打游戏入迷或者成瘾的同学，往往会忘记上课的时间，或者忘记老师布置的作业，这样一来就失去了上课动力，进而导致挂科，形成恶性循环。还有一部分同学，高考考上了一个自己不喜欢的学校，总觉得这不是自己想要的，开始进入游戏的世界来逃避现实，在宿舍里一玩就到夜里两三点，状态特别不好，学习效率特别低，耽误了人生很多宝贵的时间！因此，对于本科层次较低的同学，尤其是一些专科学校的同学，笔者给出一个提醒，一定要保持独立性，避免在周遭不利环境中沉沦，从而失去了人生的航向和考研的动力。

七、一定要提前了解考研

当今时代对学历的要求越来越高，本科阶段的普适性教育和基本技能学习往往不能应对企业“专、精、特、新”的要求，也不能满足考编考公的要求，甚至不符合选调生的要求，因此很多大学生选择考研以进一步提升学历。然而，当前的考研竞争非常激烈，整体上只有20%左右的录取率，所以要提前谋划，避免仓皇应战出现各种问题。虽然在多数学校的考研中，理工科只考政治、英语、数学和专业课四门，文科只考政治、英语和两门专业课，但很多学生很早就意识到考研的重要性，不仅大二已经提前准备英语四六级，而且提前购买目标院校的专业课资料进行学习，在考研路上占了先机。此外，考研复试注重学生的科研训练和相关学科的竞赛成绩，因而很多先知先觉的学生积极参加各类竞赛，参与本科生导师的一些项目以便能够发表相关高质量论文，为考研复试提前谋划。总之，提前谋划考研的学生，行动早就在路上了，而一些没有坚定目标的学生，大学三年过完了才想起找寻方向，两者差别十分明显。

八、谈恋爱可以，但不要相互伤害

进入大学阶段，缺乏父母的管束，学校的学习环境相对轻松，很多同学会择一对象谈恋爱以找到大学的归属感，无可厚非。然而，从理性角度看，大学阶段的恋爱大多是建立在理想期许的“幻境”之中，是青春荷尔蒙催化下的彼此相依，缺乏对未来工作定位、家庭环境、婚姻关系的深入剖析，因而有网站分析（婚嫁指数网），大学生谈恋爱走入婚姻的概率只有10%。大学里有些男生为了追到心仪的女生，用尽各种方法展现自己的魅力和实力，但一直被女生“吊”着，发出“我吹过你吹过的晚风，那我们算不算相拥”的感慨，影响了学业上进；有些女生受帅气男生的“外貌”影响，甚至伤害了自己的身体，让人唏嘘不已。总之，大学期间谈恋爱，要有自己坚守的准则，不要为了谈而谈，不要得不到就伤害对方，从而失去了本该拥有的爱情期待。

九、大学在于自我学习

大学的学习不像高中，老师不会十分认真地督促你、管教你，而是通过课下作业和课堂活动来评判你的平时成绩，通过期末卷子的成绩来评判你总体的表现。如果你平常上课不积极也不认真，平时作业完成得不好，期末总是靠“突击”背诵来解决，那么你的综合成绩一般不会太高，也得不到老师真正的认可。总之，大学时不会有老师专门“逼”着你认真听讲，因为很多老师不理会你听课的样子；不会有老师专门辅导你出错了的题目，因为他们只看整体的表现情况；不会有老师专门告诉你平常作业怎么写才能得高分，因为很多时候答案是开放性的，需要你多思多想。大学的学习就是在缺乏老师指导的情况下，充分发挥自己的主观能动性，找到科学的方法迅速提高自身的能力。也就是说，大学生需要自知自省自悟自我行动，如果天天不爱动脑筋，总期望别人的帮助，不愿自我寻找最优解，很可能毕业后感觉啥也没学到，其实是自己没有努力付出。

十、要提前做好职业规划

大学毕业后无非就是工作和考研两条路，如果你在大二大三没有清晰的职业规划，往往在毕业后一事无成，甚至毕业即失业。如果毕业后想直接找到工作，那么就需要在学好专业知识、技能的基础上，多参与一些社会实践性项目，多去一些公司实习，了解毕业后对口公司的要求，以便回到学校后努力提升相关技能。由于大学教育是以通识性教育为主，很多技能的培训甚至不如专业性中专、大专院校，因此大学生单单靠学习获得技能远远适应不了社会的要求。如果想要进行考研冲刺，那么就需要科学地谋划和选择与自己能力匹配的考研院校，一旦选择好目标院校和专业，就不要轻易更改，然后积极投入苦行僧般的考研生活中，疯狂付出后才有可能顺利考取。总之，考研是需要极度自律和自信的，如果没有坚持不懈的付出，是很难如愿“上岸”的。

第四章
转专业如何才能成功

一、转专业的基本逻辑

有同学认为，自己可以报考到目标院校的冷门专业，之后通过转专业实现上心仪专业的愿望，以“曲线救国”达到目的。这种想法对不对呢？理论上是有可能的，但从现实操作层面，笔者认为转专业成功的概率不足20%，理由主要有以下五个方面。

1. 所报的专业能不能转

很多学校中外合作的、单列的、联合办学的专业，本来就以较低的分数录取，招生简章与学校的转专业政策不符合，因此转专业首要的问题是所报的专业能转，而且符合转专业的政策，例如有些院校非师范类专业不能转师范类专业，国家公费师范生、地方优师计划的师范生也是不允许转专业的。以河南大学关于印发《河南大学普通本科生转专业暂行办法》的通知（校发〔2019〕194号）为例，以下情况是不能转专业的。

（1）未取得学籍者；

（2）入学未满一学期或本科三年级以上者；

（3）跨招生录取批次者；

（4）高水平运动员、体育单招和以定向就业招生录取者、联合办学录取者；

（5）体育、艺术类专业申请转入普通类专业者；

（6）中外合作办学类专业申请转入普通类专业者；

（7）本科一年级学生初修课程期末考试有 2 门次以上不及格者；

（8）受处分且在处分期内者；

（9）已转过专业者。

2. 目标专业收不收跨专业学生，收的比例有多少

很多学校的院系为了保障生源质量，虽然招收部分转专业学生，但会对招生的人数进行限制，例如不超过 20 人或者不超过专业已有人数的 10% 等。在这种情况下，如果一些热门专业的竞争力大，转专业的人数又比较多，那么转专业成功的概率是不高的。

3. 所在专业的院系对转专业有没有成绩限制

很多学校的院系为了保证自身生源的质量，防止学生盲目转专业，就设置了一些转出的限制条件，例如成绩必须达到年级前 10% 或者 20% 才可以转。

4. 目标专业对转专业的条件限制是什么

如果目标专业是理工科的，那么其在筛选学生的时候会明确规定学生在大一的数学成绩必须达到多少分才可以转，必须修什么课程达到什么水平才能转等。总之，希望大学生不要盲目地认为各个专业是可以互通的、随便转的，凡是抱着这样想法的同学一般很难成功。

5. 能通过目标专业的考核吗

虽然你符合转专业院系的规定条件，但还需要通过一定的考试和面试才可以正式转入，那么问题来了，怎么考核，怎么面试？一般而言，转专业考试会出一些问答题来测试学生基础的专业能力，以避免招到的学生基础太差、培养成本太大；转专业面试从学生的专业基础、转专业目的、长远发展目标等展开提问，以充分了解学生适不适合转专业。转专业面试的成功与否，直接影响是否能被录取，因而从这个角度讲，转专业也是有很大困难的。

二、跨校转专业可能吗

有同学说："我能不能先转学校，之后再转专业，从而满足我多方面的目标诉求。"可行吗？从理论上讲，是有成功概率的；但从现实讲，成功概率是

极低的。单从转学的条件与要求看，以河南大学《河南大学关于修订印发全日制普通本科学生转学实施细则的通知》（校发〔2022〕116号）为例，内容如下：

（1）学生一般应当在被录取学校完成学业。因患病或者有特殊困难、特殊需要，无法继续在本校学习或者不适应本校学习要求的，可以申请转学。

因患病申请转学的学生，需提供二级甲等及以上医院的病历和诊断证明；因特殊困难、特殊需要确需学生本人就近上学的，需提供相应证明。

（2）学生有下列情形之一，不得转学：

①入学未满一学期或者毕业前一年的；

②高考成绩低于拟转入学校相关专业同一生源地相应年份录取成绩的；

③由低学历层次转为高学历层次的；

④以定向就业招生录取的；

⑤无正当转学理由的。

学生因学校培养条件改变等非本人原因需要转学的，学校出具证明，由所在地省级教育行政部门协调转学到同层次学校。

（3）申请转入我校的学生须转入与原就读专业相同或相近专业。转学时不得申请转专业，转专业需待学校接收后参照《河南大学普通本科生转专业暂行办法》执行。

可以说，转学的成功概率比较低，转专业成功的概率有是有，但笔者整体预判的成功率不超过20%。这里说的是整体的或者平均的情况，不拿具体的某个专业为例。那么为了保证转专业的成功率，笔者给出如下建议：

（1）选择合适的目标专业，提前了解转专业的具体流程和细则，进行有备而战的训练。

（2）无论自己对目前专业多么不满意，一定要努力学习，全面提升自己的专业绩点，以避免因所在专业院系对学业成绩的限制而无法转出。最低的要求，不能挂科！

（3）多去听目标专业的专业课，多去学习目标专业的相关前沿性知识，形成自己综合的见解，以应对转专业的相关考试。

（4）坚定自己转专业的初衷，避免投机式、就业导向性的转专业面试回答，让自己在转专业面试中赢得评委的认同。

总之，转专业不是你想转就能转，如果要转就全力以赴地转！此外，有些学校会设置一些实验班、基地班以遴选优质的学生进行专门培养和科研训练，每年也都会面向全校进行招生，如果你符合条件，也可以尝试，毕竟这也是一种转专业的形式。

第五章
为什么有些人拼了命要保研

一、什么是保研

查阅资料可知，保研的全称为“推荐优秀应届本科毕业生免试攻读硕士学位研究生”，保研的这部分本科生被称为“推免生”。追根溯源看，高等院校实行推荐少数优秀应届本科毕业生免试为硕士生或直博生（简称“保研”）是 1985 年开始试点的。一般每年 9 月下旬至 10 月下旬在大四学生中进行筛选，规则制订和操作权由各校掌握，因此学校不同，保研情况也各有不同。

二、保研的比例

根据教育部《关于印发〈2022 年全国硕士研究生招生工作管理规定〉的通知》《教育部关于印发〈全国普通高等学校推荐优秀应届本科毕业生免试攻读硕士学位研究生工作管理办法（试行）〉的通知》《教育部办公厅关于进一步加强推荐优秀应届本科毕业生免试攻读研究生工作的通知》等内容，**保送研究生名额一般按该校应届本科毕业生数的 15% 左右确定。**当然有些学校内部学科差异较大且存在实验班、理科基地班，不同的专业保研的比例也不一样。在教育部下发的《全国普通高等学校推荐优秀应届本科毕业生免试攻读硕士学位研究生工作管理办法（试行）》中，对未设立研究生院的“双一流”高校，要求保送研究生名额一般要按应届本科毕业生数的 5% 左右确定。**经教育部确定的有人才培养基地的高等学校，按教育部批准的基地班招生人数的 50% 左右确定保送研究生名额**，单独增加推免生名额，由学校统筹安排；对国家发展急需的专业适当增加推免生名额。另外，设有研究生院的高等学校接收该校推免生的人数，不得超过该校推免生总数的65%，其中地处西部省份或军工、矿业、石油、地质、农林等特殊类型的高等学校，上述比例可适当放宽，但不得超过75%。

三、保研较考研的优势

说起普通一本专业保研，很多同学说一个年级就10%左右的保研率，这么“卷”，还是努力地准备考研吧！让优秀的人去卷吧！这些话听起来有一定的道理，但从考研的竞争力和保研院校的多元选择看，保研还是有诸多优势的。

1. 保研不需要参加研究生全国统一考试

众所周知，考研大军2023年将突破500万，而录取率仅有20%左右，因此相比考研的难度，保研成功相当于免试直接进入了研究生行列。

2. 保研可以重新选择专业

大部分同学认为保研和考研类似，基本上以本专业为主，跨专业不太被认可。但从保研的专业选择看，只要与本专业相近，甚至是一些交叉的学科，只要通过目标院校的夏令营考核并拿到了优秀营员，同时得到了目标专业导师的青睐，专业是可以调整的。但是，跨专业考研是需要付出极大精力的，同时需要参加全国统一的研究生考试，因而相比保研的多元专业选择，还是风险很大的。

3. 保研后在选导师方面具有优势

获得保研资格的同学，往往学业成绩是非常优秀的，因而很多优秀的导师会向其抛出橄榄枝，甚至是由一些行业的翘楚或者院士来亲自培养。这样的话，他们在学习资源、经费支撑、研究生奖学金支持、生活保障等方面都有很好的优势。

4. 提前进入研究生科研

一般而言，保研成功后，很多导师会给大四的准研究生布置一些任务，让其围绕一些前沿课题展开研究，提前进入研究生角色。也就是说，保研成功的学生比考研成功的学生提前近一年时间进入研究生科研生涯，能进行系统的科研训练，他们在科研方面的学术探索能力、创新能力就领先考研生一大截，产出高质量论文的机会也更大一些。

四、保研的得分计算

说了那么多保研的好处，那么如何才能保研成功呢？由于各个学校保研政策不同，笔者从四个维度来展开，很多学校是基于学业成绩、素质成绩（或者科研竞赛）、社会实践、专项分（或者民主测评）来确定相关政策的。

1. 学业成绩一定要保持优秀

推免研究生首先要保证在学业上优秀，因为很多专业在制定保研具体细则时将学业成绩比重定得较高，在 60% 左右。部分专业考虑到基础知识、学习成绩的重要性，学业成绩占比达到 70% 以上。由于保研是看连续三个学年成绩的综合或者平均值，因而大家在学业上，不要因为第一年非常优秀，第二、第三年就放松了，从而使三年综合成绩不高，错失了保研机会。有些同学一年级的成绩中等，到第二、第三年努力追赶，最终实现逆袭。因而无论怎样，都要使自己始终处于紧张状态，避免由于一时的疏忽而丧失了保研名额。

2. 素质成绩要想办法提升

所谓素质成绩，多数学校是从学生参加竞赛、发表科研论文等方面进行量化的，以综合的得分来评判学生的素质得分或者科研竞赛得分。由于全国重要的赛事所带来的素质分特别高，所以在大学期间有时间、有能力就要参与一些全国重要的赛事，不仅可以提升自己素质层面的得分，而且可以为今后的科研打下基础。如果参加不了重大的赛事，就多参加一些省级的比赛，也能获得一些好的积分，和其他方面的得分项综合一下，就能形成自己的综合优势。关于具体哪些赛事的影响力大，之后笔者有单独的章节介绍，列举河南大学看重的一些竞赛活动，供大家参考。关于论文的发表，这需要学生积极与硕士生导师、博士生导师沟通，让导师带着你体会科研活动，从而学会基本的科研写作套路，学到一些科学研究的基本技能。如果导师足够重视且认真地栽培你，本科生也可能以第一作者在国内外知名的期刊发表论文，助你迅速提升科研量化分。具体如何参与科研活动，后续章节会深入展开。

3. 社会实践活动要参与一些

大学生在校园的发展不能一味强调成绩、竞赛和科研，还需要通过一些社会实践活动来培养家国情怀、民族自信、集体意识、社会责任等，以实现学生德智体美劳等方面的综合发展。因此，很多高校要求学生在社会实践活动方面的得分占总分的比例不少于 10%，因此在入学后大学生要有意参加一些集体性活动、暑期社会实践项目等，在参与的过程中提升自己的思想政治意识、社会责任感。有些同学只顾着努力学习，参与社会实践活动的次数不多、融入度不高，也会在某种程度上影响保研的成功率，因此要抽出时间加强该方面的锻炼。

4. 专项分或民主测评

有些学校在进行保研生遴选时，会看重学生在集体中的价值、在与同学相处中的认可度等，因此会进行民主测评打分，以增强对学生能力的全面考察。值得一说的是，该部分的得分虽然占比不大，但也多多少少影响了一些学生的综合得分。

五、保研的其他形式

1. 研究生支教团

研究生支教团，类似于保研但与普通保研有所不同，指在大四通过一定考核入选研究生支教团，经过一段时间的系统培训在毕业后去规定的地区支教一年，从而获取保研资格的保研方式（孙小川，2021）。从本质上来讲，研究生支教团属于国家“大学生志愿服务西部计划”，是一种响应国家号召的行为。获得支教保研资格的本科生会保留学籍一年，在一年的支教任务结束后，获得保研资格，且允许学院间跨专业保研，只要能达到院校要求即可。

与普通保研相比，支教保研对学业成绩的要求相对低一些，看重学生的服务意识、志愿者态度、支教欠发达地区的动力等，因为支教一般会到相对贫困的西部地区，信息化环境较差，生活环境较为困苦。同其他特殊保研方式一样，研究生支教团不占用普通保研的名额。

由笔者担任本科生导师的一名同学王闯，通过申请、评选、审核等程序获得研究生支教团保研名额，于 2019 年 8 月与河南大学其他 12 名支教团成员奔赴河西走廊西端的支教服务地——甘肃省敦煌市和瓜州县进行支教活动。正如 2020 年 10 月 9 日《中国青年报》发表的文章所述："一年里，13 名研究生支教团成员完成了敦煌市和瓜州县 2 所中专、1 所高中、5 所初中和 5 所小学共计 27 门课程的教学任务，累计覆盖班级 56 个，学生 2600 余人次，周均课时 90 余节次，总授课时数 2400 余节次。经过一年的努力，他们所支教班级学生的学习成绩显著提升，更重要的是，当跟这些孩子谈起未来时，孩子们的眼里有了光芒。"王闯服务一年后顺利成为研究生，现正攻读河南大学地理学方面的研究生。

2. 农村学校教育硕士师资培养计划

农村学校教育硕士师资培养计划，是教育部 2010 年推出的一个硕士培养计划，以进一步扩大"农村学校教育硕士师资培养计划"规模，并与"农村义务教育阶段学校教师特设岗位计划"结合实施（王友文、续梅，2006）。该计划的核心目的就是为县镇及以下农村学校培养具有教育硕士专业学位的骨干教师，提高农村教师学历水平和整体素质。一般而言，从具有推荐免试硕士研究生资格的高校中，选拔部分优秀应届普通本科毕业生，录取为"硕师计划"研究生，并与地方政府教育行政部门签约聘为编制内正式教师。从工作和学习方式看，需要学生在县镇及以下农村学校任教，服务期三年，并在职学习研究生课程。第四年要到培养学校脱产集中学习一年，毕业时获硕士研究生毕业证书和教育硕士专业学位证书。基本条件如下：

（1）政治思想素质好，热爱教育工作；

（2）要求是当年应届普通本科毕业生，且毕业时获得学士学位；

（3）志愿到县镇及以下农村学校任教，具备教师资格条件；

（4）本科所学专业为思想政治教育、汉语言文学、汉语言、历史学、英语、数学与应用数学、信息与计算科学、物理学、应用物理学、化学、应用化学、生物科学、生物技术、地理科学、计算机科学与技术、教育技术学、音乐学、美术学、体育教育等相关专业。

3. 学习内部的相关计划

一些高水平大学为了留住本校优质生源，会推出内部的相关本科生转硕士研究生的计划，惠及部分成绩优秀的学生，因此大家可以多关注学校研究生院 / 处网站、教务处网站等，符合条件积极争取，毕竟在当下考研形势日趋严峻的情况下这也不失为一个不错的选择。

六、保研的时间节点与程序

为了更清楚地让大家了解保研的基本程序和相关时间节点，笔者以河南大学教务处发布的通知《关于做好推荐 2021 届优秀应届本科毕业生免试攻读硕士研究生工作的通知》为例进行介绍。

1. 名额分配

根据教育部“推免服务系统”信息，河南大学 2021 年普通高等学校推荐优秀应届本科毕业生免试攻读研究生名额为 958 个，“研究生支教团”推免名额 13 个，“农村学校教育硕士师资培养计划”推免名额 25 个，具体方案见已有通知。

2. 工作日程及内容

（1）9 月 21 日下午下班前，各学院按照相关要求，制定本单位推免工作方案，并提交教务处审核备案。

（2）9 月 23 日前，各学院根据学校分配的推免名额，结合本单位推免工作方案，提出拟推荐名单并开始在学院公示，公示期不少于 10 天。

（3）10 月 2 日前，将公示无异议的拟推免学生名单及入学以来期末考试成绩单等材料报送教务处汇总审核。

（4）10 月 6 日前，学校上报拟推免学生名单及成绩单至“推免服务系统”。

（5）10 月 8 日前，获得推免资格的学生登录中国高等教育学生信息网（学信网）注册账号。

（6）10 月 10 日前，获得推免资格的学生登录“推免服务系统”完善个人信息。

（7）10月12日至10月25日，获得推免资格的学生通过“推免服务系统”完成报名及志愿填报工作，接收并确认招生单位的复试及拟录取通知。

七、本科直博

本科直博就是指在本科阶段由学生提出申请，之后通过校方的考核直接攻读博士学位，中间跨过了研究生招生考试等环节。伴随着研究生招生规模扩大和名校获取优质生源的现实需求，大部分双一流高校都设有直博的名额。在遴选优质本科生方面，一般需要学生获取保研资格，而且是优中选优，才能获得直博的资格。可以说，直博比考研、保研都有优势，而且顺利毕业可以拿到博士学位，也比普通研究生、保研生读博更省时。然而，本科直博虽然看起来是省时，但直博生们所要面临的科研压力依然很大，有些本科生虽然成绩优异但科研论文写作、科研论文攻关能力不强，直博也会造成其心理上的压力。如果本科生直博过程中出现问题，也有可能拿不到博士学位，因此时间成本也是较高的。当然，也不用过分担忧这个问题，一般情况下，通过直博审核的学生应该具备科研攻关的实力和潜力，只要导师用心用情用力地培养，顺利毕业拿到文凭问题不会很大。关于直博的一些政策文件，笔者引用《河南大学关于印发招收优秀应届本科毕业生直接攻读博士学位研究生暂行办法的通知》（校发〔2020〕172号）的部分内容供大家参考。

1. 申请条件

（1）思想道德品质优良，遵纪守法，诚实守信，身心健康；

（2）具有推荐免试硕士生资格的优秀应届本科毕业生；

（3）本科期间学习成绩优秀，理论基础扎实，有较强的学习能力、实践能力和创新能力，具有博士生培养潜质；在科学研究、专业实践、学科专业竞赛方面成绩突出者优先考虑；

（4）报考类别为非定向就业博士研究生，不接收需要保留入学资格的推免生。

2. 选拔程序

（1）直博生招生工作与当年度推荐免试工作同步进行，接收日程安排与硕士推免生一致。

（2）申请人在中国研究生招生推免服务系统中填报相关志愿。

（3）培养单位组织考核小组对申请人及其材料进行资格审查和综合考核，考核小组至少由三名教授组成，并给出书面考核决议。根据综合考核成绩，择优确定拟录取直博生学生名单，并将结果报送研究生院。

（4）校研究生招生工作领导小组根据学校当年度博士生招生计划和上级部门确定的直博生所占比例上限进行综合遴选。

3. 学制与管理

（1）直博生的学习年限从研究生入学开始计算，基本学制为 5 年，最长学习年限为 8 年。

（2）直博生执行直博生培养方案。课程学习集中安排，课程完成后实行中期考核制度。中期考核通过者，进入博士学位论文阶段；考核未通过者，转为相应学科专业硕士生培养，按相关管理规定要求完成学业、通过答辩，可申请硕士学位。

（3）直博生入学后即为博士研究生，在基本学制内享受博士研究生相关待遇。直博生第一学年享受一等学业奖学金。对于中期考核后转为硕士生培养的直博生，将根据情况对其进行财务结算。

第六章

要加入中国共产党

一、入党的认知

中国共产党是中国工人阶级的先锋队，同时是中国人民和中华民族的先锋队，是中国特色社会主义事业的领导核心，代表中国先进生产力的发展要求，代表中国先进文化的前进方向，代表中国最广大人民的根本利益。党的最高理想和最终目标是实现共产主义（《中国共产党章程》，2017）。笔者是中国共产党的一员，并且现任河南大学地理与环境学院区域与城市科学系党支部书记。很多同学在内心里犯嘀咕，要不要入党？入党后是不是要开很多会议？还要交党费吧？有这些疑问的同学，可能还不够成熟，动机也不纯正，因为入党是神圣的，来不得半点虚假，也容不得个人的很多“小九九”！笔者经常看抗日战争、解放战争等方面的视频，进一步感受到中国共产党的神圣和伟大，如很多振奋人心的话语所述：我们党探索出农村包围城市、武装夺取政权的正确革命道路，“唤起工农千百万”“夺过鞭子揍敌人”，经过土地革命战争、抗日战争、解放战争，推翻了压在中国人民头上的帝国主义、封建主义、官僚资本主义“三座大山”，建立了人民当家作主的中华人民共和国，彻底结束了近代以来中国内忧外患、积贫积弱的悲惨境地，开启了中华民族发展进步的新纪元（求是网，2021）。《中国共产党章程》明确规定：中国共产党以马克思列宁主义、毛泽东思想、邓小平理论、“三个代表”重要思想、科学发展观、习近平新时代中国特色社会主义思想作为自己的行动指南。

根据笔者的认知，大学生党员在参加工作时具有以下四个方面的优势。

1. 坚定理想信念，全心全意为人民服务

在党组织的领导下，会定时召开各种会议和组织民主生活会，学习先进的执政理念，深化各种理论认知，能进一步增强道路自信、理论自信、制度自信、文化自信，能有原则地处理各种事务，从而真心为人民着想，服务人民，也避免犯各种错误。

2. 在考公考编方面具有优势

在一些机关事业单位的报考条件中，党员是必要条件之一，所以很多大学生因为不是党员而错失发展机会。

3. 在同等条件下招聘具有一定优势

如果两个同学同时进入企业或者相关事业单位面试，在能力不相上下的情况下，党员身份能带来工作作风的认可和业务能力的信任，会更容易胜出。

4. 自我学习的动力更足

加入党组织后很多党政会议让我们潜移默化学到了很多知识，例如很多政策文件在传达的过程中会让我们学习到新的发展理念，很多红色革命故事、时代人物精神等会让我们感受到红色的脉搏、时代的主旋律和奋进的新目标，从而自己学习的动力也更足了。

二、入党的基本程序

根据《中国共产党章程》和《中国共产党发展党员工作细则》(简称《细则》)的规定，发展党员分四个步骤，从申请入党到成为正式党员一般需要两年半的时间。

1. 递交入党申请书

申请人向党组织递交入党申请书，党组织收到入党申请书后应当在一个月内派人同入党申请人谈话，了解基本情况。

2. 入党积极分子的确定和培养教育（6 个月）

《细则》没有明确从递交入党申请书到成为积极分子的具体时间要求，可

以按照《细则》第十一条“党支部每半年对入党积极分子进行一次考察”要求，一般是对申请人进行6个月考察，符合条件的可以确定为入党积极分子。

3. 发展对象的确定和考察（1年）

（1）入党积极分子经过1年以上的考察，在听取党小组、培养联系人、党员和群众意见的基础上，支部委员会讨论同意并报上级党委备案后，可列为发展对象。

（2）确定入党介绍人。发展对象应当有两名正式党员作为入党介绍人。入党介绍人一般由培养人、联系人担任，也可由党组织指定。

（3）党组织必须对发展对象进行政治审查。通过同本人谈话、查阅有关档案材料和必要的外调、函调等方式进行政治审查。凡是未经政治审查或政治审查不合格的，不能发展入党。

（4）党的基本知识培训。发展对象参加培训时间一般不少于3天（或不少于24个学时），主要学习《中国共产党章程》和党史等党的基本知识。未经培训的，除个别特殊情况外，不能发展入党。

4. 预备党员接收与考察（1年）

党支部或支委会审查上报具有发展党员审批权限的基层党委预审，召开党支部大会表决通过，报具有发展党员审批权限的基层党委审批。具体环节严格按照《细则》要求办理。

经上级党委审批后，预备党员的预备期从党支部大会通过之日算起，预备期1年。预备党员按照规定编入党支部或党小组，对预备党员继续进行教育和考察，其间要进行入党宣誓、参加党组织学习和活动、定期向党组织汇报思想工作等方面情况，完成党组织交办的各项任务等。经过1年的预备期考察，党支部按照规定及时进行审查研究和召开党支部大会表决，正式党员从预备期满之日算起。延长预备期另有规定。

三、入党与科研

笔者在观看《大决战之辽沈战役》《大决战之淮海战役》《大决战之平津战役》等解放战争相关电影时，深刻感受到人民幸福来之不易，应牢记战士们的英勇奋斗事迹。太平本是英雄定，不见英雄享太平。下面是笔者观看影片《长津湖》的一些感悟，希望对大家做科研有所帮助。

伍百里　伍千里　伍万里　一寸山河一伍血

八路军　解放军　志愿军　万里长城万军情

在地理与环境学院教工第二党支部的组织下，笔者有幸观看了电影《长津湖》，对“雄赳赳，气昂昂，跨过鸭绿江”“抗美援朝，保家卫国”的跨国战役有了更深的认识。除了看完不自觉地流泪外，在观影期间笔者也时不时潸然，不仅仅是因为战争的残酷、战局的惨烈、战士的牺牲而产生的民族共情，还因为看到了以伍万里、伍千里为缩影的战士们为国而战的军人荣誉。笔者以往关于军人的了解，主要是源自老丈人对其过去部队生活的讲述，但对战争的具体时代意义、战士的心理情愫、战役的局部重要性了解并不深。通过《长津湖》电影传递的情愫，笔者对军人荣耀有了更深的认识，也对科研有了更深的认识，下面就简单谈几点体会。

1. 功成不必在我，功成必定有我

做学术研究，如同大战一般，需要长期的团队成员共同配合，才能产生高质量的科研成果。但在现实中，有些集大成的成果，往往突出了代表性的人物，而那些从事不是很重要工作的人却默默无闻。在这种情况下，有些同志觉得自己的贡献不足，从而产生了工作热情降低、不愿继续努力等问题，使得团队的团结性有所下降。以前笔者对“功成不必在我，但功成必定有我”这句话没有深刻的理解，但看到影片《长津湖》中没有参加实战而牺牲在路上的战士们、按照作战命令一动不动的冰雕连、战斗到最后一个人的杨根思连等画面，联想到了太多为了大功牺牲小我的鲜活案例。所以，笔者也在反思，以后在做科研的过程中，要有“前人种树后人乘凉”“当下的小工作为未来大集成”的默默付出精神，让团队、学院、学校、学科的科研水平更进一步，也就助力了我国科研事业的高质量发展。

2. 小情即是大爱，大爱体现小情

在观看电影的过程中，伍千里与伍万里传递的兄弟情让笔者联想到科研工作与家庭的爱、亲情的温暖，可能很多人不解。从搞科研的价值来看，多

数人认为科研成果是团队的结晶、个人价值的体现，因为这是科研显性的产出，而事实上，默默在家庭付出的妻子、关心儿孙成长的父母、舍前舍后的兄妹支持，也在科研成果产出的过程中发挥了很大作用。

整个家庭付出的情感也在默默地为科研贡献着价值，融入的小情即是大爱。所以，我们在谈论科研价值的时候，也应该看到家人背后付出的努力，正如笔者经常给学生所讲，在家庭里搞家务有时候比搞科研还困难，还不被重视。在影片中，笔者看到了伍万里从“小我”的“兄弟情”到“大爱”的“家国情”的转变，联想到了家庭对整个科研团队的价值，所以，我们在搞科研的时候，应该多一些对家庭的关怀，对得起家庭的责任和担当。

3. 时间就是冲锋，机遇就是转变

笔者对时间是有严格控制的，甚至是精确化计算的，因为有时候时间就是冲锋、就是机遇。说起冲锋，让人想到《长津湖》电影场面中彭总发的最后一道命令：“等不及了，现在就开始总攻”，直接拉开了整个长津湖战役的大幕，从而为战事的胜利奠定了强有力的基础。在现实中，时间是不等人的，如上述的战争场面一般，我们要提前做好各项准备，因为一旦有合适的时机，我们的准备就能产生即时的效应和意想不到的价值，机遇垂青于有准备的人。有时机遇会提前，因为当量变达到一定状态，就会产生机会。也就是说，如果我们错过提前到来的机遇，或者错过时间带来的转机，那我们很可能就错过集大成科研成果出现的机会。所以，我们在做科研的时候，一定要把握好零碎的时间，做好各方面的准备，等到机遇来到的那一刻，就可以把自己长时间的积累尽快转化为实实在在的成果，从而助推整个科研效率的提升。

4. 内我成就大我，大我不在躯壳

电影《长津湖》的画面让人震撼，尤其是雷爹牺牲的画面让人印象至深。雷爹为了把暴露军队位置的标识弹移走，自己主动抱上温度高达几百摄氏度的标识弹，迅速开起军车狂奔，最后自己被烧得千疮百孔、壮烈牺牲。人生在世，或重于泰山，或轻于鸿毛，之前笔者对此理解不深，而这个场面让人内心激荡，也让人真切地感受到了“大我不在躯壳”的精神力量。这个画面，也让笔者联想到“一个蛋从外面被敲开，注定会被吃掉，要是能从里面啄开，很可能是只鹰”的自我价值，因为没有了躯壳，却有了“自我”成就“大我”的价值传递，这一辈子足矣。再说起科研来，有时候我们过多关注科研成果的现实价值，或者是个人贡献在科研成果中的展示，而忽略了这个过程中“大我”科研精神的传递，从而影响了长远的团队建设。我们如果用内驱力把成果通过科研精神传递下去，就体现了科研方面“大我不在躯壳”的精神。王林发院士曾说“做人比做科研重要，做科研比发论文重要，发论文比做院士重要”，我觉得这个“做人”就是科研精神的传递，因为有了新的“自我”力量，也就有了科研“大我”的传递。

四、如何顺利入党

大学一共 4 年，部分专业要 5 年，但入党最短时间也需要两年半，因此大学生要提前考虑入党，否则容易错过大学成为预备党员的可能性。笔者说预备党员，是因为以预备党员身份毕业后，可以在单位接续学校的周期，1 年后顺利实现转正。当然，能在毕业前顺利成为共产党员最好，就不会再重新走入党程序了。大学 4 年顺利入党需要做好以下几点：

第一，大一入学后，同学们就要尽快考虑提交入党申请书，因为只有这样，才能被确定为入党积极分子，才能有充足时间成为党员，也有环节出错调整的可能性。

第二，提交入党申请书后，要认真撰写思想汇报，按时提交思想汇报。撰写思想汇报时，要认真学习当下的各种会议精神，结合自身实际认真写感想、体会，同时字迹要工整，避免用语不当和涂抹修改，以最真诚的态度反映内心的真情实感。

第三，认真完成学业任务。有些学校的个别院系党员指标不是很多，就需要对提交思想汇报的学生进行筛选。如果自己的学业成绩不优秀，甚至挂科，而提交入党申请书的人特别多，那么成绩低的同学可能会丧失一些机会，也就输在了起跑线上。

第四，主动担任干部。如果自身学业成绩不是非常好，但担任院里的学生会干部或者班长之类的，那么就有可能在管理过程中表现出一定的领导才能和承担重任的能力，从而被相关老师提前认可。也就是说，担任干部的同学，如果在传达学校学院精神、落实上级任务时能表现出一定的优势，而且负责的一些重大活动受到学校相关部门的表彰和认可，那么就能得到党委办公室负责人、团委负责老师、辅导员青睐，从而在入党前期占得一些先机。

第五，不能出现违法乱纪、打架斗殴等问题，不要出现考试作弊等诚信问题。

第六，成为预备党员后，要认真参加学校组织的学习和培训活动，考出优异的党课成绩，同时不允许请假和逃课。

第七，当党课全部学完后，就可以等待相关党支部的通知，通过考核的同学参与“转正大会”。当然，在这期间，党支部还要举行群众讨论大会，由相关负责人组织专门会议讨论预备党员的入党动机、工作作风、同学相处等，预备党员也需要做好各项工作，因为通过群众讨论会后还要公示。公示期后，党支部召开转正大会，由预备党员在会场宣读自己的入党申请并由全体党员举手表决，半数通过后就能成为一名正式党员了。

第八，最后说一点，虽然大学生入党能满足一些考公考编的条件，甚至在以后的职业晋升中有一定的优势，但大学生入党也并不轻松，必须弄清所有的环节并不犯各种错误，才能顺利实现身份的转变。当然，在这个过程中，要处理好与党委负责老师、团委书记、辅导员的关系，让他们从心里真正认可你、赏识你。但笔者想说的是，与其将精力都放在“讨好”相关老师方面，还不如拿自己的硬实力说话，再加上入党的各个环节不出错、不走弯路，入党之路一定会顺利！

第七章

你知道自己想成为什么类型的人才吗

在很多大学生眼里，就是要努力读书，学好专业课，以后成为一个科技工作者！然而经过社会实习工作和职场“无情毒打”之后，大学生才明白人才不只是学习型、技术型的人才，会说的人、会处理棘手问题的人、会妥善解决矛盾的人都是人才，而且这些人才做出的成就不亚于科技创新人才。也就是说，他们拥有的这些所长不一定是课本上的知识、科研上的突破、学校的荣誉，而是生活中解决问题所需要的各种才能或者技艺。在现实生活中，很多具有专业技能的能人、领军人才往往看不上管理人才，觉得这些管理者天天围绕“人”打转，就会迎来送往、待人接物，经常哀叹地说一句“有什么真本事”！事实上，很多管理人才，往往会对一些清高的专业领域技能人才心存不满，认为他们就知道钻研技术，一点人情世故都不懂，怎么这么难伺候！其实，是因为两种人所处的位置和专业所长不同，以自己所持的立场且以“非此即彼”的观点跟对方针锋相对而已。在现实中，如果让这两种人互换岗位，可能两者都干不好，因为各自具有的能力特点不同，反而会处处受限。所以每一个职业、职位都有其价值，谁看不起谁、哪个职位看不起哪个职位都是不对的，我们应该辩证地看待各行各业的特点。下面就以笔者的一些理解，谈谈大学生以后可能成为的人才类型，以及每种人才类型的优缺点。

一、五种人才类型

1. 专业技术型人才

这种人才以专业知识的“专、精、独、特”为主，通过自己的努力和名师的指点，能成为行业的翘楚或者领军人才，对经济社会发展有重要的支撑作用，甚至推动人类社会进步。然而，由于这种专业技术型人才长时间投入技术攻关、科研探索、知识整合等领域，往往慢工出细活，因而少有时间与同事深入谈心、与亲朋好友拉近感情等，有时候疏于人情世故，不善于变通。举个真实的例子，笔者的一个表舅就是一个工厂特别有能力的技术工人，在专业领域上没人赶得上他，车间很多人也非常佩服他的手艺。然而他特别鄙视管理人员，用他的话说就是不喜欢伺候人，本来有很多好的机会可以晋升，但因其“又臭又硬”的脾气总是错过，而且是失不再来、时不再来了。记得有一次是一个重要人物来视察，很多领导认为其最专业，想让他去讲解一番，但他还是那个脾气，不愿意去“伺候”，后来很多机会都失去了，一辈子就是专业精深的老师傅。

优点：受外界因素影响少，认为读书最高，技艺打磨最重要；具有工匠精神，专业要求精尖，做得好能成为行业翘楚。

缺点：受不了社会毒打的苦和人情圈里的兜兜转转，容易看不起一些管事的领导，不喜欢交流感情。如果性格孤僻，理解不了人情因素，容易迷失自己，甚至做出一些错误的决定。

融入点或者学习点：这类人才一旦有一天恍然大悟或者开窍，会主动学习一些领导力、人情世故方面的内容，认为这本社会的书也需要用工匠精神去突破，从而主动学习并付诸实践，强化人情往来方面的技巧，从而成就领导气质和特殊的决断力。

2. 创新型人才

笔者所说的创新型人才，是具有坚定的人生长远奋斗目标，自身专业能力非常强，具有敏锐的判断能力、果敢的执行力和持久的坚持力，善于捕捉机会让自己独特优势发挥的综合型人才。一般情况下，这种人才天生具有自我学习的慧根或者禀赋，看到外界的变化或者经过名师的点拨，能够迅速找准目标且能为之持续地拼搏向上，如有合适的机会就能成就非凡的事业。好的学生不是老师培养出来的，而是具有很好的基础，自我探索、自我醒悟、自我坚持出来的，事实上很多成名成角的人的确是靠自我修行、自我渡劫过来的。我们有时候总是说要培养这类拔尖的创新人才，其实只是某些平台、名师让其自我醒悟了，起了潜在的助推或者加速作用，从而“一发不可收”地将他们的特质充分发挥，实现了他们重要节点的蜕变。大学真的是非建筑、楼宇之高，而是大师的用心培养、创新环境氛围的孕育、同学朋友的激励而形成的，让一届又一届的大学生有了心飞翔的地方。真正有独自创新意识的大学生会在自身激励下，自学一些理论和方法，想方设法地获得应该具备的技能，从而持之以恒地将自己的目标实现。

大学真正的成长是自我醒悟后的成长！

大学里真正的学不是老师手把手地教，而是自学！

大学生应定的目标不是学业上的毕业，而是人生长远的大志向！

3. 管理型人才

有同学说：“管理型人才是大学里学习企业管理、财务管理、人力资源管理等管理类专业同学奋斗的目标，和我们没有关系，我们也不愿成为这样的管理型人才。”其实，这些学管理类专业的本科生毕业后也仅仅从一些基层的管理岗做起，甚至是普通的基层管理者，和其他专业同学毕业后获得的职位差不多。在家庭环境、地域环境、学校环境等多维影响因素作用下，一些同学在前 20 多年的经历中就具备了一些待人接物的能力、说话办事的能力、处理棘手问题的能力，而一些同学只会钻研专业知识，不太懂得处理复杂的问题和人与人之间的矛盾。笔者觉得在大学里面工作过的干部，往往很容易理解人内心的一些诉求，也善于处理一些复杂、烦琐的事务，而这些事务并不比搞科研攻关容易，可谓术业有专攻。经过工作中的总结、学习中的领悟，笔者反而非常钦佩做管理工作的一些人才，因为这些人才不觉得处理人与人关系的工作复杂，而且对处理各种琐碎的小问题非常有耐心、有原则、有情分，体现了管理型人才的作用与现实价值。

管理管理，先管好、约束好自己，再说管理他人！

管理管理，三分管，七分理，要厘清原委、厘清原则、厘清情义！

管理管理，要心有猛虎，细嗅蔷薇，当断则断，当择则择！

4. 社交型人才

我们经常会听到这样的议论“我们的领导就会拍马屁”“我们的领导就天

天出去瞎逛”“我们的领导就会吃饭喝酒”。一些领导干部，甚至会让大家觉得他们的能力非常一般，怎么就会坐上领导的“宝位”呢？其实，笔者在10多年前还是学生的时候也不理解，而且会很不服气地说怎么都是些“阿谀奉承”的人在重要的领导身边呀？笔者高中时，有一次领导召开公开会议要动员考试工作，有一个会务老师害怕话筒不响，就“卑躬屈膝”地去调整了好几次但没打断领导的讲话，他就喜欢干这些琐碎且无关紧要的事。除此之外，他还没事去给领导们倒茶续水。反正笔者就是不解为什么一个身躯这么高大的男人会给领导干这些小事。时至今日，虽然这些细节还在笔者的脑海时时浮现，但笔者的态度已经发生了极大的转变，认为烦琐的会务工作应该做细，应该需要一些人才专门负责，避免出一些不必要的麻烦和问题。为什么呢？因为笔者亲自参与了一些国内重大会议的会场布置、宣传工作后发现，会务工作的确需要想得仔细、落实到位、考虑人的感受和情绪，否则很容易因为一个很小的漏洞造成某些贵宾情绪的不满。

在接待人方面，社交型人才的确有自己的一套说辞和嘴上功夫，既让你感受到他们的原则，又让你感受到他们办事妥妥帖帖，而且是真的体现出他们对你的关心。不要觉得这些所谓的“废物”领导，除了会溜须拍马、刻意逢迎、人情往来那套外，还经常“不务正业”地出去谈事情、喝酒聊天，其实在他们迎来送往的礼仪中，在很多寒暄递烟的交流中，在觥筹交错的酒桌间，就把一些重要的事情做到位了，就把应有的感恩感谢之意尽到了，就把一些重要的事情给解决了。换句话说，如果你没有社交型人才的特质，即使你交往了很多重要的人物，你该办的事情还是解决不了，所以我们要敬重一些社交型人才，因为他们的确做到了一般人做不到的事！

社交型人才吃的苦和忍受的屈辱，只有他们内心最清楚，其他人是理解不了的。

社交型人才内心的感情经常无处释放，不敢放，也不知道敢向谁放！

社交型人才有时候要忍受着七情六欲进行很多事务的处理，必须承受很多压力和责任。

社交型人才有很重的感恩之心和原则性，只是很多外人看不懂而已。

5. 吃苦耐劳型人才

在现实中，我们经常会发现这样一类人，能力平平，情商一般，但深得领导的赏识，甚至走上了重要的职位。很多人就不理解，自认为能力很强，业务成绩也不赖，但就是得不到重用和提拔，心里感觉愤愤不平。其实，很多吃苦耐劳型人才经常围绕着领导安排的重要事情忙前忙后，经常加班到深夜处理材料，经常不辞辛劳地两地间来回奔波，他们挣的是一份辛苦钱，所以领导安排给这些人重要工作时很放心，认为他们很踏实，会按照既定的时间，不辞辛劳地拼命完成，无怨无悔！在现实中，这类人才不在少数，不论换了领导是谁，不论别人怎么要手段，他们就是辛辛苦苦在做事，内心还很满足。所以我们不要指望用自己优秀的业绩、高超的情商、拼命的社交来证明自己，有时候踏踏实实干好自己分内的工作，不向领导抱怨太多的是非，努力朝着被认可的工作目标奋进即可！

人笨一点无所谓，甚至可以做一个刘德华歌词里的“笨小孩”，但要用力用心用情做好应该干的事。

路再崎岖不平，只要有方向，一步一步地走就能到达终点。

很多人满世界找捷径，最后在找的过程中累晕了、迷失方向了，所以不如围绕一条很艰难的路一步一个脚印走出来。

二、四种气质类型

人出生之后会受父母基因、母体环境、家庭氛围、周遭重要人物价值观等诸多方面的影响，但主要是受先天遗传因素影响，因此人的气质与生俱来且不易改变。一般可以将气质分为胆汁质、多血质、粘液质、抑郁质四种类型（刘强，2011）。这个气质不同于形容一个人具有优雅的气质、高贵的气质，而是自身行为在心理学上的特点，是天生形成的，一辈子也很难改变。一些要考教师资格证的同学，应该熟悉下面几种气质类型。

1. 胆汁质

天生胆汁质的同学，一般情况下性格带有冲动，敢拼敢为，但往往持久学习的动力、坚持奋进的韧劲不足，遇到一些大困难后容易消极退缩。有这种气质特点的同学，胆大但心不细，情绪来得快也退得快，容易冲动着去做一些不可能实现的事，遇事很多时候不冷静。在现实中，这类气质的人才冲动失去理智的行为经常出现。有人举例子说胆汁质的代表人物是《三国演义》中的张飞，其典型特征是精力充沛，情绪发生快而强，言语动作急速难于自制，内心外露、率直、热情、急躁、果断，你对照对照，看看如何？所以，有人说，这类人虽然在克服一些重大困难的事情上有冲劲，也能以极大的热情去拼搏冲刺，并且内心憋着一个“大目标”去冲刺，但如果困难太大且内心的锐气消耗完之后，很容易丧失信心，反而在重大的事上没有可圈可点的成绩。

如果胆汁质的同学有果敢的“胆大”，融入多血质的心细和抑郁质的毅力，可成大事！

2. 多血质

天生多血质的同学，一般情况下性格具有灵活处理问题的特点，遇到困难的事容易多元化考虑解决办法，不会围绕一个特别难的办法或者不通的路径瞎使劲，而是积极地寻找替代的办法解决问题。这种气质特点的同学，往往带着几分聪明劲，遇事机敏而灵活，随机应变的能力极强，在外交活动、人际交流中具有优势，也深受一些管理型领导喜欢。在现实中，这类气质的人才很可能是一个多面手，不仅业务能力突出，而且善于处理与同事之间的关系，在重大问题处理方面也有自己“八面玲珑”的一套。然而，如果这类人才缺乏足够的耐力，容易各项事都是“蜻蜓点水”，没有特别精尖的技术。有人说，其代表人物为韦小宝、王熙凤，行为特点表现为活泼、敏感、好动、反应迅速、喜欢与人交往、注意力容易转移、兴趣容易变换，你看看如何？

如果多血质的同学能够在一个专业领域取得非凡的成绩，那么以后必然能成大才，管大事！

3. 粘液质

天生粘液质的同学，一般情况下性格带着内敛、稳重的特点，遇事不慌不忙且冷静思考后有自己独特的处理方法，让人感受不到太强烈的情绪变化。在学习、工作和科研的探索中，有一股“不达目的不罢休”的韧劲，在安静、沉稳、勇毅的性格支撑下容易攻克重大的难关，所以在搞科研方面具有天然的优势。有同学说，这不就是吃苦耐劳型人才吗？从两者的匹配上，天生粘液质的同学的确情绪不易外露，不爱外显自己的才能，内心平稳、工作有序，能坚持稳健地甚至玩命般辛苦工作，在专业技术岗一般能取得不错的成绩。当然，有同学反映，这类同学沉默寡言、不喜社交，在与人交流的过程中有一定的劣势，没有办法快速融入新集体。有人说，代表人物是唐僧、鲁迅，你觉得是吗？

如果粘液质的同学能够强化自己的社交技能和管理才能，在未来的人生轨道上必然顺风顺水！

4. 抑郁质

天生抑郁质的同学，一般情况下性格带有敏感多疑、容易伤感的特点，遇事容易从内心深处发出“这个人对我不好吧”“这件事是不是针对我呢”“他这么伤害我，是什么意思”等之类的灵魂之问，而且不喜欢对人讲内心深处的想法。我们在与这类气质特点的人相处的时候，往往很累，因为很难触及他内心深处敏感的认知，甚至有些时候会觉得这些人无理取闹、不可理喻。当然，这类人心思细腻且对别人的“微”情绪很敏感，在头脑清醒时很容易判断别人情绪下的真实目的，甚至可以用“城府很深”来形容，在知人识人方面具有独特的优势。不得不说的是，有些抑郁质且内心极其脆弱的同学，在遇到重大挫折时容易产生心结，情绪极其悲观且难以释怀，容易出现一些心理上的疾病。有人说，该类气质最具有代表性的人物是林黛玉，在与人交往的过程中具有高度的情绪易感性，主观上把很弱的刺激当作强作用来感受，常为微不足道的事动感情且持续时间长，久久不能释怀；在行动表现上思虑过多，甚至有些钻牛角尖；在处理问题时，容易遇到困难时优柔寡断，遇到危险时胡思乱想且极度恐惧。

如果抑郁质的同学能够有人开导和点拨，思路开阔、心绪豁达后，必然能够成为一个非常有才华且有独特见解的人！

三、才华、气质与忠诚度的四种组合

有些人很有才华，能力也很突出但发展的际遇一直不好，而有些人能力一般，但意志力非常强，最后发展得不错，到底是什么原因呢？我们从领导力和选拔人才机制的视角，结合才华、气质和忠诚度的组合来剖析一下。

1. 有才华、胆汁质、敢作敢为型人才——才气逼人的常见组合

这类人才空有很好的才能，但由于自己胆汁质气质的影响，盲目自信且不听别人的建议，在发展的过程中很容易受到别人的排挤或者承受某些不公正的待遇，因而这类人才很多时候会郁郁不得志或者“空有冲天之志，实无一业可为”，怨天尤人！当然，这类人才如果能真正遇到伯乐，识其大才，给其足够的包容度，发展前景会很不错，毕竟有才华。如果这类人才能够适度降低自己的预期，懂得低头和一些处世技巧，也就是听一些话，遇到有包容力的领导，还是有其独特发展空间的。

2. 有才华、多血质、灵活处世型人才——聪明灵活的常见组合

这类人才能够迅速看明白自身的处境，而且善于自我学习获得所需的技能，这是受其多血质行为特征影响的，思路开阔且善于动脑筋。由于灵活多变的处理方式，所以在很多情况下这类人容易判断出正确的方向是什么，要获得提升的方法是什么，因而在职业晋升或者理解领导想法时具有悟性、灵性，也容易在交往过程中获得认可。然而，如果一味地“滑头”求变，出现了一些歪心思，容易走上歧途，从而葬送自己美好的前程。

3. 没才华、抑郁质、埋头苦干型人才——稳重踏实的常见组合

这类人才没有特别出众的才华，但知道闷头苦干不断提升自己的技能以适应快节奏的职场，因而领导常常能看到他们努力上进的状态，并且不会因为他们的能力不足而产生太多的抱怨。抑郁质特质的同学，往往能够认识到自己的不足，用勤勤恳恳的工作精神、踏踏实实的工作态度、用心用情的付出去弥补自己没有才华的劣势，因而最终的工作业绩或者业务水平也不是很差，反而赢得了领导的信任和青睐。如果有些领导认可了这部分人才，往往会给其安排一定的重任要事去处理，使其在攻克重大项目中表现出一些优势。

4. 有才华、粘液质、内心脆弱型人才——敏感多疑的常见组合

粘液质的人才除了善于钻研一些想不明白的思绪，也善于对知识或者技能背后的原理进行独特的理解，因此其才华程度不亚于任何一种气质类型的人才。然而，由于其多疑、敏感的个性，容易对领导安排的工作任务、同事之间的你来我往产生不利于自己的分析，有些时候分析得明明很对，但缺乏多血质的处理方法和手段，因而容易得罪人且不愿意去解释，进而产生一系列误会，使得自己在晋升中失去一些优势。如果这类人才遇到特别包容的领导，能够时时处处地给下属解释这些“另类”想法，让大家没有太多的误会，这类人才也会有自己不错的发展空间。

其实，很多时候有才华未必是好事，因为容易恃才傲物、不可一世，还容易让别人接受不了。

其实，很多时候没有才华未必是坏事，因为勤能补拙，反而在兢兢业业的工作中受到认可和尊重。

其实，没有多少人既没有才华，也没有能力，但如果能跟着领导按时按质地完成每件事，成为一个普通的“庸才”也可以，因为可以少受很多人情往来的苦。

上述的分类是基于笔者自己的一些理解，可能失之偏颇，请大家看后指正!

第八章

大学里究竟要怎么学

总结笔者在大学里学习的经验，一个重要的结论就是要学会自我学习，而且要善于找到正确的方法，同时要有不放松、不和任何人比的长期奋斗精神，才能形成属于自己的学习习惯。在大学里面应该怎么上课？在大学里面如何交作业？如何应对各种考试？如何看待毕业论文？围绕这些问题，结合笔者的真实感受，写下这一章，希望对你有所帮助。

一、你应该知道如何上课

很多大学生在上课的时候就是跟着老师的讲课情绪而听课，老师讲得认真的时候就多听一会儿，老师状态不好的时候就走神休息了，完全没有把听课当成很重要的事，晃荡晃荡着就下课了。大学老师讲课，不似高中阶段，不会时不时提醒同学们认真听讲，甚至不会关心上课质量，下课之后老师就回自己办公室或者回家了，私下里与同学们单独交流的时间也不多。在这种情况下，如果每一节课都凭借自己的喜好、情绪去听，也不认真做笔记的话，到期末很容易什么也没有学懂，整体学习效果很差。回忆笔者大学阶段在上课的时候，一般会做到以下几个方面。

1. 无论老师讲课水平怎样，都坐到前几排认真听

这一条原则的前提是你觉得学习非常重要，能意识到即使老师课讲得差你也认为有可取的地方，不因老师的讲课水平而影响你学习的积极性。就笔者而言，这一条原则为消化老师上课的内容提供了重要支撑，因为笔者实在弄不明白的时候会回忆老师上课的细节，会将书本上的知识点、老师课上讲

解的幻灯片、课下的自我理解形成有机互动，进而实现学习效果的最大化。

2. 和老师进行一定的课堂互动

有些同学天天上课来得比较晚，坐到最后几排，想听就听一会儿，不想听就休息一会儿，学习效果很难得到保障，更谈不上什么课堂互动和在老师心中的印象了。真正学习好的同学，一般会坐到前几排或者第一排。究其原因，他们是为了认真听课，不论老师讲课的水平怎样，也不论别人怎么做。在课堂上，他们会跟上老师的节奏并时不时地与老师进行眼神交流，也会在老师提问时积极站起来回答，甚至没有听明白的时候会向老师提问，这会让老师在内心里对这些学生的学习态度产生认可。

3. 要适当帮助老师处理一些课堂前、课堂中和课堂后的杂事

有些大学老师上课会比较匆忙，可能提前 5 分钟到达教室，甚至提前 1~2 分钟到，这个时候还需要打开多媒体或者擦黑板，就会显得忙乱。如果班长或者学习委员不是真正的学习型人才，是不会帮助老师打开多媒体或者擦黑板的，只会盲目地等着上课，如果前排的同学或者积极上课的同学能够及时处理这些小事，也会使老师对其心生好感，认为这些同学很上心、懂事。在课堂中，有时候会出现突发情况需要及时处理，例如老师的电脑突然出了问题或者某个软件打不开，一些懂电脑或者软件的同学如果能够及时地帮助老师解决这些情况，就帮助老师解了燃眉之急。下课后，很多同学就是一走了之，不想再和老师有任何的眼神交流，急匆匆地跑去吃饭了。但在课后，老师还要关闭电脑、整理黑板等，以完成自己的课堂职责。如果这个时候班长或者学习委员做得不及时，其他同学可以主动帮助老师处理，这也体现出对老师的认同，因而也会在老师心中留下一个好印象，为课后找老师交流或者科研训练奠定基础。

4. 课后可以找老师交流书本内容或者科研上的事

很多同学下课后，不仅帮助老师处理一些杂事，而且利用这个过程和老师交流其课堂上不懂的问题，进而在交流的过程中和导师产生了一些师生情谊。另外，如果一些同学对老师的科研方向感兴趣，也可以借机和老师交流一下，看看有没有可能参与的科研项目，为今后参加重要的专业竞赛提供支撑。

二、你应该知道如何交作业

1. 要重视课堂上的表现与活动汇报

期末时，课堂表现和活动汇报等方面都是综合成绩的组成部分，同学们一定要重视。根据现行教务处的成绩构成规定，各门课程都要求过程性评价，平时成绩的占比达到了30%以上。希望大家重视签到或者点名环节，不要总是迟到几分钟或者点名不到，因为这样在老师的潜意识里会认为你的学习态度不端正，对你的印象分就不好。在平常的课堂上，如果一些同学经常趴在桌子上休息或者不向老师请假就擅自离开去接听电话，有些老师虽然嘴上不说，但心里可能早把你列入了“黑名单”，所以课堂上尽量不要有不听讲行为。此外，由于大学老师很注重对学生创新性思维和团队协作能力的培养，因而在课堂上会让大家针对某些问题展开讨论，甚至让小组代表发言，所以大家要重视这些发言机会，讨论出一些有创新性的东西。必要的时候，大学老师还会让学生课下认真准备，以PPT的形式来汇报成果，那么这时同学们要精诚合作，不要随随便便交差。

你经常慌慌张张跑着去教室吗？有时候嘴里还吃着东西？

你上课点名的时候经常不到吗？上课的时候还时不时休息一阵？

你会不给老师说任何理由，就离开教室吗？

2. 要高质量完成课下的作业

一般情况下，老师在课堂讲解某一部分内容之后，会留下思考题或者创新性探索题让同学们完成，以纸质版的形式上交。有同学纳闷儿，为什么老师要交纸质版材料，甚至要求同学们手写？究其原因，在数字化时代，同学们很容易丧失自我学习的动力，随便在网上摘录一段文字打印出来上交，这样的作业质量可想而知。因此，同学们在面对老师布置的纸质作业时，一定要用正规的纸张，通过自己的独立思考和总结，字迹工整地将作业“体面”地完成，不要从网上胡乱摘录来应付差事。有些同学甚至不动脑筋，照着宿舍好友的“简略版”抄袭一遍就上交了。这种情况非常恶劣，老师一旦发现，这两位同学的成绩都极低，甚至需要重新上交作业，弄得师生间、同学间矛盾重重。笔者有一次特别“狠”的记忆，笔者完成作业上交到学习委员那里了，但有个同学很懒，不知用了什么办法将笔者的作业抄了一遍准备上交。幸亏当时有好友告诉笔者，才使笔者避免了一场不该有的“灾难”，后来笔者又重新写了一份，进一步提升了作业质量，既得到了高分，也没有影响同学之间的和气。

你手写过 1 万字的作业吗？笔者做到过，而且写出来都是书法版的楷体。

你的作业认真找过封面吗？你的纸张翻着感觉质量很高吗？笔者交作业的时候对这些细节也会非常重视。

别人认为你是班级的优秀生，一半以上的同学都要看你的作业，你让他们看吗？可以让他们看，但要重新写一份质量更高的！

3. 期末的课程作业（论文）要认真地写

有些选修课的期末考试就是要求同学们提交一份课程作业，多数情况下是让大家提交一篇论文。有些同学依然是高中思维，不了解什么是论文，也不想完成的质量很高，就随便在网上复制粘贴了一些文字交上去。老师在办公室批改作业的时候经常会议论“这个同学是从 ×× 论文摘录出来的”“这两个同学怎么摘录的差不多哦”“这个同学怎么这么笨，标点符号都不改一下”，所以同学们如果不重视期末作业，成绩会非常低。论文是论证性的严谨成果，一般到研究生阶段才可以写出来有一定水平的内容，老师让大学生来写论文，就是锻炼其基本的科研写作能力，所以同学们只要有独立思考后的总结成果就可以，不要一味地抄写别人的论文来应付，老师在批改论文时非常看重学生提交论文的格式体例、计算过程、独立完成的文字等，而不是看其在网站上复制粘贴了几页文字而没有一句是自己观点的总结。值得说明的是，大学老师一般都是博士毕业的，所以很容易发现你的论文是从什么地方抄袭的或者哪些文字是明显复制的，而且能看到你内心的真实态度。下文是 2021 年笔者批改研究生作业时的一些感慨，希望对大家有些帮助。

各位同学好，希望大家知道研究生导师在看大家成绩时的核心点和改分原则，因为大多数老师都是博士毕业的，对文字很敏感。课程论文作业的基本要求要言之有据、言之有理、言之有情、言之有感。我们发现，很多同学的论文作业是摘录或者复制粘贴的，没有什么营养，老师也不愿多看。有些同学的论文作业是委托其他同学打印的，打印质量极差，还觉得自己作业很美观。有些同学是拿上一届同学的作业或者其他同学的学位论文应付的，懒惰程度可想而知。有些同学压根不知道自己论文的样子，因为是别人替自己完成的。一些用功的同学，虽然论文作业写得不深，但发自肺腑，老师能读出感情，感觉还不错。一些“用心”的同学，虽然论文作业格式规范，但却在一本正经地胡说八道，因为没有一点自己独立思考的能力。当然也有一些同学把自己的研究成果拿出来当论文作业的，有质有量、图文并茂，老师还是很欣慰的。

总之，只要是同学们自己写出来的作业，有独立的观点且格式体例规范，哪怕就只写了几句发人深省的句子，我们认为也是很有价值的。此外，还有很多同学明明引用别人论文或者摘录别人论文，还不加参考文献，这就有抄袭之嫌，希望大家在研究生的路上走得正确一些，不要走上了邪道。

很多同学打印出来的作业从不检查，很容易让老师发现是从网络上复制粘贴过来的，因为很多句子留有摘录或者网上复制的痕迹，字体字号和正常的打印状态完全不一致，颜色深浅不一致，让人心寒。建议：如果作业多，哪怕没有时间，写两个小时的感悟都比复制粘贴强，研究生导师不只是看你的研究深度，有时候更看重你作为一个学生的独立思考和归纳能力。

由于大家刚接触论文写作，所以我打分很“客气”，成绩都在80分以上，大家别担心挂科了。有些老师建议我直接打不及格或者0分，我说算了，只要有正确的方向，慢慢改进就好了。因此，希望大家以后写论文作业的时候，真正“自己写”“独立写”“有观点地写”，而不是用别人大篇幅的文字“一本正经”地当成自己写的。

三、复习考试，你总是临时抱佛脚吗

1. 老师重点讲的认真复习

大学里的考试不同于高中，一些老师在期末的时候会给同学们画重点，让大家重点关注可能考试的部分，因此很多同学就只背老师给的重点内容，忽略其他部分，求得一个及格即可。有些聪明的同学，会结合上课讲的内容，认真理解消化老师画的重点内容，还会将前后部分的知识串联一下，深入理解可能要考的重点。有些同学，即使是数学、概率论方面的计算考试，也只看老师讲过的一些基本题型，不想动脑筋看课后练习题或者变通地理解可能的考题，因而考试成绩平平或者不及格，令人伤心不已。此外，虽然有些老师明确说考哪个知识点，甚至提示了在第几章第几节，但没有详细给出具体的页码和具体的题型，那么仍需要认真理解这一节的内容，而不是就背几个标题，因为如果考的是论述题或者辨析题，没有深入思考过谈何得高分。

2. 老师没有说是“重点”的也要看

很多大学老师虽然给学生画了重点，但考试内容在题型上、范围上都可能有“超”，因为老师们出的题需要符合教学大纲的要求，以通过基层教学组织、院教务办、学校教务处的各种审核。如果一味寄希望于老师的“重点”内容，有可能最好就是得 70 分左右，甚至在“稍有闪失”的情况下不及格，因此要多下功夫看看非“重点”的内容，多思考多总结，甚至以出题人的视角考虑哪个部分可能考，那么就能保证自己获得 80 分左右的成绩。自古以来，凡是想通过捷径来解决问题的人，反而会被“捷径”折腾得一身伤，所以要脚踏实地认真复习，不要为了取“巧”而惹来了一堆问题。

3. 考试不要随便应付和提前交卷

期末考试是检验学生学习水平的重要形式之一，因此老师非常重视监考、批改和总结期末试卷，从“分”的多少来衡量学生学习的优劣并提出下一年的改进措施。由于很多同学要靠着这些“分”来保研、获得奖学金、出国留学等，所以笔者谈谈大学期末考试应注意的一些事项。

第一，考试别想着抄。由于考试涉及诚信和公平问题，所以监考老师在考试期间眼睛“瞪”得特别大，一有风吹草动，就目不转睛地观察大家，以确保考试的纪律性。一旦监考老师发现有同学作弊，就会记录在考场记录单上，进而记录在档案中。第二，尽量不要提前交卷。大学老师定的考试时间，一般是跟题型和考试难度相匹配的，所以不要觉得自己“能”，马马虎虎应付地提前半个小时交卷了，殊不知很多同学都在笑话你不认真。考试要像给毛主席写建议信那样，多看看你字迹工整不工整，多检查检查你的语言表达合理不合理，多思考思考你的内容深度够不够，经过这几个内心反问和仔细检查，考场上的你就不会轻易交卷子，答题质量也就过关了。第三，要多写一些文字。大学专业课考试需要全方位了解学生对所学课程具体问题的理解深度，因而通过几行没有多少含金量的论述来说明问题是不切实际的，需要有观点地系统论证和深入总结。如果考卷上某一道题给了 30 分，留了一页半的答题空间，而你却轻轻松松通过几行字表达了观点，试想老师会给你高分吗？所以在回答文科问答式、论述式和材料分析式的题目时，一定要看准答题的要点，分几个部分有序地论证，甚至每一个部分都要有标题和论据，行数字数都足够多才可以，这是答题技巧和规范性论证要求的。具体的答题技巧会在后续的考研答题内容中详细阐述。

4. 为什么被考试伤害的总是你

记得有一次，一个学生敲门来办公室找笔者，说期末考试的成绩特别低，想问问到底是为什么。于是笔者就拿出了他的卷子，从答题的正确性、答题的文字组成、答题卷面的效果等方面给他解释了一番。笔者苦口婆心地讲了半天，他听后不仅没有认同，还认为是笔者的个人偏见，凭什么答题的文字组合、整洁程度、行数多少也影响成绩评判？这个时候办公室的另外一个老师过来了，简单浏览了下就说："如果以我的判卷标准，除了你答题不够严谨、细节不到位外，你的文字凝练程度、论证规范程度等远远达不到丁老师给你的分，你应该知足。如果我是丁老师，可能给你批阅后只有 70 分，丁老师已经很照顾你了。"这个同学听后还是一脸委屈地说："我宿舍的一个同学，就期末的时候认真复习了两个星期，复习期间还出去玩，为什么他期末考试得了 90 多分？"我们两位老师找出他说的那个同学的卷子，看后认真地说："有些同学虽然看起来准备得不多，但课堂中、课后领悟得深入，而且答题的准确性、规范性和卷面排版是积累了 10 多年的结果，而非复习多天可成的。"

四、该如何取舍各类证书

1. 要有一些学习成绩类的证书

无论是毕业找工作的求职应聘，还是考研面试和导师选择学生，学习成绩都是第一位的，因为学习成绩能反映学生的学习态度和平时的用功程度。如果你在大学期间通过自己的努力获得了优秀大学生、优秀奖学金、省级优秀毕业生、国家优秀奖学金、国家励志奖学金等，那么就证明你的基础学习能力很强，这比你说自己在大学里很努力、很勤奋要管用得多，因为上述荣誉就是你很好的证明。如果你在大学期间，没有获得过上述的任何荣誉，那么获得一些单科的优秀证书也可以，也能说明你在学科领域取得了一些成绩。试想，如果一个学生在大学里没有获得过任何学业上的奖励，那么招聘的 HR 或者考研复试的评委，怎么能相信其的基础能力呢？

2. 有机会拿一些竞赛类的证书

竞赛类证书是学生实践动手能力、科研创新能力的证明，因而很多面试官或者研究生导师特别看重这些成果，以期通过对这些学生获得上述证书的参赛体会和专业技能的询问，考查学生的专业能力、工作态度和科研潜力，从而判断学生的深入性思考能力和独立分析、处理问题的能力。因此，期望同学们在大学期间，有能力就冲刺一些高级别的赛事奖项，为今后打下扎实的基础。以《河南大学本科生学科竞赛管理办法》（校发〔2020〕251 号）为例，国家级竞赛目录如下：①中国（国际）“互联网 +” 大学生创新创业大赛；②“挑战杯” 全国大学生课外学术科技作品竞赛；③“挑战杯” 中国大学生创业计划大赛；④全国大学生创新创业训练计划年会展示；⑤全国大学生节能减排社会实践与科技竞赛；⑥“外研社 · 国才杯” 全国大学生英语系列赛——英语演讲、英语辩论、英语写作、英语阅读；⑦中国大学生服务外包创新创业大赛；⑧中国高校计算机大赛——大数据挑战赛、团体程序设计天梯赛、移动应用创新赛、网络技术挑战赛、人工智能创意赛、微信小程序应用开发赛；⑨全国大学生信息安全大赛；⑩中国机器人大赛暨 RoboCup 机器人世界杯中国赛；⑪ ACM–ICPC 国际大学生程序设计竞赛；⑫中国大学生计算机设计大赛；⑬蓝桥杯全国软件和信息技术专业人才大赛；⑭“中国软件杯” 大学生软件设计大赛；⑮全国大学生电子设计竞赛；⑯全国大学生智能汽车竞赛；⑰全国大学生机器人大赛——RoboMaster、RoboCon；⑱中国大学生机械工程创新创意大赛——过程装备实践与创新赛、铸造工艺设计赛、材料热处理创新创意赛、起重机创意赛；⑲“西门子杯” 中国智能制造挑战赛；⑳全国大学生集成电路创新创业大赛；㉑全国大学生机械创新设计大赛；

㉒全国大学生金相技能大赛；㉓全国大学生光电设计大赛；㉔全国大学生数学建模竞赛；㉕全国大学生交通科技大赛；㉖全国大学生工程训练综合能力竞赛；㉗全国大学生先进成图技术与产品信息建模创新大赛；㉘全国周培源大学生力学竞赛；㉙全国大学生结构设计竞赛；㉚全国大学生化学实验邀请赛；㉛全国大学生化工设计竞赛；㉜全国高等医学院校大学生临床技能竞赛；㉝全国大学生电子商务“创新、创意及创业”挑战赛；㉞全国大学生物流设计大赛；㉟全国大学生市场调查与分析大赛；㊱全国大学生地质技能竞赛；㊲全国大学生广告艺术大赛；㊳全国高校数字艺术设计大赛；㊴两岸新锐设计竞赛“华灿奖”；㊵米兰设计周——中国高校设计学科师生优秀作品展；㊶中美青年创客大赛；㊷中国青年志愿服务项目大赛；㊸中国创新创业大赛；㊹“中国创翼”创业创新大赛；㊺“创客中国”中小企业创新创业大赛；㊻全国移动互联创新大赛；㊼全国“互联网+”快递大学生创新创业大赛；㊽全国大学生生命科学创新创业大赛；㊾全国大学生生命科学竞赛；㊿丘成桐大学生数学竞赛；51全国大学生数学竞赛；52美国大学生数学建模竞赛；53全国大学生物理实验竞赛；54“新华三杯”全国大学生数字技术大赛；55全国高校无机非金属材料基础知识大赛；56“纳米之星”创新创业大赛总决赛；57中国大学生医学技术技能大赛；58全国护理专业本科临床技能大赛；59全国大学生药苑论坛；60全国中医药高等教育技能大赛——中药学类专业学生知识技能大赛；61全国大学生化工实验大赛；62中国高校地理科学展示大赛；63全国大学生 GIS 应用技能大赛；64全国大学生土地利用规划技能大赛；65全国大学生自然资源科技作品大赛；66全国高校地理师范生教学技能大赛；67“共享杯”大学生科技资源共享服务创新大赛；68全国大学生结构设计信息技术大赛；69全国高校 BIM 毕业设计大赛；70清华大学中国公共政策案例分析大赛；71“河仁杯”全国大学生社会调查技能大赛；72“淮海杯”全国高校模拟法庭大赛；73国际刑事法院模拟法庭（英文）；74“理律杯”全国高校模拟法庭竞赛；75杰赛普国际法模拟法庭大赛；76“iTeach”全国大学生数字化教育应用创新大赛；77全国高校学前（幼儿）教育专业优秀毕业论文奖；78全国大学生统计建模大赛；79全国高等师范院校历史学专业本科生教学技能比赛；80“发现中国”李济考古学奖学金；81全国大学生口述史

成果交流赛；⑫全国大学生红色旅游创意策划大赛；⑬ Next Idea 腾讯新文创大赛；⑭全国大学生世界遗产保护与可持续利用提案大赛；⑮ HRU 大学生人力资源职业技能大赛；⑯全国大学生人力资源管理知识技能竞赛；⑰全国大学生物流仿真设计大赛；⑱中华全国日语演讲比赛；⑲中国日报社“21 世纪杯”全国英语演讲比赛；⑳全国口译大赛；㉑全国高校俄语大赛；㉒全国大学生英语竞赛；㉓中国大学生广告艺术节学院奖；㉔全国大学生网络编辑创新大赛；㉕全国普通高等学校音乐学（教师教育）本科专业学生基本功大赛；㉖“为中国而设计”全国环境艺术设计大展；㉗全国大学生艺术展演活动；㉘中国大学生武术锦标赛；㉙国际武术大赛及武术节；⑩⓪全国大学生运动会——各单项奖；⑩①全国大学生联赛——各类联赛；⑩②全国大学生锦标赛——各单项奖。

3. 争取一些学术活动类的证书

在考研复试时，评委往往会围绕学生的学术素养展开评议，以考察其是否参与过相关的科研课题或者参与撰写过一些科技论文，因而在大学阶段参与过导师的一些课题或者获得过一些学术活动类证书就显得非常重要了。在众多的学术类证书中，如果能参与各类国家一级学会的年会分会场汇报并获得优秀论文奖励，那么学术能力就得到了很好的证实。因为优秀论文类的证书，不仅能证明你系统地进行过论文撰写，而且能反映你在论文中的实质性贡献，更能反映你基础的学术素养和参与大型会议的汇报技能。如果大学期间你没有机会参与全国性的论文竞赛和学术汇报，那么可以参加学校组织的大学生论文学术节或者沙龙之类的活动，能有机会获奖也不错，因为这些活动也能证明你参与过学术锻炼。总之，论文获奖对考研复试还是有很大帮助的，建议大学生有机会参与一些学术竞赛和科研训练，争取获得一些证书，为自己今后的考研复试和研究生学习打下学术基础。

4. 兴趣爱好的证书可有可无

这个标题看起来就有意思，为什么说是可有可无，因为对考研和找工作而言，最看重的还是个人能力和综合素养，其他兴趣爱好类证书如唱歌、跳舞等不能体现专业能力水平与科研基础素养，所以说没有什么大用途。然而，大学生在应聘环节或者考研复试后导师的考察过程中，有领导或者导师发现你在某一领域的技能特别突出，能反映刻苦上进的精神品质，那么你在同等水平学生的选聘中就可能占得一些先机，所以说这类证书还是有一些作用的。

5. 可以有一些体育类证书

在国家号召全民健身、重视体育的当下，很多领导或者导师对学生的身体素质要求也逐渐提高，因此你获得过一些体育类证书如长跑类、竞技类体育证书也是有好处的。一方面反映了你的身体素质很强，为将来从事一些调研类的活动奠定了基础；另一方面也反映了你勇毅向前的精神。此外，如果你在篮球、足球、羽毛球等球类运动中表现出色，单位或者学院的各类文体活动需要补充年轻队员时，你就可以适时补充进来。

五、要重视毕业论文（设计）

1. 它能检验你大学四年的学习水平

很多同学在大学三年没有参加过科研训练和学科竞赛，因而对论文和系统设计的毕业成果比较陌生，心里就产生了对写毕业大论文或者毕业设计的一些恐惧。毕业论文不同于课堂作业，它是围绕课本上一个知识点延展出来的科学问题，需要在指导老师的引领下进行独立自主的思考、科学的运算，是一份集成性的科学研究成果。其实，毕业论文的写作和科研小论文写作类似，需要同学们花费大量时间、精力进行系统推进，才能在规定的时间内完成。如果过分注重考研或者找工作，马马虎虎地应付毕业论文或者不听指导老师安排，很容易出现各种问题，进而导致延期或者无法获得学位的情况。如果大学生无法获得学位，考上了研究生也不能入学，签订了工作也无法履职，所以无论你认为考研多辛苦，无论你认为毕业找工作多么不容易，都希望你认真对待毕业论文写作，不要浪费大学辛辛苦苦的四年学习时间，最终只获得一张结业证。总之，不管当下的你就业压力有多大，希望都不要拿考研失利和就业失败等借口来为毕业论文的敷衍态度找理由，因为毕业论文是检验你大学综合学习水平的核心，比期末考试都重要，一旦掉以轻心很容易答辩不通过或者参加二次答辩。此外，由于大学老师是本科生论文的直接负责人，所以他们非常重视学生毕业论文的写作，甚至对错别字、体例等细节也格外重视，生怕因为学生的不认真、不仔细影响自己的指导效果。究其原因，国家对本科生论文质量出台了很多管理办法，也加大了后期的监管力度，所以各级主管部门都对论文查重和毕业后的外审提出了更高的要求，因此本科生导师面临的指导压力较大，不得不按照学校、院系要求强化对论文写作的过程性管理，包括选题、开题、中期检查、外审、论文答辩等程序，甚至要对论文进行 5~6 遍的修改，因而本科生撰写毕业论文的质量较之前提高了很多。

2. 它在考研复试时经常被问起

由于本科毕业论文能检验学生的学术基础素养和科研潜质，因而很多老师在考研复试的时候会询问学生的毕业论文研究思路、研究方法和核心内容，对学生的科研潜力进行评估。具体原因如下：①毕业论文作为大学生综合学习成果的体现，评委老师通过询问其撰写的内容质量，可以看出学生的基本素养，也能判断学生在大学四年具备的基本知识与基本技能，从而系统地了解学生学习成绩之外的科研能力。②毕业论文是科研小论文的一种，其质量能反映学生的基本学术能力和科研攻关能力。如果学生毕业论文没有下什么大功夫，连科研的基本门路和学术论文的基本套路都不懂，那么评委老师就无法判断其科研潜力，就会把这些学艺不精的学生在考研复试中淘汰。③毕业论文能反映学生的上进态度，因为评委老师在复试的点滴询问过程中，能看出学生“打破砂锅问到底”的勇气等。如果评委老师遇到精神品质可贵、基础能力不错的学生，往往会“一问定学生”，坚定地认可学生所具备的其他方面的能力。④如果学生做的毕业论文方向和评委老师的研究方向一致，那么评委老师就会详细地询问学生所具备的具体技能，看看学生能不能迅速转到自己的课题组进行相关工作。不难理解，如果学生的能力、技能适配，且具备了基本技能，那么就省掉了基础培养过程，可以直接让学生参与一线的研究课题，为老师减轻培养负担。

3. 一定要选择认真指导的老师

一般情况下，博士生导师一年带 1~3 个学生，硕士生导师能带 5 个学生，因为带过多的学生不能确保培养学生的质量，所以研究生的培养是精细化的培养模式。如果一个大学老师负责20个本科生的毕业论文设计，那么他投入在每个学生身上的时间和精力能够吗？又怎么保证指导后的论文质量呢？建议同学们必要时尽量找一些负责任的、经常在学校的老师作为指导老师，毕竟这样能够经常与老师面对面来探讨毕业论文的一些细节问题，而不是在“云端”云里雾里地指导来指导去；建议大家选择一些年轻有为的老师来指导，毕竟他们的时间、精力充沛，有时候也能说说知心话，能把握论文撰写的推进状态；建议大家选择真的了解你情况的指导老师，毕竟关系好一些的老师，心里的距离就近一些，从而减少交流不畅的问题；建议选择之前指导的论文得分优秀的老师，毕竟有些老师“天生”就认真，一旦认准你，就对你负责到底！

4. 开题报告会应该怎么汇报PPT

首先，要重视PPT的制作。一般情况下应做好以下几点：①页数。PPT的页数不要太多，20页左右即可，因为一般情况下每个本科生汇报的时间为5分钟左右，页数太多没法保证在规定时间内汇报完毕。②模板。PPT的颜色搭配要简洁、明亮，不要满屏都是字，也不要把颜色弄得花里胡哨，因为答辩委员会的老师都是学术上进的朴素人。笔者总是建议同学们在大学期间要学会准备三套PPT模板，一套参加全国性竞赛、会议使用，一套毕业论文开题、答辩用，一套平时课堂汇报用，不同的场合有不同的风格，并且最好带上学校或者学院的logo。如果同学们对PPT模板早有准备，就会遇事不慌，能够迅速地应对各种突发状况。③字体。字体一般是黑体或者宋体，少部分会使用楷体。字号一级标题是32号左右，二级标题28号左右，三级标题24号左右，正文20号左右即可，实在需要解释的部分可以到18号，以保证老师能够看到PPT上的字。④图文并茂。PPT制作一定不要全是文字或者图片，最好有几行主要的观点文字配上研究结果的图片或者背景图，这样的搭配不仅可以让你方便地指着图对答辩委员会老师进行讲解，还可以用自己的语言论证观点，避免一直埋着头讲不和老师进行交流。

其次，要注意汇报的节奏和语调。一般情况下应做好以下几点：①不要用太激昂的语调。开题报告就是阐释你写作的设想，重点介绍你方案的可行性、技术路线等，千万不要朗读PPT且语调激昂，因为你汇报的对象是行业专家，是为你论文“把脉”的专业导师，如果你一个人老是“唾沫星子乱喷”“发号指令乱吹”，那么你的稿子质量再好，也会让评委老师对你的印象大打折扣。②不要总盯着屏幕。开题报告是展示你的思路、研究可能性的论证报告，如果一味地点读PPT，那么你的自信、实力、论证的可行性就大打折扣。因此，建议同学们在进行PPT汇报时，要让自己的眼睛时不时地和评委老师、现场的听众以及屏幕上的重点进行互动，不要唯唯诺诺地一直念稿。③不要按照大纲念。有同学说自己有开题报告的文字版，照着研究背景、研究意义、参考文献、论文思路、主要内容、研究方法、技术路线、研究基础、预期成果等顺序直接念就可以。殊不知，评委专家最不喜欢这样“没头脑”地念稿子，他们希望你简明扼要地把核心观点和技术路线展开论证，所以你的PPT要讲核心内容，要按照“我为什么选这个题目”“我的研究思路和技术路线是什么”“我预期的论文构成和结果”的顺序重点说明。现实中，很多评委老师想听你论证“干货”，如果过分地论证研究背景、研究意义等，评委老师会觉得你在应付开题报告，听得就不是那么仔细和认真了。

最后，评委提问或者建议要多记。要做好以下几点：①不要辩驳太多。有同学说某些评委老师给出的意见不是很正确，现场必须辩驳一下，因为“老师太笨了”不吐不快，抑制不住内心的情绪就和老师“杠上”了。笔者的建议是，一定要冷静，一定不要乱接话茬，因为评委多数是行业的翘楚，有些比你导师还专业，因此这个时候你要多听，甚至要多说“是”“我下去修改一下”“我下去认真思考一下”“我和导师再商量商量”等，体现出你用心的态度和改正的决心。②多向老师点头。评委老师给出建议性意见或者方案，你不要就是愣着听，要拿出你真实的、虚心接受的态度，用点头表达你对导师的尊重，同时反映你上进的一面。有些同学抑制不住情绪，现场就和评委老师“十分火热”地论证起来，甚至“吵”了起来，那么可想而知，你开题的效果就会大打折扣。总之，无论你的开题被批得多么惨，无论你的内心忍受着多少委屈，请你多听多记多点头，因为事后你和导师沟通就会发现当时你很多想法是不对的，也就没有那么多情绪了。③多思考老师的提问。有些评委老师给开题的同学提出了疑问或者反问，有同学想都不想就直接回答了或者“回怼”了过去，殊不知，评委老师多数是自我设问，他会直接说出建议性方案或者直接给出他自己提问的答案。因此，听到老师的提问或者反问后，可以停顿一下听听看，说“我也不清楚，请老师您给个建议”“我下去进一步思考”等，让评委老师有个台阶，之后他会主动表达出观点，这样的话就很容易得到指导性建议。

六、论文答辩怎么才能少出错

1. 答辩要提前认知什么，你要了解一下

本科生没有经历过答辩，所以笔者结合之前出版的《研究生是如何炼成的：学术研究与论文写作导引》(丁志伟，2019)，提前从思想层面让大学生了解 10 个方面的基础认知，使其真正走上答辩现场时有一定的心理准备。①答辩不仅仅是形式，答辩没有通过的同学大有人在。②答辩可以认真地答，但不能过度地“辩”，因为很多本科生的论文在导师眼里都是“小儿科”。③看似是一个或者两个专家在问你，其实他们代表了所有专家的提问，所以你回答的时候也要看看其他老师的反应。④ PPT 要认真准备，不要随随便便粘贴一堆文字，因为答辩委员会老师平常看文字都看烦了。⑤汇报和答辩时不要觉得自己回答好评委老师的问题就“表现完美”了，殊不知老师还会关注学生的态度礼仪，甚至是学术态度，所以回答问题时的口气、语调、站姿等也需要注意。⑥大论文和小论文没有必然的关系，不要觉得自己发了篇小论文就不重视大论文的汇报，很多同学都吃过这方面的亏，甚至进行了二次答辩。⑦论文质量很大程度上取决于导师的水平，所以选择好导师非常重要。如果导师看了你的论文好多遍，而且说了论文没啥问题，那么就没有必要过分担忧论文的答辩环节。相反，如果你花费了很多时间、功夫，但导师就草草地看了一遍，那即使在答辩现场表现得再完美也提高不了论文质量。⑧同学们不要在答辩现场过于紧张和担心，以免影响现场的发挥。值得说明的一点，在答辩现场正常地汇报论文就可以，不要太在意评委老师现场是否看了你的论文，因为评委老师多半很早就认真看完了论文，现场就想看看你的表现而已。⑨论文优秀与否不仅仅是由答辩现场表现决定的，还取决于外审意

见、专家会评等，甚至还有论文的前瞻性、技术性等多重因素的综合考虑。⑩答辩现场只要没有直接不通过，同学们就要保持良好的心态做好记录，之后认真修改，因为你的导师会对论文质量做最后把关的。

2. 答辩现场如同研究生复试，你要注意以下几个方面

声音。答辩现场的语速一定不要过快，也不要有过多的抑扬顿挫，因为这样搞得像一个人在演讲似的，反而让评委老师接受不了。答辩是庄重严肃的，语气要稍微平和一些，不能给人一种骄傲的感觉，所以在答辩前要多练几遍，让同学们帮你提提建议，避免在语气语调方面出现各类潜在的问题。

态度。在汇报论文的时候不仅要有层次感和条理性，而且在汇报完毕后要有“请各位老师批评指正”“恳请各位老师指正”的表达，而非“谢谢”“谢谢聆听”等不正确的表达，甚至结束后要鞠躬表示感谢。有些同学在汇报结束之后直接说“我答辩完了”“我讲完了”“我说完了”等，其实这些错误的收尾是很影响评委老师心情的，因为他们觉得你没有认真准备，建议多用“我陈述完毕”之类的结束语。如果在答辩汇报的过程中表现得非常得体，甚至表现出自己的上进态度，那么评委老师对你的论文质量也会更加认可一些。如果在答辩现场汇报得语无伦次且正常的专业词汇都表达不好，又没有认真准备 PPT，那么评委老师就会觉得你不尊重答辩现场，对你的态度也会不友好。

状态。评委老师在答辩过程中会根据你的汇报情况提问，因此一定要有良好的精神状态，甚至“竖着耳朵”听，不要接错话或者答错问题，因为你答错了或答偏了，还不如不答，评委老师会觉得你现场的状态不好。如果遇到老师提比较尖锐的问题或者“你写错了”“你哪点汇报得不对”之类的语言，首先自己要适度地缓和一下，避免和评委老师杠上了，之后主动承认错误再慢慢地听评委老师的修改意见，不失时机地进行解答式回应，不要一下子乱了章法而丧失了补救的机会。

情商。有些研究生同学在答辩现场过于实诚，明明是自己做出来的东西但是不知道该怎么表达，或者当老师对数据提出疑问时以非常急躁的态度直接反驳，让老师觉得非常不舒服。在遇到这种情况的时候，一定要用“老师，是这样的，我解释一下”“老师，我在 ×× 部分论证过，现在我再次说明一下”“老师，我简单回应下”之类的话，而不是直接说“老师，您看得不对呀”“老师，哪儿有错呀”等非常激烈的用词。

谦虚。在大型学术会议现场或者重要的场合中，评委老师们讲话一定不是慷慨激昂的，而是相对平和的，因为他们要讲解得有序、有层次感、有让人听得进去的感觉，所以你如果遇到评委老师质疑式提问一定要将心态放平，不要觉得“天塌了”就盲目地辩驳，反而让其他评委老师觉得你不够认真。总之，答辩现场一定要多听取评委老师的建议，哪怕是他们说你的论文存在明显的瑕疵。听到这些“质疑声很多”“无厘头”的提问后，一定要抓住老师表达的核心内容是什么，然后用“老师，我当时是这样思考的，看跟您说的一致吗”之类的话，再认真组织下语言谦虚回答，让老师感受到你话里面的温度和态度。

3. 在答辩现场这几句话你一定不要说，否则就是“坑”导师

直接坑。有些评委老师问：“你这个东西为什么这样做？你这个数据是怎么来的？”有些同学想都没想，就直接回答“老师，这是我的导师让我这样做的”“当时这个数据是导师直接给我的，我也不知道是怎么来的”之类的直接坑。

间接坑。有些同学毕业论文中部分文字是导师帮着修改的，他也不明白是什么意思。如果评委老师恰好看到了这个问题，就问“这段为什么这样写呢”，学生回答“老师这不是我写的，是老师帮我改成这样的”之类的话，是间接地坑自己导师。

转移坑。有些同学对毕业论文讨论部分的见解和导师的观点不一致，自己也不会组织语言，导师就一字一句地给其修改、润色文字，可谓煞费苦心。如果答辩现场恰好有评委老师提出“你最后提的讨论方向可能有点不对，提的建议可能也不太准确”之类的问题，而学生不假思索地说“这个我之前也不是这样想的，是我的导师让我往这个方向修改的”，这样一来就转移了矛盾，激化了导师和评委老师之间的矛盾。

4. 怎么应对答辩现场老师们的一些提问

答辩现场评委老师的提问主要分为三种，分别是疑问、自我设问和挖坑

式反问。第一种是疑问。评委老师针对你论文的数据来源和研究方法进行提问，这时候你不用害怕，认真回答就可以了。第二种是自我设问。评委老师提出的问题是他自己要回答的，就是一个引入而已。有些同学没听明白就乱答一通，会导致评委老师对学生进一步质疑，因此你要认真听，秉持着“不会就不会，不理解就不理解”的态度，不要“慌不择路”地随便应答，因为多数情况下很多自我设问的老师会为你认真解答的，你只需要认真记录就行，不要上这个“当”。第三种是挖坑式反问。评委老师心里知道这个问题的正确答案，但是故意朝一个不正确的方向提问，以考验学生是不是真懂了，如果学生不懂装懂地随便回答，这时评委老师就会露出“本色”，将学生狠狠地批评一顿。

5. 论文答辩不要用“聆听”，也不要盲辩、狡辩

同学们可以查字典，聆听是长辈对晚辈或者是领导向下属讲话才会出现的词汇，所以同学们在答辩现场说这个词会让专家有被“教诲”的感觉，使得评委老师觉得心里不舒服。建议同学们用“敬请各位专家批评指正”之类的表述。

同学们不要在答辩现场来回地辩驳，欲和专家争高低，因为大学生的学识和能力在这个阶段还比较薄弱，往往理解的深度不如现场的评委老师，毕竟评委老师一般都是所在领域的专家。如果答辩现场的评委老师对论文提出改进意见，那么认真记、认真听就可以了，不要过于较真地去狡辩，因为这些冒失行为会影响评委老师对论文质量的评判，有时候得不偿失。

本科生论文最重要的就是“改”，因为评委老师提出的各种意见就是想让你的论文结构进一步优化、内容质量进一步提高，而不是要刁难你，因为他们想让你的论文顺利过关，以更好地应对后期的多方抽检。即使有些评委老师在答辩现场说了一些过激的话，主要也是为了提升论文质量，多半不是针对汇报行为而发牢骚，是对“文”不对人，所以你应踏踏实实地改，以质量的提升来回应评委老师就可以。

6. 答辩过后还需要修改论文

本科生论文的答辩，就是现场评委老师给出修改建议，以期让学生撰写

的论文内容更加合理，逻辑结构更加完整，质量更加高，因为他们是论文质量的审查者和监督者，论文写作质量不过关，他们是要负责任的。所以，希望大家在通过论文答辩后，努力做好以下几个方面的事情：①消化评委老师的意见。因为有时候评委老师提出来的意见可能和导师说的不太一样，那么你要和导师认真商量，如果导师认为评委老师提的意见非常中肯，那就要认真地修改，确保论文达到毕业论文的质量要求。②框架结构好好改。框架结构是论文合理论证的基本前提，也是确保论文顺利让读者、其他评审专家阅读的重要基础，所以论文的逻辑一定要理顺，确保论证的合理性。如果你毕业论文的框架结构有问题，那么很多局部论证就是缺乏合理性的，因此要按照评委老师的建议认真调整结构，甚至进行必要的删减，以使论文在体例方面没有问题。③保持良好的态度。最重要的一点，如前文所述，就是不要因为评委老师频繁的提问和大量的建议而心怀怨恨，因为答辩现场评委老师提问的目的就是让你的论文质量提高，而不是针对个人的行为，所以不要太玻璃心。④心态一定要好。论文是你独立完成的，通过半年或者一年的撰写，你已经对论文很熟悉了，所以不要因为其他老师多说了几句或者“刁难”而不想改，论文质量是不会在抱怨声中提高的。试想，如果你的毕业论文被省教育厅或者教育部学位中心抽查到了，而又恰好是因为评委给你提的意见没有修改被判定质量有问题或者不合格，使得学士学位证书被收回，那么这一生都后悔不及呀！

第九章

与老师的交流你欠缺些什么

回想大学时光，与同学们交流最多的老师莫过于辅导员、任课老师、本科生导师和校院领导，因此本章就从如何与这四类老师交流，以及从明晰这些老师的职责角度出发，给大家介绍一些师生间交流的重点。其中，辅导员一般以一个年级或者几个班级为管理对象，对学生的入学报到、日常管理、思政教育、就业指导、心理健康、党团建设等方面负责，属于学校的公职人员；任课教师是大学人事部门招聘过来的专业技能老师，通过科研遴选和教学技能考核之后，安排到具体的学院进行教科研工作并为学生讲授专业课，主要负责课堂教学、作业批改、试卷批改、毕业论文指导等方面的工作，是传授专业知识、专业技能的授业老师，也直接影响着学生的培养质量；本科生导师是学校仿照研究生导师制设立的，主要是培养学生的科研素养和写作技能，对学生考研读博等方面具有重要影响；校院领导是管理学生的一线工作人员，负责制定顶层战略和各类管理规定，引领着学校学生工作的全面发展。

一、你要理解辅导员的那份心

1. 辅导员就像一个“大班长”，管理着你日常的各种事

辅导员和高中班主任类似，但其管理的学生人数明显比高中班主任多，甚至是一个年级的几百人。试想，管理几百人，辅导员必须有一套管理方法才能顺利地实现学校、学院文件精神的上传下达，因此院领导和辅导员会通过遴选院学生会干部、班干部等方式建立学生干部体系，以更好地安排各项

工作。一般而言，辅导员是归院系负责学生工作的副院长和主抓党团建设的领导负责，因此他们会根据已有的规章制度，按照一定的遴选机制和民主推荐，结合学生的日常表现、性格特点、兴趣特长等方面，遴选出学生干部以协助管理学生的方方面面。优秀的辅导员为做好各类上传下达和日常管理工作，会经常给学生干部开会甚至出席各类班级活动，对学生的日常工作进行全面了解，对不同班级的特点进行班情总结，使学生在院系领导和辅导员的带领下，顺利度过四年的学习时光，正常毕业并获得学士学位。学生和辅导员交流的事情有如下方面：

电话要保持畅通，因为有时候辅导员会和你交流学业方面的事情。

平常的班级会议，辅导员一般会出席，会观察学生的一举一动。

遴选院学生会、班级干部的会议，辅导员一定会参加，因为其要看看学生的素质究竟如何。

重要的集体活动，辅导员会参加，以督促、检查组织的情况是否符合学校的各项要求。

涉及学校学院纪律的事情，不要违犯，否则就要和辅导员打交道。

评优奖先的事，涉及程序的公平公正，辅导员会主抓这个事。如果你有问题或者你向辅导员举报一些事情，他会郑重地和你沟通。

入党等方面的事宜，辅导员会积极协助党委、团委做好各项工作。

开学报到、就业工作、考研方面的事情，辅导员会十分上心，因为影响着学生的培养质量。

心理健康的事，辅导员也会及时关注，甚至会时不时地找学生聊天，帮学生解决各种困难。

家庭贫困的同学，尽量找辅导员申报各类奖助学金，因为他代表着学校、学院，会帮助解决问题。

2. 辅导员是你思想上进的引领者，时刻关注着你思想的变化

辅导员作为学生工作的一线负责人，几乎每天都要关心学生的日常状态，万一哪个学生出现思想波动或干了一些不正常的事情，会直接影响学校的声誉和学生的健康成长。因此辅导员一般由党员同志担任，且非常重视学生的

思政工作和思想教育问题，安排年级长或者组织班级会议宣传党的各类会议精神，积极让学生参与各类党团活动，从而让学生在思想上、意识上、行动上和党中央保持一致，确保其在思想上积极上进，在宗教问题上保持正确立场，在大学期间不被其他错误思想左右。

不要在手机和电脑上乱看一些涉及政治敏感性问题的视频、文件，特别是一些宗教组织方面的内容，因为一旦有这种情况，很容易被网络监管部门盯上。举一个笔者亲身经历的事情，有一年暑假的一天，笔者在外地调研，突然接到学校学院领导的电话，说我们涉及非法看政治敏感性视频，需要对我们的电脑查封同时对我们的电话进行监听。笔者极度慌张，难道真的看了不该看的内容？后来别人给笔者打电话，笔者都会说这段时间有事情，暂时不要联系，弄得大家以为笔者犯了什么政治错误，唯恐一旦交流会产生一些其他干系，所以很多同学避之不及。笔者回电话说，领导和检察部门的同志可以全面查看我们的电脑，如果有问题笔者愿意承担相应的责任。学校学院领导反馈说，由于互联网 IP 涉及这个问题，所以暂时对宿舍的电脑查封，同时做好各项询问工作。笔者还是说说来龙去脉，本来学校给配备了网络端口以方便学生上网查阅资料，奈何网速极差，使得宿舍的几个同学都觉得用起来不好，速度很慢且不稳定。经过商议和集资采购，我们接了一根中国联通的网线，带宽还比较高，很快解决了网速问题。问题来了，这个网线是我们宿舍的两名同学和隔壁宿舍的一名同学共用，也就是说一共三个人使用，所以费用也是三个人分摊且彼此不了解对方看了什么网站。了解到这个情况，安全监控平台的警察就把我们宿舍和隔壁宿舍电脑查封了，以进一步确认到底是哪位同学看了这些非法的政治敏感性视频。宿舍的同学吓得都慌了神，警察问他的时候都一五一十回答了。后来，笔者准备从外地回学校配合检查的时候，宿舍的同学说找到原因了，是隔壁宿舍的同学不仅浏览了一些境外“××功”视频，而且存到了电脑里，被公安机关带走问话了。后来听说这个同学被政治谈话后还进行了批判教育，可能还留下什么记录了，现在想想还是心有余悸，以后时刻提醒自己不要乱打开一些网站。总之，想给大家说的是，手机搜索和电脑浏览记录是被国家安全机构时刻监控着的，所以没事不要乱浏览，否则容易犯一些错误！

3. 辅导员操心你的学业，时不时对你进行学业预警

辅导员一个重要的职责就是要保证学生顺利完成学业并拿到毕业证和学位证，因此他会对学生的期末成绩、社会实践情况、毕业论文等方面进行数据查看，针对学生出现的成绩下滑、挂科、毕业论文完成度不高等问题进行预警，与学生谈心或者进行诫勉谈话，从而保障学生能顺利地完成学业，少走一些弯路。例如，笔者学校的辅导员会根据《河南大学本科学生学籍管理条例》第七章中学业警告、退学与开除学籍的要求对学生进行预警。主要有以下两点：①学生一学年所修课程取得的学分低于20学分（含20学分）者，给予学业警告，警告期一年。警告期间，所取得的总学分达到30学分及以上者，可解除警告；若所取得的总学分达不到30学分者，劝其退学。②学生有下列情况之一者，应予退学：累计获得两次学业警告者；休学期满不办理复学手续者；复学时经复查不合格又不同意继续休学者；一学年内缺课超过总学时三分之一者；本人申请退学，经劝说无效者；经指定医院诊断，患有疾病或者意外伤残无法继续在校学习者；超过规定学习年限者；应该休学而拒不休学者；其他原因不能坚持正常学习者。所以，一旦学生出现了上述情况，辅导员和学院教务办的老师会及时和学生及其家长联系，让学生写下保证书，以催促学生能正常完成学业。

4. 辅导员关心着你的就业，为你今后的考研/就业支招

学生在大学四年完成学业任务和毕业答辩之后，最重要的一件事就是就业或者考研，因此辅导员要为学生的就业或者考研提前做准备，给学生安排就业类的培训或指导，或者给学生安排考研类的讲座，以期为学生就业或考研提供一些方向性的支撑和实质性的帮扶。如果一个学院培养出来的大学生就业率较低且考上高水平大学研究生的人数也不多，那么是不是就意味着这个学院的培养水平不行、任课教师的水平不高、辅导员的就业指导能力不强呢？那么还会有多少家长愿意孩子报考这个学院呢？除此之外，教育部、省教育厅和学校就业指导中心非常看重就业率，该指标是衡量专业建设水平的重要指标，所以学校相关部门会对学生就业情况进行考核，让学院按月或者按季度报告学生的就业情况，从而确保学院的培养质量。从统计就业率的指标看，对口就业、灵活就业和考研“上岸”都纳入就业率指标，因此学校对学生的灵活就业和考研也非常重视，给学生进行了相应的培训和指导，从而确保学院整体层面的就业质量较高。值得一说的是，一般情况下灵活就业就是暂时找了一个单位实习，签订了临时的协议，不需要签订劳动就业合同，也不需要签订三方协议，对未来的考公考编几乎没有什么实质性的影响，学生不交社保也不属于正式的员工，所以学生选择临时就业或者自主创业，也属于就业的一种。

由于各个学校将考研作为统计就业率的一个指标，因此很多学院为了能提升考研率，会专门为学生提供优良的考研学习环境，会给学生整理出专门的复习教室，会给学生提供基础考研知识辅导，总之学院会想办法给学生提供考研方面的帮扶，以提升学院整体的就业率。可以说，在各个院校日益重视考研的当下，辅导员不仅要按照学校的各种要求给学生提供环境保障和报考咨询，而且会组织考上研究生的学长学姐来传授复习技巧、初试复试攻略，可谓为学生操碎了心，力求每年有一个好结果。所以，如果你遇到考研方面的问题，需要辅导员提供一些帮助和专业性辅导，可以放心地多与其交流，多反馈存在的问题，因为有时候辅导员会联系其他学院的老师给你提供实质性的帮助，能直接解决你当前面临的问题，让你少走很多弯路。

二、你要懂任课老师那份道

1. 很多大学老师只注重上课时候的那份责任

很多同学说，大学老师就是给我们讲讲课，一周见不了几次面，除了讲授一些专业知识外，我们对其印象没有特别深，只是一个老师而已。究其原因，大学老师主要负责讲解一门课或几门课的专业知识，他们侧重于书本知识和技能传授，以完成指定教材、教学大纲和培养方案的各项要求。试想，如果一个大学老师只是讲授书本上的基础知识，自身形象气质不佳且上课主要是讲 PPT，又不涉及一些人生道路、科学精神等方面的“道”，那么这个老师在学生心中的印象是差的，学生甚至会对这门课产生抵触情绪。换句话说，作为学生，如果觉得老师讲得没有意思，也没有人格魅力，就很容易走神，成绩自然会下降，甚至会出现挂科。上课是老师的责任和天职，而课堂认真听讲是你的本分，况且你还交了学费，所以不管老师讲得好不好，内容有趣不有趣，都要认真听，要为自身的学业负责，为以后的顺利毕业负责。其实，大学中的学习很多时候在于自我学习，就是自我监督式学习，即使上课听不明白，下课没事也可以复习自我领悟，这样才能真正地自我成长。笔者上大学的时候，每次都是坐到前排用心听讲，虽然有些时候老师讲普通话不标准、内容不深入还没有意思，但也学到了一些基本知识，所以期末考试的时候复习就不费劲。值得一说的是，大学老师基本上都是博士毕业的，所以科研的“味”浓一些，而讲课的技巧不是很强，因此你要看得开，如果觉得老师的研究方向不错，你可以找他聊聊，说不定能成就一番成果，发一篇高质量的科研论文。

2. 你需要与大学老师深入交流，才可以走入他的心

大学老师天天在忙啥呢？根据笔者的总结，主要分为四个方面：①进行备课、讲课训练和参与教学竞赛等教学工作，以保障教学工作的顺利进行，因为学校对教学工作管理很严，上课任务大于天。②倾注自己主要的精力进行科研项目的申报、实施和总结，承担一些横向课题并撰写科研论文，以保证在教科研工作中实现科研能力的提升，为职称晋升和各类评选打下基础。③指导本科生、研究生论文写作。大学老师一般都是硕士生导师甚至博士生导师，所以他们会操心学生论文撰写的事，因为一旦自己不尽心，学生又不上心，很容易出现师生沟通问题，甚至影响学生顺利毕业。④处理领导布置下来的日常工作事宜。其实，青年教师很不易，除了要忙教学、科研，还要进行基层工作的锻炼，因为评职称的细则明确要求晋升高一级职称的大学老师必须有一年的基层经历，如班主任、科研秘书、教学秘书等，因此大学老师尤其是青年教师的确有些忙，他们不是同学们想象中的上完课拍拍屁股就走了，而是要忙很多基层的事务，甚至有时候分身乏术。如果你对哪个老师的科研领域感兴趣或者想让他带你进行学科竞赛，那么要找点时间主动和他约，甚至去他的办公室和他谈心，说不定老师看中了你身上的闪光点，就开启了科研上一段美妙的旅程，为将来的就业和考研打下了基础。不要奢望着哪个老师上课看了你一眼，就认定你是个立大志或者有远大理想抱负的人，就会像高中班主任那般对你百倍上心，天天督促着你成长甚至对你的学业负责，很多时候你和导师是建立不起来联系的，也不会快速地学到很多学习之外的内容和东西。

3. 部分大学老师非常上心，课上你要认真听

如前文所述，很多大学老师是博士研究生毕业，虽然搞科研是一把好手，但讲课或者对课堂上学生情绪的把控、精神的激励显得不够，因此很多学生反映大学课堂听不听效果都差不多。其实，大学课堂上的确存在这样的老师，备课不认真，上课照着读 PPT，课后作业不布置，期末就是批改卷子看成绩，对学生没有真心的爱。然而，伴随着近些年国家对教师教学技能水平的要求越来越高，线上线下教学的融合度不断加强，“两性一度”的教育理念也不断增强，很多优秀的老师脱颖而出，使得课堂的知识传授更加生动且创新性不断提升，学生不仅愿意认真听，而且学到了书本之外很多不一样的东西。一定不要因为听很多同学说大学课程没有意思就跟着人云亦云、随波逐流，这样会导致自己什么课都不愿意听，到最后一些没有听课的学生期末考试时凭借“聪明的脑瓜”考了高分，而你却因为上课不好好听且期末不好好复习，最终落了个考试成绩差或者挂科的结果。此外，如果你实在觉得任课老师讲得不好，那么不妨听一些其他教学水平高的教师的课程，具体可以查查教务处网站对教学名师的介绍以及他们获得的教学奖项，可以听听国家级教学成果奖、国家级教学名师、国家精品资源共享课的主讲老师或者省级教学比赛一等奖获得者的课程，认真听听他们是如何讲课的，为以后从事教师类工作或者提升表达水平提供技能支撑。

4. 大学老师影响着你的学业成绩，决定着你的课程成绩

一到期末，一些平时成绩不好的同学或者为了评优想多获得一些分数的同学，还有一些出国需要绩点的同学，可能会给任课老师发信息甚至当面聊，希望老师能将分数打得高一些，因为这门课程的成绩影响着其是否挂科，是否能评上奖学金，是否能出国择一个名校等。当然，老师是不会理会这些短信或者找上门的诉求的，因为老师要秉着公平公正的评判标准去打分，所以

很烦这种行为。此外，每一个任课老师都有自己评断学生成绩的标准，除了期末考试成绩之外，也越来越重视平时成绩的考核、出勤率、课堂表现、期中测试、线上考核等，所以与其寄希望于期末老师发发善心给你的分数打高一些，还不如平时表现好一些，上课积极参与各类互动，课下作业认真完成，线上测试认真对待，因为未来的教学改革会更注重过程性评价，平时的考核成绩占比可能高于50%，不要再停留在期末考试分数高就是“王者”的时代了。笔者写的一门课的过程性评价心得如下：

《城市规划制图》课程不仅要重视学生规划成果包含的制图要素、制作方法、图标比例等理论知识的学习，更要重视学生动手操作能力的培养和系统化制图能力的提升，因此该门课程摒弃以往只注重期末理论笔试的知识性考核模式，转变为“以上机实践为主，理论考试为辅”的考核模式，以期更能反映城市规划本科培养的最终目的。在实际教学实践上，引入过程性教学考核机制，采用“平时考勤（20%）+分次作业（20%）+期末机试（30%）+期末笔试（30%）”的模式进行多元化评价。在平时考勤上，严格落实考勤制度，避免学生出现因“偷工减料”而突击式成功的个别现象；在分次作业考核上，通过逐步考核的方式，激发学生的制作热情并提升制作质量，形成“不积跬步无以至千里”的渐进式教学方式；在期末机试上，严格规定考试时间（一般为3个小时），交叉安排考场位置，考核学生制作不同的案例区实际技能，充分发挥他们平时课上及课下锻炼的技能，从而真实地考核每一位同学的实际技能水平；在期末考试笔试方面，不指定考核教材，采用上机训练的方式，在过程中“无形”地融入学生的思维，从而达到理论考核和上机训练的有机结合。

三、你了解本科生导师吗

1. 和研究生导师一样，对你进行科研训练

有同学说，搞什么本科生导师制，就是多一个导师管着，不想要这类导师。殊不知，本科生导师制是另外一种培养模式，是基于本科生基本学习能力的判断和未来发展方向的预测，根据学生的科研兴趣爱好而设置的学业导

师模式，会对学生进行实打实的科研训练和论文写作锻炼，能有效地提升学生的学术探索能力和科研攻关能力。认真负责的本科生导师，如同研究生导师一般，会对大学生和研究生一视同仁，给其布置科研任务，让其参与导师的国家级科研项目，从而在与导师的交流中获得科研灵感，进行科研创作并撰写高质量论文。从已有的培养成效看，一些本科生通过参与本科生导师制的培养，可以独立地承担校级科研课题并发表高质量论文，对其今后走上科研道路或者从事学术研究具有非常重要的价值。之前北京协和医院招收研究生的事上了热搜，原因是初试390分的同学在复试环节表现不佳且没有较好的科研成果，被初试331分的同学逆袭，引起了很多网友的不满。从导师的现实选择看，科研工作者更希望招收有科研能力的学生，因此通过本科生导师制培养和系统科研训练的学生，会有高水平的科研论文并获得不错的科研经历，因此这类学生的确更让人青睐！近期，很多高校部分专业只招保研生或者直博生，就是出于对本科生科研素养的看重，而不再仅仅关注考研初试的分数，所以如果你所在的学校有本科生导师制，而且真的有优质的研究生导师帮助你成长，要把握机会融入其中，从而提升自身的科研技能。如果你真的喜欢科研，还想成为一名学者或者科学家，请问问自己有没有以下决心：

如果你有科研梦，那你就豁出半条命去追，去体验科研。

如果你是真心喜欢做研究，那就用满满的爱充实自己的技能。

如果你要坚持走科研的道路，那就要惜时爱时，甚至废寝忘食。

如果你有科研追求，那就要有止于至善的精神和不懈拼搏的斗志！

2. 像知心朋友一样，对你进行职业规划

笔者的一些导师制培养的学生说："老师，您不同于辅导员，能在课题组上和您进行科研上的探讨，并时不时地帮助我们进行考研院校的选择和保研的各方面推荐，让我们对未来充满信心。"从学生的表达可以看出，他们很在乎老师能像朋友般谈心交流，因此这样的交流方式的确能帮助学生在科研方向上找到学术兴趣点并帮助其在未来职业发展方面进行规划，所以导师制培养下的学生多了很多与老师朝夕相处的机会，多了很多谈心事的机会，不仅能培养学生基本的科研技能和求索品质，而且能让学生真正感受"传道、授

业、解惑”。正是由于本科生导师制多了很多师生相互了解的机会，同时能让学生在交流后有质的提升，所以让一部分学生受益匪浅并顺利走上了考研的道路。因此，如果当下的你仍陷于迷途，不知道大学四年到底学了些什么，那么可以找一个贴心的导师，跟着他或者“蹭”着他，做一些实实在在的科研任务，你一定会有一个脱胎换骨般的变化，甚至会走上不一样的人生发展道路。

3. 像父母般为你着想，为你排忧解难

本科生遇到一些大事，有时候找不到商量的对象，就胡乱做了一些决定或者抉择，进而影响了自身的健康成长和未来的职业定位。如果本科生遇到升学、就业以及同学矛盾之类的事，可以与导师制下的管理老师认真交流，因为他们真心关心你的成长并会提出行之有效的方法，有些事情可以轻而易举地解决。例如，有同学觉得自己有一门课程挂科了，以后考研究生就没有机会了，哭得稀里哗啦。如果老师知道了，会给其详细解释，研究生初试就只看四门课成绩，即使挂科了也不影响报考，所以只要有高分的成绩作保障，然后在复试中表现好一些就没啥影响，那么学生就很容易卸下心理包袱。当然，高水平的大学还看经历，可以多参与一些学科竞赛、多发表论文，那么就很容易在复试中得到高分，因为很多复试的评委老师看重科研经历，不那么在意大学成绩。又例如，有同学评奖学金被其他同学超越了，觉得有同学就喜欢钻空子，添加了很多素质分，自己哭得稀里哗啦。老师知道了，可能会详细地给他说明奖学金就是学习方面的一个证明，以后毕业了最重要的还是技能或者综合实力，所以不要为了这一点奖学金而耽误了以后找工作的技能实力提升，不要输了一时，又输了长远的职业成长。有时候，大学生就是大学生，会为一时的得失打人，为了争一口气憋出了心病，使得成绩直线下降，也忽略了很多毕业后的技能实力提升，使得自己远远落后于其他同学。另外，有些大学生遇到了谈恋爱的事情，心理变得很敏感，甚至产生了抑郁，那这个时候就必须找个人诉诉衷肠，清理自己心中的障碍。如果这个时候有老师对你进行心理疏导，给你多谈谈过来人的一些看法和感知，会更容易解决一时的困境。

4. 遇到大事要和他商量一下

在这里所说的大事，就是未来的职业定位、就业选择和考研初试复试的准备。有些本科生对自己的定位不准，觉得大学里学个四年，随便混个毕业，找个工作就业就可以。试想，如果学生第一份工作就是随便找了个临时工，那么大学培养的意义在哪里？如果本科生导师能和其进行详细的沟通，帮其进行未来的职业规划，甚至通过一些社会关系帮助其解决工作问题，让其从事一份与专业相关的职业，那么这个学生未来的成长可能是另一番光景。如果大学生在考研择院校择专业方面拿不定主意，老想着报考个高层次学校而不顾及自身的实力，那么往往最后的结果是竹篮打水一场空，什么也没有考上。如果本科生导师能帮助其合理地择院校择专业，甚至帮助其了解一个学校内部详细的报录比数据，那么这个学生在考研初试、复试中就可能获得真正意义上的帮助，从而避免了“闷着头”瞎考。当然，人生路上还可能遇到很多大事，如果本科生导师真的能诚心地解决一些问题，甚至提供一定的支持，那么对学生来说无疑是幸运的。

下面分享一下在笔者带领下，学生们参与学术研究后的一些总结，希望大家对导师制下学生的科研训练有更直接的体会。撰写人为河南大学地理与环境学院一年级地理科学类本科生毛佳圆同学，内容略作修改。

时光荏苒，伴随着大一学习生活的收尾，学术研修活动也即将接近尾声。“悟已往之不谏，知来者之可追”，回首这近一年来的学习，个中滋味，唯有自知。成长与磨砺化作文字，收获与感悟凝练成一篇尚显稚嫩的学术论文，反思与总结让我们将过去的点点滴滴重新拾起，更加坚定地选择前进的方向。故写此研修总结，希望能将小组的成长、收获与反思细数，为一年的学习画上圆满的句号，开启未来学习生涯的新篇。

1. 研修成果汇报

自 2021 年 10 月至 2022 年 5 月，“红色旅游”小组共撰写《中原地区红色旅游资源评价》论文一篇；构建基于基础支撑、资源支撑、区域支撑、政府支撑以及新媒体支撑五个维度的指标体系一套；制作调查问卷一份；实地调研两次，分别为开封市兰考县，开封市杞县、尉氏县。

2. 各阶段工作总结

第 1~2 周：前期准备与文献研读

在这一阶段，我们的主要任务是阅读前人研究成果与相关领域学术论文等资料，对所研究领域产生自我认知与理解，提高归纳总结与独立思考能力，为接下来要进行的研究奠定良好基础。同时学会使用知网等各类学术资源网站、筛选目标文献等基本技能。熟悉和联络小组成员，为进一步的合作交流做好准备。

第 3~4 周：指标选取与体系构建

进一步阅读和分析相关文献并重点着眼于现有的有关红色旅游资源的指标评价体系，通过总结前人经验，结合本课题特色与创新点、指标代表性、数据可获取性等实际情况，基于基础支撑、资源支撑、区域支撑、政府支撑以及新媒体支撑五个维度构建评价体系，通过组内讨论、结合指导老师建议，进而对已构建的中原地区红色旅游景区发展水平指标体系进行优化，最终确立具有本课题特色的指标评价体系，为进一步的数据搜集与处理提供理论支撑。

第 5 周：问卷制作与实地调研

首次实地调研选取的目的地为开封市兰考县，兰考作为焦裕禄精神的发源地，向来重视红色资源的挖掘与旅游景区的开发和拓建。因此根据红色旅游景区特点及指标体系中需要获取的数据情况，制作符合调查区实际情况的游客调查问卷，来进一步考察兰考县红色旅游景区基本情况。在出发前做好路线规划、时间安排及物品准备，在疫情防控政策允许的情况下，由老师带队分别前往兰考县焦裕禄同志纪念馆、兰考县文化交流中心、毛主席视察黄河纪念亭以及梦里张庄风景区。通过与景区工作者、来访游客进行深度交流的形式进一步了解景区基本情况、发展重点以及游客体验感、建议等信息。这次深入一线的实地调研不仅为下一步的研究提供了实践经验，更激发了团队的科研热情，提升了我们知行合一的科研能力与人文素养，使我们对本课题有了更深刻的认知，对人文地理与城乡规划专业服务于社会的特点有了新的体悟。

第 6~8 周：数据搜集与计算处理

在确定指标体系的基础上，团队成员分工协作进行研究区及指标所需数据的搜集。参考《中原经济区规划》（2012—2020 年）来划定中原地区范围，基于所划定的规划范围，通过访问各省、市的旅游局官网和博雅文化旅游网来获取景区名录、等级及其他数据。另外所需资源禀赋度、区位优势度等数据则通过专家打分法进行评定。在数据搜集任务完成之后，经小组讨论及征求导师建议，最终选用层次分析法来对原始数据进行处理，通过建立层次结构模型、构建判断矩阵、计算指标权重等一系列程序得出研究区 317 个红色旅游景区的发展水平排名。

第 9 周：问卷调查与实地调研

在这一周内，我们进行了第二次实地调研活动，本次调研地点为开封市杞县、尉氏县。杞县是著名的豫东革命根据地，睢杞战役就发生于此，拥有以水东烈士陵园为代表的一系列红色旅游景区。尉氏县近年来愈加注重发挥本土红色文化资源，深度挖掘和整理革命英烈事迹，并以此为依托充分开发红色旅游景区，其中以刘青霞故居最为典型。结合上次调研经验及反思总结，团队成员均掌握了一定的调研方法，能够更加熟练地根据目标获取自身所需信息。本次活动将团队分为两个小组，在保证调研质量的同时极大程度提高效率。

第 10~13 周：图件制作与空间分析

在这一阶段我们首先选取了空间分类、空间集聚、空间均衡以及空间关联这四个有代表性的空间分析方法来对红色旅游景区的发展水平进行评价，学习了 ArcMap 软件的相关制图功能，在观看短视频自学、师姐指导和老师讲解的基础上，分工完成了自然断裂点分级、核密度分析、地理集中指数分析和局部关联性分析这四个图件，不断优化使其达到最好的呈现效果。在这个过程中，我们不仅实现了制图技能从无到有的转变，而且在实践中加深了理论认知，在实践中体会地理信息系统与人文地理学的深度融合。图件制作完成后，我们根据分工内容对其进行了相应空间分析，结合研究区概况与景区具体实际深入思考其空间分异、集聚等特性，并将其转化为学术语言表达出来。

第 14~24 周：成果整合与论文书写

在这最后的重要阶段，我们首先整合研究各阶段的图件、表格以及讨论和分析结果，判断影响因素并讨论其对于结果的作用机制。之后将论文撰写工作按照内容分配给团队成员，最后将不同部分的内容汇总至组长处再进行整合与修改，结合老师的指导反复打磨至更好的状态。

3. 收获与心得

第一，“增长见识、开阔视野”的崭新天地。说实话，如何完成一名高中毕业生向学术研究者的转变，我们每个人最初都有些惴惴不安。从登录中国知网下载第一篇论文开始，一个充满知识与智慧，交杂理论与实践的新世界大门便徐徐打开。犹记得刚开始研读文献时的手足无措，慢慢学着吸收新知识，凭着感觉画出重点，到根据自身需要有针对性地选择文献来学习，这个过程是沉浸式的，是潜移默化和深远持久的。对于一片陌生的学术森林，一旦向前跨入一步，便会受着一股力量的指引慢慢走向森林深处。我们清晰地感知到自身的成长，看到一点一滴的变化，在本科阶段能够得到这样的学习机会，接触这样的学术领域，深感荣幸，倍感珍惜。

第二，“协同合作、顾全大局”的团队精神。我们组是一个六人合作小组，如何在学习过程中协调好组内成员间的关系、将合适的任务落实到个人便显得尤为重要。所以在活动前期丁老师将我们两两组成搭档，两人之间配合协调，讨论之时也有了思维火花的碰撞。实地调研密切了我们之间的联系，也让我们看到每个人身上不同的闪光点。每一个人都根据自己所长各司其职，心往一处想，劲往一处使，积极地朝着同一个目标大步迈进才是一个小组最好的状态。

第三，“精益求精、密益加密”的求知态度。科研之路非比寻常，每次提起都会心生敬意，由衷感慨。从前我们都是门外客，得幸登门拜访一览门内风光。从前我们只知学术之地是一片净土，学术研究严谨又厚重，如今才小有体悟。从一幅图件的细细打磨，到一字一句地反复斟酌，都灌注着学术研究者们的态度与情怀。我们敬佩的同时，也暗自期盼着许多年后的自己也可以成为当初仰望的那些前辈。

第四，“得遇良师，结识益友”的人生体验。能跟着丁老师学习是极其幸运的，在科研、生活、与人相处的各个方面，老师总能让我们学习到实实在在的东西。老师严谨的治学态度令人敬佩，在老师的身上总能看到一些让人难忘且受益的闪光点，比如在第一次与本科生见面时就用笔记下每个人的姓名与家乡，从此我们也不忘纸笔相伴，既是礼貌也是态度；比如利用假期时间耐心教我们如何进行本科阶段作业的书写，对我们来说是一次很珍贵和难得的学习机会。老师像是高挂在夜空的月亮，从不吝啬温润的月光，可有时也带有棱角。我们是群星环绕，虽然很多时候是被照亮，但也向往月光闪耀。

4. 他们有话说

小组成员胡钦婷： 在这一年的项目活动中，我感觉收获满满。总的来说，就是了解了论文形成的这个过程，为以后参与其他项目积累了经验。我觉得要珍惜大学里的每一个机会，因为大学是一个很好的试错平台，在大学犯错的代价远远不及在社会中犯错，还有老师们的指导，所以我觉得大学是一个要敢闯敢试的时期。科研育人项目就是一个很好的机会，科研对于我这个大一新生来说是非常陌生的，但是能给我不一样的思考和收获。

我的第一个收获是量化思维。我是一个文科生，对于量化其实感受不多，在老师的点拨下，我对量化有了比较实际的认识，科研一定要有数据基础，而不是一个大概的说法，这就需要我们去量化每一个对象，用数字去加以定义，从而得到基础数据，进行数据分析。

在平时的生活中也是这样，要想有说服力，就必须有数据，要把对象量化，用“很，非常”这种没有界限的词是没有说服力的，给别人的感觉是“那是你的主观想法”，而用一个具体的数据或者比例，这就是一个客观事实了。

我的第二个收获是团队协作，团队精神。我以前不是没有过团队协作的经历，但是现在有了更深的认识。一个团队必须有一个有能力有担当的领导者，而其他队员最好有不同的擅长领域，能考虑到不同方面的事，不过也容易产生矛盾，如何去协调这两方面就非常考验团队的凝聚力了。一个队员的工作态度会对其他队员产生很大的影响，出现不好的工作态度时，一定要及时沟通调整，不能拖累团队的进度。

第三个收获是学会打开思路。其实我可能有时候比较保守，很多事情打不开思路，但是在进行项目调查过程中，我学会了如何打开思路。很多事情其实大家都不太会，但是大家通过各种渠道去寻找方法，自学，从不会到会，纵使过程有点麻烦，但是这是一个磨炼心性和能力的好机会，大家也都做得很好。

小组成员吉祥：去年的十月份，我报名参加了科研育人的活动，参与丁老师的“中原地区红色景区调研”项目。在历时一年的调研工作中，我收获颇丰。在科研工作中，我第一次知道科研工作的基本程序，第一次了解到区位优势度的概念，第一次知道各种评级评分方法……许许多多有关地理的知识，并不是在专业课堂上了解学习到的，而是在一次又一次的小组学习中收获的。不仅是书本上的概念与知识，这次科研活动也首次教会我一些 CAD 的基本操作方法、ArcGIS 的使用方法。实地考察也是这次科研活动的主要内容之一。我和我的小伙伴乘车到开封的数个县，去调研红色景区的相关基本信息。我们在县里奔波游走，从一个景区到另一个景区，从清晨走到傍晚。调研的过程是有些辛苦的，但劳累与艰辛也促进我们的成长与组内的团结。所以，这次科研育人项目不仅让我学习到许多知识，也让我结识了朋友，让我意识到团队的重要性。

组长周远哲：科研育人活动的学习与锻炼，使我初步了解掌握了学术研修的整个过程及部分方法，最终也通过完成一篇学术论文为这次活动画上了一个句号。回想起一年前刚拿到研究课题时，内心充满了兴奋和忐忑。兴奋是因为作为一名本科生终于可以跟着丁老师一起感受学术研修的魅力，而忐忑是因为第一次参加项目，可以说是两眼一抹黑，不知道应该从何入手。不过好在老师对我们充满了包容与耐心，一步一步引导我们步入科研的殿堂。

在参加此次活动之前，我只完成过一些课程的结课论文，写出来的内容和完成的效果都不尽如人意。但是通过本次活动老师对我的指导，从研究开始前的阅读文献，到中期的实地调查研究和整理数据，以及最后论文写作的方法与格式，我各方面的能力都得到了锻炼与提升。老师严格的要求使我明白了对科研所抱有的严谨态度以及写出一篇高质量论文所需达到的标准。

最后，再次感谢老师对我们事无巨细的指导，以及各位组员团结一心共同奋斗的努力，顺利地完成了科研育人项目，在自己的学术生涯上迈出了第一步。

小组成员张玉婷：在正式参加科研育人项目后，从丁老师第一次给我们开会，到最后一次开会；从读论文开始，到自己学写论文；从设计调查问卷，到实地去调研……我的收获颇丰。

首先，我学会了正确查找选择论文，初步了解了论文内容要求与格式，老师甚至专门开了一次会议，为我们详细讲解如何写一篇论文，从摘要讲起，到参考文献，我从老师身上学会了很多，也十分感激老师的不吝赐教。

除此之外，在这个项目活动中，我还学会了指标体系的构建。这项任务花费了我们小组所有成员许多精力，从指标因子的选择到最后的分级打分，利用层次分析法分析，可谓艰难而又收获满满。当得知我们的数据结果正确无误时，内心的喜悦与放松现在仍能想起。

作为一名合格的地理人，实地调研是我们的必修课。因此，在本次活动中我印象最深刻的是去尉氏县和杞县红色旅游景区调研，我们去了刘青霞故居、尉氏烈士陵园、水东烈士陵园等红色旅游景区，近距离了解和感受到红色旅游景区所富有的独特氛围，也更加崇敬为了革命胜利和人民幸福所牺牲的奉献者。

在未来，我会将参与“中原地区红色景区调研”项目所学到的知识与方法运用到以后的学习与研究中，不断丰富自己的知识，提高个人科研素养。

小组成员陈雯：岁月如梭，时间飞逝。转眼间一学期过去了，这段时间里，在丁老师的引领下我们有条不紊地完成了各项工作。我学习到了很多，也认识到自己的不足，下面从几个方面总结。

研究技能：在研发中心的日常工作中，我学到了很多，比如调查问卷的制定、地理制图，对地理学相关软件有了更深刻的了解。

团队精神：作为项目小组的一名成员，我会树立起团队协作的意识，及时与同学进行有效积极的沟通，有问题及时向他们请教，与他们共同完成工作任务。

沟通能力：优秀的团队一定是一个沟通良好、协调一致的团队。没有沟通就没有效率，身为项目小组的一分子，我会虚心接受老师和其他同学的指导和意见建议，及时沟通，有问题及时向同学请教，不断努力学习，不断提升自己。

当然，工作中有时也存在问题，相信在以后的项目中我会弥补这些不足，努力地提高我的专业技能和创新能力。

5. 结语

凡是过往，皆为序章。前路浩荡，且看来日方长。

四、你有必要了解一些校院领导

1. 他们是学校的名片，你应该了解他们的职责

对于一个学校的领导，特别是主要的领导，大家最好在平时浏览网页时记下他们的名字。如果你在校园里遇到他们的时候不知道如何称呼或者不知道这个领导为什么会出席这样的场合，甚至自己无意中说错了话，引得同学们的尬笑或者嘲讽，反而丢了自己在大学里应有的形象。其实，有些领导的讲话很有水平，在一些大型活动中表现得非常得体，可以学习他的讲话精神和办事技巧，甚至多看看他的履历，多学习。所以，每逢大型的校庆活动，笔者都会认真学习领导讲话甚至找张纸记下来，为后面抽时间领悟和汲取养分提供支撑，因为领导真的站位很高，不仅仅是在讲话层面上，还在他们举手投足的点滴细节之中。此外，如果你去学校的职能部门办事，不了解领导分管的具体事宜，胡乱敲门，反而丢失了基本礼仪，也失去了很多与领导交流的宝贵机会。最后还要说一点，说不定哪天你会在毕业后的某年某天再遇到学校的领导，所以请珍惜大学里的时光，多关注学校里的新闻，避免成为只会学习的书呆子。

2. 他们是你学习的证明，要印在你的各类证书和材料上面

毕业后你会填写各种材料，其中重要的一项就是填写你在学校学习的证明人，所以学校学院的领导名字你还是要记下一些，不要晃荡着就毕业了，填写材料的时候一个名字也记不起来，反而让同学们嘲笑一番。换句话说，如果你绞尽脑汁也想不起来了，是不是感觉自己好像没有在这个学校学习过

一样，心里会有一种莫名的疏离感？此外，你的档案材料找不到或者缺少某些重要的证明材料时，你还需要到学校去找这些领导处理，如果你和这些领导或者老师有过交集就很容易办理，或者说解决起来没有那么麻烦。反之，如果学校老师对你一点印象也没有，办理起来可能就有一点困难，因为他们也不确定你在校表现如何。值得一说的是，如果你能感受到某个领导或者老师对你有引领和指引，让你心中产生亲人般的感觉，那么你在写这些材料证明的时候，心里也会舒坦很多，对学校的认同感也会进一步增强。

3. 考研的时候，说不定评委会问他们的名字

有同学看到这个标题，可能笑了，怎么会有这种现象发生？笔者如实地告诉大家，真的发生过这样的事，就是学生将学院领导的名字搞错了而引起考研复试面试中老师的不适，进而影响了其复试得分，最终没有录取他。事情是这样的，当时学院里有两个同姓的老师，名字差异很大，一个是院里的领导，一个是教过他课的专业技术老师。当时，考研面试评委会的一个老师问：“你们院有一个 ×× 领导，进行 ×× 方面的研究很有名气，你了解不了解？能不能介绍下他研究的成果或者有什么特别的地方？”当时，那个学生因为不了解院里的主要领导，就随便聊起了另外一个老师，胡乱答了一通，后来面试老师就郑重其事地给其解释了一番，他也意识到自己答非所问而留下了不好的印象。在这里不是想要表达领导有多么尊贵，也不是想表达记着领导名字就有多了不起，而是想告诉一些即将走上工作岗位的本科生或者面临考研抉择的大学生，了解院系的发展史和主要领导的学术成绩，对增强你对院系的集体责任感和归属感有很大的帮助，也会在无形之中给你提供一些潜在的帮助。

第十章

与同学的相处你应该注意什么

在大学校园里面，同学之间的情谊非常重要，甚至有人说“四年同窗半生缘”，如果在大学期间有很好的同窗好友相伴，那么你的大学生活一定添加了很多温暖的瞬间和浪漫的记忆。如果你能很快地适应大学生活并和同学们有很好的相处模式，那么不仅能有效缓解生活中的不顺和增强学习上的动力，而且可以在校园生活中得到无形的帮助。如果同学关系不友好甚至产生了怨恨，那么学习氛围就会被破坏，学习的状态会也受到消极的影响，进而影响学业成绩、就业选择和考研“上岸”的可能性。下面笔者就从同学之间经常面临的几种交往对象出发，谈谈看法。

一、你要学会融入班集体

1. 班里的重要活动一定要参与，体现出班级荣誉感来

在大学生活中，同学们要经常参加年级和班级组织的集体活动，以学习会议精神、领导讲话或者学校学院安排下来的具体任务，从而加强学生的集体荣誉感和培养学生的家国情怀。然而，有些同学由于受学习状态的影响、与同学交往不畅和对班级主要干部不满，经常请假或者不参与集体活动，使得其在集体中出现的次数较少，其在同学们心中的印象不佳。班集体体现的是学生的共同行为和文明班风，需要学生在集体活动中具有不言自明的内在认同感和精神上的归属感。如有一些同学经常不参加集体活动，或者行为方式游离于班集体之外，甚至出现违纪现象，那么其在校院领导、辅导员、任课老师、同学那里的印象就会较差。因此，希望同学们在学校期间拥有集体

荣誉感，营建优良的学习氛围和班风，为传递优秀的校园文化和家国情怀提供保障。

2. 班集体里的体力劳动，你要体现出应有的态度

大学里，每到开学季或者开展各项评比、检查时，就需要同学们参加集体的大扫除、搬柜子、植树等，这一方面可以提升集体荣誉感和加强身体锻炼，另一方面可以发现学生的行为特点和内在品质，为遴选一些优质学生做准备。在这样的集体“苦力”活动中，有些负责人或者“管事”人非常上心，忙里忙外，生怕哪些活没有干到位或者出现意外而造成不利影响，可谓认真态度满满！有些同学就觉得这么多活，自己少干一些也没啥，就挑三拣四地找一些轻活干，甚至找个大家看不到的地方歇了起来。有些同学天生就是干活的料，不管别人怎么干，自己都会按照平时家里干活的要求或者自己的工作标准不遗余力地干，不抱怨苦和累。当然，很多同学就是按照布置的任务干，规规矩矩地完成属于自己的任务，不拖累班集体共同任务的完成。班集体的这些“苦力”活动很多领导和老师也会参加，而且他们会在这个过程中有意或者无意地观察，如果发现品质不错的学生也会另眼相看或者进一步考察，也就是先看德再看能力，和现在强调的立德树人的培养目标一致，以判断学生的综合素养。其实，集体活动有时候也能反映你的大局观和集体意识，如果每个人都偷奸耍滑，不顾及集体的共同荣誉，那么注定我们培养的社会主义接班人是失败的。如果你以自身最大的能力，不一定是最优异的，为集体的共同荣誉尽一份力，那么你就是一个立场坚定、有担当的新时代青年，集体获得荣誉时你一定是欣慰的。

笔者高三的时候是班里的生活委员，负责日常的一些卫生安排还有其他一些杂事，挺费心费时的。然而，高三是高考最重要的一年，很多同学就没有把心思放在打扫卫生上，所以班级卫生在学校检查中排名很不理想。没有办法，笔者得带领着大家一块干，让班级同学有集体荣誉感才行，就是靠着“我带着干，不管别人怎么想”的初衷，每天早上笔者第一个拿着扫帚去打扫，根据标准按质按量完成，一干就干了一个学期。很多同学就说干这个有啥用，又不会在高考中加分。其实，笔者干这些活就是觉得自己带头干不是很累，没有想着非得让大家表扬之类的，就是心安理得，也不让班级排名靠后。后来，学校的年级长老师好像发现了这个事情，最后毕业的时候，为笔者争取了一个郑州市优秀学生干部名额，笔者很感动，因为笔者是在荥阳市（县级市）一个不起眼的高中，学校名额少，且笔者不是学校的核心干部。后来过了多年想来，这或许就是个人的内在品质，无关他人，就是本着自己应有的态度为集体做一点贡献而已。一屋不扫何以扫天下，后来笔者读研读博，也是靠着这股“傻劲”“钻劲”，用最笨的方法坚持做出了别人想不到的成绩。

3. 班集体的一些选举和测评，你要公平公正

在大学里，我们经常会遇到评选优秀干部、三好学生、优秀奖学金等之类的民主测评，就是测测候选人在同学们之间的“人气”或者说支持度，很多候选人对此的态度不一。有些候选人可能为了达到自己的个人目标，会通过请吃饭或者拉票的方式去提升支持率。在这种候选人的组局下，有些同学不自觉地去参加了，有些同学被安排着参与了，使得在投票的时候组局的候选人的支持率有所提升，最终获得了荣誉。有些同学狡猾一些，不管别人怎么请他吃饭或者怎么拉拢，表面上表现得很支持，到现场还是选择了自己或者投给了其他人，算计着谁能给自己最大的利益。有些同学就凭着自己平常的感受，结合候选人的条件，坚守自己的道德情操，把票投给了真正匹配荣誉的人。有些同学只考虑自身的利益，往往选自己和宿舍的好友，因而选票的内在价值不大。笔者的建议是，涉及公平公正和荣誉时，无论别人给许了什么好处，还是受了别人的恩惠，都要秉持着正义和良心，不要选择了后来自己厌恶的人。

4. 遇到不对付的班干部，不要一味“怼着”干

有同学说，我们班的班长总是偏爱他们宿舍的兄弟，在一些重要事情上总是失去准则而袒护他们，使得其在我们班的威望极低。总之，有些同学总会抱怨班干部做事情不公平，也看不起一些普通的同学，还会在班级的集体会议上不分青红皂白地批评人，甚至还有很多不好的言论。由于大学生多数20岁左右，往往“正义感十足”“血气方刚”，对待看不惯的事容易冲动，容易说一些不当的言论或者跟班干部“怼着”干。这些同学的初衷是好的，但如果都是这种激进的处理方法，往往是气坏了自己的身体，自己的学习状态

也受到影响，甚至成绩出现下滑，最后还可能因为辱骂班干部或者打骂他人，落了个脾气不好的名号，甚至受了某方面的处分，让人唏嘘不已。其实在职场中，很多事情和大学是一样的，对方就是希望激发你的弱点并让你大打出手，让你在无形中犯了很多错误，从而好抓着你的“小辫子”，有时候“正义的你”反而弄得自己一堆不是。笔者的建议是，如果是能动脑筋解决的事情，就多观察多搜集一些证据，通过汇报的形式或者以正确的路径实现自己的意图，让更多领导、老师看到事实的真相，最终让问题得到解决就可以。大学里的核心任务是学习上进和问道求索，如果你在学习的路上带着太多的枷锁、包袱和情绪，怎么能实现最终的学习之道，怎么实现“明德、亲民，止于至善”的求索精神呢？请记着一点，如果你太在意别人的眼光、不解、不屑和嘲讽，总是计较小情绪上的得失，那么你往往赢得了一时，却输了未来的大目标。

二、你需要提升“宿舍圈”的爱

1. 要学会适应不同人的习惯

同学们进入大学后，宿舍的床位往往是随机分配的或者是按一定顺序抽到的，不可能完全按照自己的心意找到特别如愿的宿舍，很多大学生是按照专业“随机”组合在一起的。当然，现在有一些高水平的大学具有比较智能和人性化的宿舍选择机制，为学生选择舒适的环境和相对素质不错的舍友提供了一些空间，但依然不可能完全按照学生自己的意愿选宿舍。那么问题来了，五湖四海的兄弟或者姐妹，有着不同的文化背景、家庭环境和个人喜好，融入一个宿舍，就必然会出现这样那样的不适应。有同学说：“我宿舍那个哥们天天抽烟，让我们净抽二手烟，真无语！”有同学说：“我宿舍那个哥们天天不洗脚，打完篮球后脚的气味特别难闻，而他却不自知！”有同学说：“我宿舍那个姐们看起来大大咧咧，其实心眼很小，天天说一些我们不爱听的八卦新闻。”有同学说：“我宿舍的那个小姐姐总喜欢搬弄是非，还喜欢有意无意地翻看别人的东西，个人素质极差！”诸如此类的抱怨可能还有很多，使得有些同学就不想待在宿舍，不想适应舍友，出现了逃避心理。从大学生和谐相处的角度看，好的宿舍往往在“大姐大”“老大”的影响下，形成契约精神，交流氛围很好，使得宿舍成为一个可靠的港湾和让人依赖的地方。从长远的角度看，很多时候宿舍的不和谐仅仅是一时的，不会影响同学间的真正情谊。如果舍友间不计较很多小矛盾或者小得失，达成默契，形成一种正能量，那么他们最后的相互鼓励、相互适应反而成就了彼此。

如果你真的在宿舍受不了，就去找可信的挚友聊一会儿，不要老是把心事放在心里。

不要老是和舍友论对错，宿舍是讲情谊、讲温暖故事的地方。

你们宿舍是学校的学霸宿舍吗？你们能不能都以考上研究生为荣？

如果他/她是你的亲人，你难道一点都不能容忍吗？

听到他打呼噜，你真的受不了吗？你能不能想点办法，自己解决一些，也让他体谅你一些？

她很“八婆”和“八卦”，还很小心眼，你能不能从她的家庭环境考虑下？

2. 要有共同的契约精神，不要动不动就破坏

宿舍有一些集体的事，需要舍友们集体维护，因此要有契约精神，避免有些同学偷懒，也避免有些同学累得够呛还遭到别人的排挤和不尊重。最值得说道的一件事，就是知名作家三毛出国留学期间，本着中国人的善良和朴实，每天给舍友们打水、整理床铺和打扫卫生，以传递中国人勤劳可贵的品质。三毛本以为这样勤劳的行为会赢得大家的认可和尊重，甚至大家会感激她。然而，舍友们把她的这些行为当成了理所应当的事情，从来没有放到心上，后来一次三毛因为身体不舒服没有打扫宿舍、打水等，就惹得宿舍好友极为不满，反而责怪她的不是。她终于忍受不了进行了反击，将自己的不满情绪进行了释放，然后舍友们将集体的事情进行了分工，抱怨反而转化出了一种和谐的局面。三毛从一个善良勤劳、处处为别人考虑问题的小姑娘，变成了发泄自己不满的“抱怨女”，反而收获了尊重！所以，在宿舍里面，要养成集体的契约精神，什么时候该睡觉，什么时候需要打扫宿舍卫生，需要大家达成一致，以避免过分地依赖某个人，或者活在自己的习惯中而忽略了对其他人的影响。你可以问问自己下面几个问题：

你们宿舍有集体打扫卫生的习惯吗？还是经常由一个人打扫卫生？

你经常给宿舍的同学带一些小礼物吗？

你经常不按规定回宿舍很晚吗？

你和宿舍的其他人经常吵架吗？

你经常背着宿舍的一个人，说另外一个人的坏话吗？

你替你宿舍的好友买过药吗？

3. 一些小事，可以不用计较得那么狠

有些同学，可能是受家庭环境的影响或者是天生的基因影响，对一些事情十分敏感，老想抓着别人的“小辫子”和其大吵一架，甚至想和对方公开对质后打一架。这些想想就可怕，因为一旦出现这些行为，可能让彼此都很尴尬或者难堪，甚至产生心理上的扭曲和不平衡。其实，无论是同学之间，还是同事之间，一旦出现公开的争吵或者产生了不和睦的事情，会让彼此心里都产生阴影，甚至产生“硌硬人”的不好感觉。因此，建议大家遇到“针锋相对”的事，能忍住心中的怒火就忍一下，以避免冲动后产生不可弥补的错误，甚至产生违纪违法的行为。其实，同学们在社会中成人之后就会明白，成长就是靠委屈撑出来的，所以尽量不要把小问题说破，而应心知肚明后给对方一个台阶下，得饶人处且饶人！有人说，青春就应该策马扬鞭、仗义执言，活出自己应有的态度。其实，青春既要热血奋斗不服输，也应该在不断隐忍中默默成长，更要逐渐学会应对三观不合的人以实现自己的蜕变。如果一味地热血行事和不计后果，那么等待你的就会是“冲动是魔鬼”！请大家避免以下的语言发生。

他的快人快语真的是有感而发吗？要找他说清楚，什么玩意！

你什么素质，这点破事还到处乱说？

你不怂，是吧，不行咱出去解决！

你是什么东西，怎么这样不要脸？

我就看你不顺眼，咋地？

4. 实在有些忍受不了的地方，可以讲出来

其实，因为同学们往往会受条条框框的限制，会顾忌自己的行为方式而

活在“说出来不好”“拉下面子丢人”等世俗的眼光中，遇到事情不好意思表达，反而使事情处理起来不顺畅或者偏离了最终想表达的意思。中国人讲究心地善良就会有福报，稍微忍忍事情就过去了，不愿把事情讲清楚，也是这个道理。伴随着社会的行为准则逐渐正规化和法治体系的建立，有时候把事情讲清楚，将其中的道理说出来，反而使人得到释放，而不会搅和在一些说不清、道不明的是非之中。现实中，最可怕的就是两个人都把对方的不正确行为埋藏在心里，越积越多，最后反而会使得两个人形同陌路！所以在宿舍遇到了什么糟心事，在未形成大隔阂之前，一定要在宿舍长或者有影响力的人的张罗下，让大家的心绪得到释放，从而能够冰释前嫌！希望出现矛盾的双方，能够有一方先让对方有台阶下，因为可能是别人的挑拨，使得你们错失了一份友谊，错怪了人。如果你真的和不对付的舍友吵架了，你不妨这样表达：

前两天那件事，你咋那样说我，我真的很不舒服！

我在你心中就是那么不堪？你真的是那样表达了吗？

你和谁说了什么话吗？为什么别人都说你们嫉妒人？

我最怕别人误解我，那天我说那些话是这个意思……

5. 一定要避免吵架或者打架

大学生打架倒是不常见，因为学校要根据情况给予处分，会影响毕业和学位授予。然而，一些日常不和睦的学生因为一些话引起激烈争吵的事情还是很常见的。在这种冲动的情境下，一定要有宿舍“管事”的人进行调解，以避免事态发展严重，从而影响了宿舍氛围和同学情谊。值得一说的是，在吵架的过程中，可以对事情本身的对错进行探讨，但不要进行人格上的侮辱，因为大学生都是很讲面子的。你如果不小心戳痛了别人内心敏感的神经，那么就会引起两个人无休止的谩骂，最终让宿舍天天闹得鸡犬不宁。一般而言，不要触及以下几个方面的问题：

你人品有问题，×× 样的家庭生了 ×× 的人！

你以前就是这样，你就是 ×× 改不了 ××。

咱说说以前的事吧，我忍你好久了！

你本来就有那么多毛病，不是你有问题谁有问题！

我看你和 ×× 关系很好，就是 ×× 教唆你这么干的！

一看就知道你们家是 ××× 样的人！

我想说的是，如果吵架不是奔着今天说的事展开，而是围绕对方已有的错误、家庭的教养进行人格的侮辱和社会道德绑架，那么就偏离了解决问题的本质，反而将问题更加复杂化了。再强调一下，吵架一定不要骂对方的家庭、骂对方的身体缺陷或者进行人格上的侮辱，因为这些行为可能让对方铭刻在心里，甚至之后对你报复，那就断送了大学四年的美好时光。

三、你要慎重对待“地域族”的情

1. 加强老乡之间的交流，有时候很解压

高中生变为大学生后，语言环境、生活方式等方面与家乡大不相同，因而很多同学就会怀念高中的生活，想找一些老乡进行交流，畅谈家乡的事，聊起几个共同熟知的好友，让自己的心情得到一些释放。在这种需要下，很多同学会加入老乡会，没事小聚一下，毕竟“亲不亲，故乡人”“老乡见老乡，心里乐得慌”。由于有共同的语言习惯、交流方式，很多老乡会就建立起来了，还时不时在微信群、QQ 群里面组个局或者来个集体活动。老乡会作为促进家乡人交流的平台，的确具有加强沟通的作用，能帮助老乡解决一些困难，但如果搞成了“山头”“小集团”，冠之以“老乡会”的名义打架斗殴，甚至是进行一些违法行为，那就得不偿失了，反而失去了应有的老乡情。同学们可以参加老乡会，也可以组织一些活动加深感情，但不能为了“老乡情”放纵了自己，那就失去了老乡会的意义。

2. 不要盲目卷入集体活动，要分清是非

如上文所述，加入老乡会之后，的确经常会参加一些集体活动，能给自己有压力的大学生活带来放松的心情。然而，有些集体活动，比如大家一起去 KTV 或者打牌娱乐等，还是少参加一些，因为虽然是老乡，但彼此之间并不一定真正了解，万一有些坏心眼的同学在其间做了不好的事，那么很多同学的名誉就会受损，甚至卷入一些不明不白的事情之中，让人懊悔不已。所

以，如果老乡会组织了一些集体活动，要根据自身价值观、道德观等方面的判断，分清是非，用理性的态度去决定要不要参加、怎么参加，避免参加后影响了自身的发展前途。

3. 老乡亲，但有时候也是负担

亲不亲，故乡人。很多同学就会借着来自同一个高中、县城、乡镇等名义跟你套近乎，想在你这边捞点好处，或者和你借点钱。不可否认，绝大多数老乡都是心地善良和无私帮助他人的，无论是生活上还是情感上都会支持老乡，形成来自一个地方的人就是很亲的氛围。然而，有些同学却打着“老乡”的名义，今天问这个同学借几百元钱，明天向那个同学借几百元钱，用着大家的钱去做一些买卖，自己赚一些蝇头小利。事实亦如此，如果你借给老乡钱，等到还钱的时候，他还可能以种种理由如“这段手头紧，过一段再说吧”“不就借你几百元钱，天天找我要”等搪塞。总之，大家可以借给信任的老乡一些钱，但如果涉及数额较大的，一定要三思而后行，以避免借出去后出现“有借无回”“欲哭无泪”的情况，反而伤了好好的一段老乡情。大家没事可以品一品路遥先生写的《平凡的世界》里孙少平和他表舅接触之后的一段感想，将“亲戚”换成“老乡”，有时候也同样适用。

小时候，我们常常把“亲戚”看得多么美好和重要。一旦长大成人，开始独立生活，我们便很快知道，亲戚关系常常是庸俗的；互相设法沾光，沾不上光就翻白眼；甚至你生活中最大的困难也常常是亲戚们造成的；生活同样会告诉你，亲戚往往不如朋友对你真诚。

4. 集体回家或者搭顺风车，要注意安全

每逢节假日回家，尤其是春节，很多老乡家离得比较近，就会包车一起回家，不仅路上可以有说有笑，而且可以加深彼此之间的了解，心理距离进一步拉近。还有一些同学的家长会开车来接，那么作为老乡的你可能会搭顺风车，路上可能也会聊得很投机，使得彼此之间的情谊进一步拉近。集体包车回家、搭顺风车回家或者拼车回家，的确方便了很多，也加快了回家的脚步、缓解了思乡的情绪，甚至成了网络时代“90 后”“00 后”的一些新选择。然而，在集体回家的路途中、拼车回家的欢笑中，如果出现了交通事故，很

多事情处理起来就很麻烦，甚至出现纷争。所以，大学生在选择包车时一定要注意正规、安全和可靠，选择顺风车时一定要熟悉对方并和其有很好的交情，选择拼车时一定要保护好财物并检查驾驶员的身份证，避免坐上了相对方便和便宜的车，但却出现了交通事故，让美好的回家之旅变成了不愉快的绝交之旅，那就不如不坐了。更有甚者，有些同学借助顺风车或者拼车，对同学进行了性侵犯或者干了一些违法的勾当，葬送了自己的好前程。总之，回家对大学生而言是一件大事，一定要选择合适的交通工具，不要为了图一时方便，置自己的身心安全于不顾，那么还不如不去蹭老乡的那份情，不去搭那个顺风车，因为有时候一个人坐公共交通工具回家也是挺安全的。

四、你有真性情的他/她吗

1. 谈了个恋爱，失去判断力

有些同学可能在高中时期就谈了恋爱，后来两个人又考到了同一个大学，自然而然很快走到了一起，并确定了恋爱关系；有些同学是在高中时期就对某人有朦胧的好感，到大学里面经过进一步接触感情升温，也很快走到了一起，迅速坠入爱河；有些同学在大学里点燃了心中的爱情之火，在荷尔蒙的驱使下一心要找个恋人，因为听说毕业以后更不好找心上人；有些同学在同学们的撮合下、舍友的配合下，也顺利地谈了场恋爱……无论怎样，大学期间谈恋爱是很正常的现象，笔者也鼓励和支持，但如果一味地为了谈而谈、爱而爱，随便找了个恋人，最后谈得不如意，对双方都造成了伤害，那就失去了谈恋爱的意义。有些同学陷入大学谈恋爱的迷幻之境中，天天腻歪在一起，甚至为对方买了很多奢侈品并产生了攀比心理，天天出入高档的消费场所，使得家长的血汗钱打了水漂。总之，谈恋爱要根据自己的情况来满足对方的需求，不要逞能胡乱花钱，失去基本判断力，陷入情债之中，那样就不叫谈恋爱，而是谈了一笔糊涂债。如果在大学期间，你真的有真性情的他/她，希望你设身处地地为对方考虑，不要为了奢华的享受苦了彼此的家庭，也减小了未来走到一起的可能性。笔者始终坚信，不欺骗、不做作，用朴素的方式让两颗真正相爱的心在一起，才是大学生谈恋爱应有的态度。

2. 能不能不影响学习

谈恋爱是个辛苦活，不仅需要投入时间、精力陪对方游玩和谈心，而且需要解决琐事上带来的困惑、隔阂等，甚至还需要找一些浪漫的、刺激的事情让彼此能记住美好的瞬间，因此，谈来谈去，就谈进了你侬我侬的时间消耗之中，必然影响学习。大学生的第一天职就是学习，谈恋爱是附属于学习之后的，因此要合理调配时间，避免投入谈恋爱的时间和精力过多，而投入学习、复习和考研的时间变少，甚至影响了毕业。笔者记得一对谈恋爱的学生，大一时天天在一起，笔者散步的时候也能经常见到他们，但大二不知道什么原因分手了，使得本来勤学上进的女生上课就不积极了，经常迟到，甚至不请假无故旷课，好端端的学习被耽误了，期末还挂科了，让人唏嘘不已。可想而知，在谈恋爱受伤害的情况下，女孩的心思已经完全不在学习上了，上课时总是无精打采，与别人交流还特别敏感、多疑，心态上也发生了很大的变化。还有一个学习成绩非常一般的男孩，他心仪的或者说他想追的女孩选择报考一个顶尖 985 高校的研究生，他觉得一定要跟着她的步伐去，才有可能追得上或者匹配上这个女孩，最后可想而知，竹篮子打水一场空。

3. 不该发生的事，就别发生

如今大学生的观念，和 20 年前已经很不一样了，对待性的态度也发生了很大的变化。很多家长告诫自己的女儿，一定要保护好自己的身体，不要随随便便就将自己的第一次交给不是未来结婚的那个人，但很多当下的年轻人受周边同学、社会新闻和多元价值理念的影响，虽然当时听进去了，但遇到真正喜欢的人，就自己的事情自己做主了。时代在发展，学生的观念的确相较上一辈有了很大变化，恋爱观、婚姻观也发生了很大变化，有时候父母是很难管控的。笔者想提醒的是，我国大学生感染艾滋病的概率还是不小的，这是会影响今后性生活和生育功能的，甚至会影响将来本该属于自己的美好一切。学生艾滋病感染者中有 65% 的学生是在 18~22 岁发生的感染，此群体的感染人数平均每年的增长率达 35%（扣除检测影响的因素）（章正，2015）。高校是一个特殊的社区，大学生年龄多集中于 18~24 岁，属于艾滋病传播的高风险群体，是社会开展艾滋病防控工作的重点群体（徐梦娇，2019）。据国家卫健委发布的统计数据，每年约3000名青年学生因感染艾滋病病毒而导致人生被改写，他们有些是校外结识了不良的朋友，有些是一时不顺放纵自己，有些是某些人故意为之。在有些大学城周边，遍布着廉价的住宿区，很多男生周六周日会带着女朋友出去玩，受周遭环境的影响，也会产生一些不正确的性观念。如果当下的你，有大学期间性行为开放的念头，笔者建议你还是冷静冷静，毕竟身体是属于自己的，如果不充分了解就贸然将自己“献身”给当时爱你的那个人，万一出问题，想挽回就来不及了。总之，建议大学生一定要做好安全防护措施，因为一旦得了性病，甚至怀孕了，再加上精神上的刺激，很容易影响以后的婚姻和生育。

4. 希望在你心里有他 / 她美好的记忆

大学里面谈恋爱都是很美好的，好像都是情人眼里出西施的感觉，不会觉得自己喜欢的人有不良的嗜好，这大概就是青春的样子。由于青春期的时候，很多大学生都是清澈和干净无邪的样子，迷人的一笑或者一个飘逸的身影，就可能被埋在记忆深处。有同学说，好像天天都想着喜欢的人才能入梦，也好像天天要在某个地点某个场合见着他 / 她，总能看到自己期待的美好样子。于是，有的男生就不管三七二十一去追女生了，除了极少情况能两情相悦，多数时候是被泼一盆凉水。大学时代的女生都有自己的择偶标准，不会因为男生给她写了几封情书或者帮她做了一件令人感动的事就能很快在一起的，所以要做好谈恋爱不是瞬间可成的准备，因为女生不仅看男生的长相气质、日常素养，还会评估男生未来的学习潜力、家庭背景，因为她想找一个能够共赴美好人生的男朋友，而不想随随便便就把自己交出去。有男生说可以采用“日久生情”“拼命追”的方法，那么总有一天女生会被这份真情打动。其实如果女生真的喜欢你，不会仅仅看你追她的持续力，而会根据她自己的期待来衡量你的实力、魅力和潜力的，很多时候不是金钱的问题，也不是你那份“精诚所至”的心能打动的。当然，一些女生同时交往着几个男朋友，而且一直“吊着”一些痴心的男生作“备胎”，这是令人反感的，所以也希望一些“没头脑”的男生不要盲目陷入一种没有目标的追求之中。总之，希望大学生能够看得开此时的恋爱关系和可能面临的态度，真诚地正视这份情愫而不要陷入彼此伤害之中，多记住对方的可心可爱瞬间，多为青春留一些美好的记忆。

5. 得不到就伤害或者毁灭的事，希望不要发生

追求别人这件事可谓一人一个办法。在此笔者以男生追求女生为例谈一些值得注意的现象。有些男生，追了心仪的女生很长时间，总觉得自己一定能追到手，但到最后因为一些行为惹怒了喜欢的女生，使得两个人很快断绝了关系。如果男生意识不到自己存在的问题，还盲目抱怨女生自私、不懂事，那么其心里肯定承受了很多“气”，就像赌博一样，自己投入的前期成本太多，迟迟放不下，总想着捞回来一些成本或者让对方回心转意，那么就有可能对所追的女生展开一系列报复行为，如散布谣言、恶意中伤等，总之就是伤害女生的身心健康，进而产生了心理扭曲的现象。还有一些男生，和心仪女生谈了一段时间恋爱，后因为性格问题或者价值观不同，两人不欢而散，但他总觉得是女生玩弄自己，浪费了自己的时间、精力和金钱，开启了追责追债机制，逼着女生还钱，还一笔一笔记得很清楚。这种通过记账式或者事后追债般索要钱财的男生，都是令人作呕的，因为其对对方同样产生了巨大伤害，只是对方不想提了而已。当然，一些女生就是通过自己的美貌来骗取钱财的，这些还是要赔偿的，毕竟取得的途径不对且欺骗了对方的感情。还有一些心理畸形的男生，虽然分手了，还会每天跟踪前女友或者偷偷干一些让前女友害怕的事，这也是令人反感和不齿的。总之，希望男生有自己的气度，应该怀着放手也是一种爱的心境去期待下一份美妙缘分的到来，不要陷于思想迷途之中，做一些得不到就伤害的事，不仅毁了自己，也毁了对方。笔者年轻时看的一部古装剧《忠勇小状元》的主题曲歌词挺好，没事你可以听听，希望你的福缘早到！

人与人的缘分真奇怪
就像狂风暴雨说来就来
爱情的迷雾总看不明白
喜怒哀乐被你猜
情海浮沉难免受伤害

上天安排不能说爱就爱
胡思乱想又何必自怨自艾
缘分说来自然就会来
人生的路很精彩
有人相伴也不坏
日子淡淡如水你不爱
加油添醋加色彩
人生茫茫像大海
只有你是最可爱
从此心甘情愿随你摇摆
就一生一世不分开

第十一章
要学会正确撰写和老师交流的邮件、信息

一、给老师发邮件要注意的一些细节

根据笔者这些年和学生交流的心得，建议本科生在给老师发邮件时注意以下细节：第一，最好采用一些辨识度高的邮箱，如学校的官方邮箱等。如果使用QQ邮箱，不建议直接用稀奇古怪的名称发过来，最好修改下标题内容和发邮件的昵称，否则很容易被接收方识别为垃圾邮件。第二，邮件要有标题，体现邮件内容的中心思想，避免接收者不了解你的意图而忽略不看或者当成垃圾邮件。第三，邮件正文要像写纸质信件一样，有尊称、有细节、有感情、有落款等，体现你对邮件的重视程度。第四，如果有附件，比如说PPT、课程作业、毕业论文稿件等，尽量要添加附件。

下面截取几封笔者与指导的一个本科生的邮件往来信息，内容反映了其参与学科竞赛、论文撰写等方面的成长变化，希望对大家写邮件有帮助。

邮件标题：听丁老师教诲的一些感想

丁老师：

您好！我是张路遥，昨天晚上听了老师的教诲，感触很深，谢谢老师！

在这里，先向老师说一声“对不起”，今天我回去检查了一下邮箱，发现发错了，邮箱地址少了一个“1”，不过，我确实发得晚了，态度不积极，下次一定注意改正。

其实在进入大学以后，像昨晚这样和老师面对面听讲是第一次，很感谢老师能这样教导我们，感觉很亲切，谢谢老师！

今后会好好学习，认真完成任务，不断进步和成长，就像老师说的“往

往改变一个人一生的就只是一瞬间”，我想，现在可能就是会改变我的那一瞬间，那一时段，以后会加油！

本来感想挺多的，但是写着写着又写不出来了，总之，谢谢老师，我会努力的！

学生：张路遥

2018 年 10 月 28 日

邮件标题：论文第二次修改

丁老师：

您好，我是张路遥，这是我修改了的论文（附件）。

老师，谢谢您，在您的指导下真的学到了很多，不只是在学习知识上，更重要的是在为人处世上。像昨晚老师和我们讲的东西，可能我们不能每一条都做到，但是真的受用，也是一种激励，可能在未来遇到挫折时，去看一看记下来的老师教导，也会多几分信心。没有人有义务去告诉我们这些，但是老师不仅真心实意教导我们，还花了这么长时间，真的很不容易，挺感动的。老师您是一位好老师，很幸运我们在大学里遇到了您这样的老师，谢谢老师。

学生：张路遥

2019 年 3 月 1 日

邮件标题：教师节快乐

尊敬的丁老师：

您好。

我是 2017 级人文地理与城乡规划专业的学生张路遥。还记得老师在最初教我们的那一年里说过：“我们的一生中会难得幸运地遇到一个或几个贵人，他们的一句话、一个小小的举动都可能会改变我们的一生。”我想我就是极其幸运的那一个，大二的我刚刚细分了专业，尚对自己的学习、发展有迷茫，但遇到了贵人——老师您。

上周上课时我们城市经济学老师说了一句话，意思大致是当你刚刚进入一个新环境时，你可能会想要改变自己的天性，有些人成功了，有些人没有成功，毕竟“本性难移”。当时我就联想到最初的自己，其实也有想过改变一下自己的性格，想要变得更加开朗，但是慢慢地又回到了那个内敛甚至不自信的自己。其实，大二的一年，因为遇到了老师您，因为老师的谆谆教导和帮助，我改变了蛮多的，而且是好的改变，真的很谢谢老师，老师您辛苦了。

这些话想说很久了，但是总是不太敢说。可能在我们几个当中，我是最不经常向老师提问的人，我也多少次想过改变，想要多和老师沟通，可是性格改变真的好难。上个月我姐姐对我说："路遥，你不要太懂事，会哭的孩子有糖吃。"因为在家里排行老三，常年性格的养成，我有时候真的不敢开口去要求什么，因为知道父母不容易，写到这里泪目了。说这些可能有些跑题了，但是真的想要和老师说一下，因为在大学里遇到老师，老师于我更大意义上，是一个离家在外对自己悉心教导和帮助的长辈，谢谢老师。

老师现在带着18级的学弟学妹们，记得老师换季的时候总是咳嗽，吃饭什么的也不规律，以前大家聊天时，总是说老师真的特别辛苦，在办公室里一钻研就是一天，中午别的老师都去吃饭休息了，老师还在为我们指导比赛，教我们知识。但是，真心希望老师在自己的节日里给自己好好放一个假，注意身体。

最后，谢谢老师这一年的教导，老师永远是学生的老师，学生永远是老师的学生，学生会继续努力，不负老师的教导。祝老师身体健康，幸福美满，工作顺利，平安喜乐。老师节日快乐。

学生：张路遥

2019年9月10日

邮件标题：谢谢老师的书

丁老师：

您好。

我是张路遥，刚刚回到宿舍就看到桌面上的书——《研究生是如何炼成的》，奇怪这是谁放在这里的，翻开书页，看到了老师留下的话，感动。

谢谢老师赠送的礼物，也由衷地佩服老师。老师在工作、科研任务那么重的情况下，还将这本书出版，老师真优秀，作为学生，不仅是要学习书里的知识，还要以老师为榜样。

当然，随之而来的还是去年大家在老师的指导下一起工作、学习和探讨的回忆，很充实的一段日子。书里的文字是老师给我们上过的课，但是更加丰富了。虽然下半年由于我自己的现实原因和老师、伙伴们交流得少了，但是也会继续努力的。

2020 年的第一封邮件，感谢老师，也祝老师新年快乐，平安幸福，工作顺利，心想事成。

学生：张路遥

2020 年 1 月 9 日

二、给老师发微信也要稍微正式些

有同学说给老师留言可以随意点，毕竟都是自己的任课老师或者导师，可以像自己的好朋友、好姐妹一样随便乱发表情、图片，给老师留言可以不用尊称，不用很正式，亲和一些就可以。其实不然，因为老师就相当于你的长辈，在理工科甚至相当于你的一个管理者或者领导者，所以你给老师发微信留言的时候应该讲究一些，如果太随便，老师就会觉得你搞科研也可能不认真，从而影响对你的整体判断。当然有同学会说，有些大学老师比自己也大不了多少岁，所以叫声“哥”“姐”没啥事，发个信息不加尊称、不加标题，老师心里说不定还感觉不错！但从笔者和学生日常交流的一些细节看，学生给老师留言特别是一些重要事情的留言，一定要在格式上规范，以体现自己应有的礼仪、态度和情感。下面截取笔者指导毕业论文的一位学生给笔者的微信留言，供大家参考！如果大家觉得太书面化、太“八股文”，那这部分就少看一些。

丁老师，晚上好，这是我的数据。傍晚工作回来的时候按早上和您沟通的情况重新改了一下数据，发现统计公报和年鉴的数据并不是很符合，所以最后决定以年鉴数据为准，有些数据需要重新查询，并增加了一些需要查询的数据。

2021 年 1 月 6 日

丁老师，您好。这个数据是目前可以查到的，专利数据的计算也已经完成，现在制图的话遇到一点问题，因为我现在手里只有当初做地科展时候的全国乡镇图数据，找不到安徽省的数据，不知道如何制作安徽省县域的图。

2021 年 1 月 14 日

丁老师，您好，我的莫兰指数图出来以后发现除了2010年，其他三个年份的指数都是负值，然后查询一下发现有人说这是空间负相关，可以这么解释吗？但是如果这样的话是不是就是没有集聚现象了？　　2021年1月27日

谢谢老师解答，我的作图步骤就是按照小妮他们的视频来的，应该不是步骤的问题，那有没有可能是数据的原因，但是数据我也检查过了，除了有些年份查不到用邻近年份代替了，其他应该没有问题。那如果还是负值是不是没办法继续分析呀？　　2021年1月27日

丁老师，您好。这是我的论文初稿，非常抱歉因为工作原因进度比较慢，原本应该年前完成的论文现在才整理好。辛苦老师了。

2021年2月24日

老师，我应该暂时是不回学校的，因为周一有一个学校的面试，所以这几天其实是在备课，所以老师您看3月2日方便吗？如果可以，我到时候和老师电话联系可以吗？　　2021年2月27日

老师，我是路遥，现在老师方便接电话吗？　　2021年3月2日

老师，您好。这是我修改的论文，辛苦老师了。　　2021年3月16日

好的，老师。我最近在合肥，然后打算教师上岗前在教师机构做个兼职，同时准备教资面试。　　2021年3月17日

好的，老师晚上6点半有时间吗？因为这边公司要到傍晚才下班。

2022年4月13日

老师，这个在知网里查询不到卷号，引用时可以不标注吗？

2022年4月18日

老师，晚上好，这是已经改了的论文。麻烦老师啦！　　2022年4月19日

老师，打扰了，这几条不是很明白怎么改？因为从知网直接导出的时候就是这样的，然后我也没搜到具体的格式，所以想和老师再确认一下。

2022 年 4 月 20 日

老师，中午好，因为我们年级辅导员说已经发了查重通知，让我们和老师联系，所以问一下老师这边，现在是不是需要进行查重了呀？然后这个需要我们登录网站自行查重吗？

2021 年 4 月 26 日

老师好，我的两次查重已经完毕了，查重率较低的是 13.04%，因为怕后期再改会越改越高，所以暂时就先定这个 13.04% 查重率的论文稿了，这样可以吗？

2021 年 4 月 30 日

老师，下午好，这是我的论文终稿和答辩 PPT。

2021 年 5 月 5 日

老师，晚上好，我是路遥，因为当时请假只请到了 10 号，所以已经定了今晚的火车回合肥那边了，所以明天可能没办法过去找老师审读了。论文的排版我重新整理了一下，简单修改了一些小错误，终稿我等下发给老师，然后今天也有打印出来交给晓凡，如果后续还要再修改我再修改。

2021 年 5 月 9 日

老师，打扰了，不好意思，这么晚才发给您最终稿。

2021 年 5 月 9 日

老师，您好！

我是路遥。从大二跟随老师学习到大四，在老师的指导下完成毕业论文，时间好快哇。

老师最初和我们上课时说的那些话，以及后来所有的谆谆教诲，学生都铭记在心，时而反复琢磨，大概心境经历变了，再去想老师曾经说过的道理都觉得感慨和感激。

很幸运在大学遇到老师，老师在很大程度上为我的大学以及毕业后的选择指明了方向，虽然大三大四时因为家里的一些原因乱了自己的心绪，也有点忘记初心，但是现在静下来想想，还是想要拼搏一把，以后还是会去考研，为自己不后悔，也为了不负家人、不负老师的教诲。

本定于今天晚上的师生谈话活动因为学生个人的原因无法到场，我其实挺遗憾和难过的，在此提前和老师说一声抱歉以及老师谢谢您，您辛苦了！

其实以前也和老师说过，我有时候不太善于表达自己的情感，心里都有，但是不爱说出来。本来想着通过电话或者回学校以后当面向老师表达感谢，但又怕笨嘴拙舌表达不清，于是在微信上打下这些话。

再次感谢老师和对无法参加今晚的谢师宴表达歉意。

祝：一帆风顺，康乐如意！

学生：张路遥

2021 年 6 月 6 日

老师，您好！

我是路遥，在这里先祝老师节日快乐呀！

本来好多话想说，昨天想了好久，但是真正打字的时候好像又不知道从何说起，大概想感谢老师的太多了吧。学业上，生活上，思想上，心理上，能力上，性格上……老师教给学生的太多了，真的很幸运成为老师的学生。

虽然已经毕业，但是老师的谆谆教诲对学生来说是终身受益，也终生难忘。

老师真的很负责，很辛苦，很优秀，很拼。在办公室里一待就一天，去研究去写作的老师、利用自己的午休时间教导我们的老师、每天工作钻研到深夜的老师……都在学生心里留下很深的印象，但是学生也记得老师有时候会不按时吃饭，天气凉了季节变化老师总是咳嗽，老师要注意休息呀。

学生一定会向老师学习，继续努力，砥砺前行，老师也要注意身体，注意休息。

祝：节日快乐，工作顺利，康乐如意！

学生：张路遥

2021 年 9 月 10 日

第十二章

老师喜欢带什么样的学生参加学科竞赛

在大学期间，学生参加学科竞赛不仅可以获得更多的专业技能、评优奖先积分或者为考上研究生后的科研锻炼奠定基础，而且会为自己保研面试提供更好的科研履历，所以很多学生会找任课老师或者不带本科生课程的研究生导师指导竞赛，以提升自己的科研素养。然而，优质的指导老师资源是稀缺的，很多学生需要用各种方法去打动优秀的老师来带自己组建团队，以确保自己在学科竞赛或者科研训练中获得一些好的表现，否则即使再努力，参加比赛的过程准备再充足，如果没有优秀指导老师作支撑的话，最后取得的名次也不一定好。那么，优秀的指导老师到底期望带什么样的学生呢？下面从笔者选择学生参与科研的几个侧重点，来谈谈老师喜欢带什么样的学生参加比赛，希望对你有所帮助。

一、没有选对指导老师，再努力也白费

大学里很多学生参加比赛取得的好名次是在指导老师的帮助指导下拿到的，不是同学们自己组好一个团队，到参赛的时候再选一个指导老师就可以的事情。究其原因，很多大学生都是科研上的“小白”，虽然有灵动的想法和科研积极性，也很吃苦，但如果对学科前沿、技术难题等没有清楚的认识，也就是一个非常初级的水平，是很难产生优质的科研成果或者获得全国赛事奖项的。如果学生随便选了一个课题，还非常固执己见地认为可行，那么指导老师是不看好的，或者说不会花费时间来指导这些学生，因为从选题到方法都是不科学的。正确参加科研训练或者参加全国学科竞赛的顺序是：首先，你用态度和实力去打动老师，加入老师的团队，让其帮助你选择到前沿的课

题；其次，如果你是队长，询问老师期待什么样的队员加入团队，而不是自己随便找了几个关系不错的同学就参赛了；再次，队长要确定出核心成员，一般两人即可，让其无论面临多大的挑战都能撑到最后，而不是指望所有的队员都倾尽全力；最后，经过指导老师的层层把关，确定入围的几个同学，正式开启比赛的道路，不辜负老师的辛苦培养。如果你是队长负责找队员，那么你不妨问问自己以下几个问题：

你选的指导老师真的很优秀吗？他以前获得过一些国家级奖项吗？

你的队员前期有学术上的积累吗？获得过一些竞赛奖项吗？

你是自己随便选择的队友吗？你考虑过专业的互补性吗？

你的队员有拼命的精神吗？还是拉过来充数的？

你真的有核心的骨干成员吗？他能为了比赛不眠不休吗？

你的导师真的为团队不吃不喝吗？每天能为你们迅速解决问题吗？

二、本科生导师选自己带的学生

虽然很多学生会找心仪的任课老师担任比赛的指导老师，但如果这些任课老师属于本科生导师制下遴选出来的老师，那么他们一般会选自己带的学生而非积极来“凑热闹”的学生，因为本科生导师就是师生双选后的最终结果，其已经对学生的学习能力、学业态度和拼搏精神等有了充分了解，所以会倾心指导自己所带的学生参加比赛，而不会考虑其他不熟悉的学生。那么问题来了，如果没有选到心仪的本科生导师，那么就有可能在比赛中得不到优秀的名次，甚至取得不了成绩，因为导师的水平决定了学生的水平，甚至决定了很多比赛的最终结果。因此本科生选导师就如同研究生选导师，一定要认真选，不要觉得随随便便选个导师混几年就行了，殊不知这样你不仅不能学到课本外的专业知识、科学素养，而且会在四年的科研竞赛、专业培养中落后于其他优秀导师培养的学生，那么你在保研评选上、考研竞争方面就处于劣势了。所以笔者建议，如果你们学校有本科生导师遴选机制，那么一定要提前谋划，早日选择适合自己的导师，从而在本科生科研竞赛、科学素养提升方面获得先机。有同学说自己是普通本科高校的，没有这些机会怎么办？这种情况下，你可以找学校带专业竞赛成绩优异的老师指导，毕竟再一般的普通院校也有优秀上进的老师，而这些老师是能带你飞速成长的。你要仔细思考以下问题：

你选导师的时候，做了充分的调研和思想准备吗？

你和导师都是十分拼命的人吗？

你的导师很佛系吗？他努力指导你撰写科研论文、参加学科比赛吗？

你有那一股为了比赛而豁出命的劲吗？

三、老师偏爱课堂中表现优异的同学

笔者在课程上讲课的时候会观察学生的表现，会感受学生回答问题的思维能力、推理能力和科研潜力，会根据作业判断学生的认真程度和可塑性，会根据期末成绩判断学生的学习态度和内在品质等。笔者有时候甚至会根据学生写字的状态，来判断学生的性格特点，以综合判断学生的能力。当然不同的老师有不同的判断方式，你如果想参与竞赛或者融入团队参与一些科研课题，那么你就要在老师心目中留下好的印象，或者说达到老师心目中的期待。因为大学老师，十有八九都是博士，所以他们更看重学生对科学问题的理解力和吃苦上进的意志力，而不是背诵能力特别强或者对课本上的内容非常熟等。也就是说，老师更看重学生对知识深度的挖掘和学生对“专”“精”方面的探索。所以本科生导师在遴选学生的时候，不完全看学生的成绩，而是凭借其对学生上课状态的评判、性格稳定度的推断，以及学习韧劲等方面的研判而确定，事实上往往选择的不是学习成绩特别靠前的学生，甚至有些可能是成绩倒数的学生，但他们搞科研的能力确实好。当然现实情况中，笔者也有凭借感觉判断而选错的人，就像研究生导师选学生选错了一样，不过不要紧，笔者会当作“渡劫”慢慢适应。

你在心仪老师课堂上表现得出色吗？

你积极回应或者课下认真思考过老师留的深入性问题吗？

你会随便应付老师布置的作业吗？

你的期末成绩让心仪的老师有印象吗？

你经常在心仪的老师课堂上表现不佳或者迟到早退吗？

四、老师偏爱积极主动争取机会的同学

每逢下课之后，很多有心的同学就会等任课老师收拾课本、道具的时候针对课上老师提出的问题、课下留的作业与老师探讨，这个时候老师会比较喜欢和这些“爱问”的学生聊一阵，会对这些学生产生不错的印象。还有些同学下课之后，直接问老师有什么项目可以参加，想锻炼下自己。这类同学有时候很执着，一次不行，两三次都会提醒老师能不能让自己参与一些项目。老师虽然心里喜欢这类学生的直接，但一般会根据学生上课的表现或者其他方面的能力来进一步判断，所以学生有时候不是单单靠主动就能实现目标的，还要结合学习成绩、吃苦精神和拼命上进状态。当然，态度上的热情、主动找老师表“忠心”是学生积极的一种表现，老师研判后最终会选择 1~2 个同学，如果选得不错，就是认真带这些同学参加科研训练或者学科竞赛了。笔者记得自己上大学的时候，无论是什么样的课都积极和老师沟通，甚至课前给老师整理投影机、打开电脑等，也算给老师留下了不错的印象，或许这也是一些老师主动带笔者参加比赛的原因。最后笔者想说一点，现在有些学生上课就是程序式的，从来没有考虑过和老师交流，上完这一节课直接去赶下一节课，连基本的礼数都没有，又何谈积极主动性呢？问问自己是否有过以下的行为：

你是否积极与心仪的老师课下沟通过？

你是否帮心仪的老师处理过小事，如擦黑板、处理上课投影突然故障等问题呢？

你是否去老师的办公室聊过一些科研设想呢？

你给心仪的老师发过深入交流的邮件吗？

你写过一些对老师科研成果的心得体会吗？

你有什么行为让老师有深刻印象吗？

第十三章

在教师节怎么用文字表达你的敬意

每年 9 月 10 日的教师节，学生们就会想着给老师送礼物，以表达内心对老师的感激、感恩之情，但老师不太会接受学生的礼物，内心诚惶诚恐，因为一旦出现什么不合适的行为，就会影响老师的声誉和未来的职业发展。中小学对老师有严格的要求，如果接受贵重物品或者接受宴请之类，一旦被查实，直接影响自己的教职。大学老师也有各项法规和国家条例管束，如果你净想着给老师送礼物，而且还出手阔绰，这是“害死”老师的节奏，所以大学老师遇到学生送贵重礼物都是拒绝的，以避免出现各种麻烦。

一、教师节不应该送礼物吗

有同学说，给老师买点东西，不在于价值的多少，而在于一份心意，为什么老师不接受呢？先解释下，如果老师收你的礼品，而且超过了一定的金额，相当于老师受贿了，那你说老师拒绝不拒绝？所以，实在需要给老师表达情意的，最多买一束花而且不是很贵的（当然有些中小学这些也不允许），之后去登门拜访，找老师说说话、表表心意就可以了。因为老师看到学生到访心里会倍感欣慰，会让往昔的记忆快速闪现，从而在内心对教师这个职业有了更强的认同感。此外，有些老师年龄大了，看到学生来了，还会觉得自己在学生心中有很高的地位或很深远的影响，那么老师的心情就开阔了很多，觉得这一辈子的奉献值了。试想，如果一个老师一辈子没有几个学生记着自己，而且学生对自己都是负面的评价，那么他心里能好过吗？如果身在外地还想表达这份师生情谊，那可以写一些文字来表达内心的感受，让自己挂念的老师感受到你内心的温度和深情，老师也会在内心多一份对你的认同和牵挂。所以笔者觉得文字内容很重要，可以是一份平信或一张贺卡，可以是一封邮件，也可以是微信上的一段文字，只要你有这份心，师生情谊会更好地传承。值得说明的是，对教师情谊的表达，不一定非得在教师节，只要你感受到了，你觉得有必要了，什么时候看望老师都是教师节。

二、有些对老师的话，真的需要表达吗

老师会在教师节收到很多短信，有些就是一句简单的“教师节快乐”，有些是带有抒情色彩的排比句或者对比句，有些是一首饱有内涵的抒情诗或感恩诗……老师看到这些文字，内心还是非常感动的，因为毕竟那么多在校的或者毕业的学生都还记着自己，从而对自己的职业又多了一份成就感。但笔者想说的是，除了对一般的老师表达敬意外，应该给影响你较大的老师多写一些文字，多打几通电话进行问候，多拜访几次，因为你这些表达能体现实实在在的情谊。以下几类老师，你需要铭刻在心，教师节一定要问候。①初高中时代对你学业有较大帮助的老师。初高中时代，能大幅提升你学习成绩的老师，一定是你的贵人，因为他不仅做好了本职工作，提升了你的学业成绩，而且帮助你实现了父母的期盼，有机会有时间要多去看望一下。值得一说的是，虽然“双减”政策使得一些辅导班的老师重新择业，但不能忘记辅导班老师对你过往的帮助，他们也算是你的贵人。②让自己开悟的老师。有些同学不理解学习的意义或者遇到一些解不开的难题，学习上不再有奋斗的精神，甚至走上了歧途，面对这种局面，有知心的老师为你指点迷津、开道护航，让你在迷途中醒悟过来，有了自我学习、自我奋斗、自我找寻人生价值的勇气和决心，是值得感谢的。③对自己有重要帮助的老师。有些同学生活上遇到难事了，家庭上遇到变故了，身体上出现重大疾病了，心理上有抑郁和自杀倾向了，如此等等，如果有老师不离不弃守在你身边，还帮助你垫付了很多钱财，提供了很多无形的帮助，让你和你的家庭脱离了困境，让你有了重获新生的机会和能力，让你在心灵上有了不一样的蜕变，那么这样的老师是你生命的贵人。④传授你真本领的师父。大学生在学业之外也会有自己的技能，比如弹钢琴、唱歌、修车、理发、做饭等，如果你获得了这些方面的真传，不必非得像相声行业

说的“三节两寿”必须表达，但也应该在教师节或者重要的日子表达感念。⑤研究生导师，也包括本科生导师制的老师。这些研究生导师，一般一年就带几个学生，可以说他们就像对待自己的儿女一般认真培养学生，不仅传授你学习所需的科研精神、学业之道、论文之法、专攻之技等，而且会解答你面临的学业困惑、成长烦恼和生活难题等，甚至还解决你未来的工作或者推荐你很好的读博机会，这些老师是真心为你考虑的老师，是真心传授你安身立命技能的老师，还是真心提升你思想境界的人。如果你有幸在大学阶段遇到了一个全方位为你着想的恩师，这个人就是直接影响你下一步成长的贵人，会对你未来的职业选择和快速成长有重要影响。人的成长，有时候就是“三分才气，六分运气，一分贵人”，而有时候这“一分贵人”就足够改变人生的发展轨迹。

三、怎么和老师发祝福短信或微信

有同学说还不知道具体给老师发什么样的内容才能契合自己的内心所想，有没有具体的模板或参考文字？如果你已经是本科生或者研究生了，还需要老师手把手地教你如何发短信或微信，那你还没有达到创新型本科生的基本素养，你还没理解只有自己才可以表达对老师的感恩。给老师发信息应该注意以下几点：①诚。发信息的时候，在脑海里回忆一下，表达一下你此时的心情。比如“此刻，我正敲打着一些书面材料，回想之前您对我的帮助，让我一直不能忘记。有些事，我会一辈子记在心里，今天是教师节，祝老师节日快乐”。这种表达就是结合当前你正做的事，抚今追昔，表达出你内心的真实感受，显得诚意十足。②长。同学们在教师节发的短信很多，故雷同的信息也较多，所以如果你发的短信千篇一律、没有特色，那老师很容易忘记。如果是重要的老师，你可以按照写作文的方式抒发心绪，表达藏在内心深处的感激。如果你真的对老师有很强的思念之情，不用任何人教，你就会把这些情愫表达成文字。③短。有同学想到和老师相处的种种画面和往日恩情，就觉得千言万语不如当面去看看老师，因此就简单的一句留言“老师，我过去看看您”，或者打一个电话就去拜访老师，用行动表达自己的感激。有时候，教师节给老师的留言不在于多寡，而在于你内心的感知和当下的行动，体现自己的真实情感就可以。④诗。由于老师都是知识分子，桃李满天下，所以作为学生或者弟子的你也可以通过写小诗来表达自己的心境，不在乎诗写得有多好，但求能表达心意。上述仅是笔者个人的一些看法，你有其他形式表达情感当然也可以，总之要有态度、有礼仪、有感情和有内心的一份敬重。

四、两篇赞颂老师的文字

老竹新翠　赤心铁骨

阳春三月，柳发新芽，花开新蕊，一派生机盎然的景象。然而，漫步校园，我却更愿意感受春雨沐浴过的校园人行道两侧，棵棵向上、葱葱郁郁，越发显得翠绿的老竹。这种“老竹新翠”“英气逼人”的状态，让人能感受到它“不服输”的精神，也让人能感受到它“赤且诚”的向上铮铮铁骨，更让人想起它对这片校园的无私奉献。睹物思人，不由得想起已退休且默默为学校贡献的老共产党人、老校长王发曾先生，因为他的微信昵称就叫“老竹”。

一片赤诚宣传党

我觉得，“老竹”的“老”虽有年龄之老的意思，但更多的是对一件认定事情的坚持，是一片赤诚之心的体现。限于各种缘由，他入团用了12年，入党又用了12年，这样一个“老”者，怎么能不坚定信念呢？作为人文—经济地理学者，他致力于将专业研究与时政所需相结合，解读和讲解了一届又一届的党的重大会议决定，体现了中原学者的担当。老竹在宣讲的幻灯片上，经常会放上党旗，甚至时不时地讲出很多故事，令人感受至深。后来在他写的一首词《旗，红（新曲·下楼梯）》里给出了答案。

旗

红

镇妖孽

荡恶风

先贤魂铸就

烈士血染成

精灵一楫南湖浪

巍伟万众中华龙

铁锤钢镰雕琢山河志

火炬金星熔锻时代铭

全球视野玉带金路龙腾网

华夏立本经天纬地复兴梦

殷殷血红浸透轩辕牢记初始心

暖暖明黄沐浴神州畅抒家国情

两肩道义兴中原

中原作为国家的“鸡心”之处，其塌陷直接影响中国整体的振兴发展，因此老竹致力于中原崛起、河南振兴研究，重点研究中原城市—区域综合发展，参加了一百多个市、县的城市规划成果评审，几乎跑遍了河南省所有的省辖市和县、县级市。早在20世纪80年代，他就出版了著作《河南城市整体的发展与布局》，阐释了中原地区的“一点三圈”发展格局；进入21世纪，他聚焦中原城市群的研究，参与河南省委省政府关于中原城市群、中原经济区战略研究，获得第二届河南省经济发展特别贡献奖、河南省社会科学优秀成果特等奖等重大奖励，为中原地区更加绚丽篇章的谱写贡献了力量；古稀之年的他，被河南省人民政府聘任为城市规划专家委员会委员，时任省长陈润儿为他颁发聘书，持续为中原地区的国土空间规划与城乡建设贡献“老骥”之力。老竹的微信个性签名就是“中原崛起是中原儿女的中原梦”，他说：“我会在有生之年为中原崛起贡献可能的微薄之力，我也坚信在我有生之年会亲眼见证中原崛起、切身体验实现中原梦的快乐和幸福，这是时代对我们这一代人的恩赐。”

三尺讲台洒真情

老竹的讲台，正如他“赤诚”“铮骨”那般，抒于心，发于诚，动之以情，让人沉浸其中。正如毕业多年的学生回忆所述，他的课堂，必须提起万分的精神，还要做好被提问的准备，由不得有半点分神，否则都对不起他讲课的那份至诚。除了讲授专业知识外，他还强调知识碰撞、学术争鸣，让学生敢于向他发起质疑和挑战！这就是老竹经常说的一句话，师生之间应做到沟通无障碍。记得有一次，我对县域尺度的定义有看法，在列举很多文章和案例的基础上和老竹进行了言辞方面的激烈碰撞，不欢而止。事后老竹没有批评，反而说平等交流才有助于客观认识学术真知，最后达成了“县域研究单元”的共同看法。还记得有一次，老竹讲到校园师生情传递时，分享了“天上一个月亮”“水中一个月亮”“画里一个月亮”“我心中还有一个月亮”的小诗，声色之中，情之所至，不禁潸然。浪漫至感怀“月旸、月殇、月光、月香”，现实至挂牵“中华、中原、古都、河大”，心胸阔达装得下煌煌明月，心绪绵软放不下姣姣校园。写到这里，不由得想到开封女诗人楚燕描述老竹的一首诗。

胸藏万壑笔走风
夷山湖石补苍穹
关公略输三分傲
秋翁忙避一寸锋
独品诗韵民间去
常访布衣惜瓦工
心血浇出五色果
桃李天下步从容

四方交流传薪火

老竹作为河南省重点学科“人文地理学”的学术带头人，在致力于中原地区的城市—区域研究外，还积极参与国内外城市地理专业的交流活动，曾担任中国地理学会城市地理专业委员会副主任、中国商业地理研究会理事、国际地理联合会（IGU）数学模型委员会委员等。退休前在学术交流的场所，总能看到老竹意气风发、敢于讨论、犀利提问的瞬间，也总能听到他恰到好处的点评、阵阵掌声的讲话。退休后在生活空间里，依然能在重要的场合看到他为学子讲授河南大学的空间轴、时间轴、人文轴，让人精神抖擞。他站在大礼堂前的空间轴，这样说道：“望北，千年铁塔，擎天一柱，锐利昂扬；

望东，明清古城墙，环城一带，厚重绵长；望西南，贡院碑，追根溯源，百年沧桑；望南，南大门，明德亲民，止于至善；望眼前，大礼堂，国家文保，华美一园！”听完之后让人奋进、斗志昂扬，更让人联想到2015年老竹在河南大学纪念抗日战争暨世界反法西斯战争胜利七十周年中指挥环境与规划学院合唱《黄水谣》的画面，人拍合一，跌宕起伏。此情此景，不得不让想到他写于党的十九大开幕当日的《我的“初心”》一文，这不正是老共产党员的精神传递吗！

“不忘初心、牢记使命”
是新时代的主题
不忘初心
才得始终
我的“初心”是什么
我在哪里“终”
作为一个老共产党员
我满怀欣喜
满怀憧憬
对事业的寄托如山一般深沉
对未来的信心似海一般充盈
共产党人
重温初心
使命在胸
肩负着民族的嘱托与希望
要实现中华民族伟大复兴的中国梦
举起新时代的伟大旗帜
在既定的道路上奋勇前行
队伍中有你有他也有我
共产党人冲在前
身后有亿万中华儿女人民大众

文字写到最后，不免让我望向窗外东北一隅的竹林，虽然在春天里随风摇曳，但它的根是那样的坚定，竹竿是那样的笔直，就如老竹形容自己的诗一样。

我这竿老竹
还有一点点暂时不会消退的青春的稚纯
仍然喜欢
在春风里戏耍
在春雨中狂奔
还有一丝丝永远不敢消退的翠竹的精神
依然热衷于
在春绪的驱使下聊发一次少年狂
在春意的诱引下当一回鲜嫩的笋

“五色”生活，光彩依旧

——记离退休老干部之王发曾教授

提起王发曾教授，有人就能想到说话幽默、演讲激昂的“王一嘴”，也有人会想到敢说敢言、有理有据的学界翘楚“王一鸣”，还有人会想到写诗撰文、舞笔弄墨的“王一笔”，更有人会想到放声歌唱、纵情娱乐的“王一乐”……当然，很多师生、学友、晚辈更愿意叫他“王校长”，因为他在担任河南大学副校长期间做了很多实事，着实感动了很多人。然而，根据我对王老师退休后日子的见闻，更愿意用“五色”生活来形容他，因为这更具“标签”，也更凸显他的“人设”特征，同时也能反映他退休后从从容容的生活、多姿多彩的人格魅力，更能反映退休老干部的上进品格。颜色的分类很多，最简单就是红、黄、蓝，其具有科学的“三色”划分，也能组合变化为更多精细化的颜色，例如城市规划制图中“131”色的“蓝”代表河湖。然而，我还是更喜欢中国传统的五色体系分类，即青、白、红、黑、黄，分别代表着“东、西、南、北、中”五个方向，也对应着“木、金、火、水、土”五行。其中“五色”的中国传统哲学意义和中医、堪舆之解，我在这里不想解释过多，只用这几种颜色来形容退休后王老师的“五色”生活，进而来表达他的人生态度和默默贡献。

青——老竹新翠，英气逼人

青，代表着王老师的一份锐气、朝气，让人感受到他不服输的精神。说起这个青色，不得不让我想到学院东北一隅那片棵棵向上、郁郁葱葱的竹林，也容易让我想到王老师挺拔的身姿、锐气向上的精神状态，因为他的微信昵称就叫“老竹”。说起他的昵称，很多人不解，不经意间我在他的自传中找到了答案：虽然听着跟个老农民似的，但蕴含了“未曾出土先有节，直到凌云仍虚心”的理念。后来“书香开封”有个创作欲望极强的高产诗人兼摄影家杨伏虎，写了一首《致老竹》的诗，其中有一句这样的话“你自称老竹，我的眼前却是劲枝翠叶飒飒青春；你喜欢竹子的高风亮节，我喜欢你每天早上的枝戏晓风轻扫红尘”，我觉得很契合他的内涵。然而，回想起王老师退休后依然参与各种会议、出席重要活动、提笔抒写各种感受的画面，我更容易想到他“老竹新翠、英气逼人”的状态，也让人想到他对这片校园的无私奉献。我觉得，还是用王老师写自己的那首诗，更能表达他退休后的“青”。

《我和春》之老竹

春虽永恒但年年都是一岁
而我已感受了七十个春
我这竿老竹
早已
没有了青翠
不见了飘逸
远离了挺拔
消弭了神韵
只是那曾经的纷乱和荒芜
还没有塞满
那原本虚空的竹心

我这竿老竹
还有一点点暂时不会消退的青春的稚纯
仍然喜欢

在春风里戏耍

在春雨中狂奔

还有一丝丝永远不敢消退的翠竹的精神

依然热衷于

在春绪的驱使下聊发一次少年狂

在春意的诱引下当一回鲜嫩的笋

白——素心向暖，浅笑安然

白，代表着王老师的一份素心、至纯，让人感受到他白莲般的高雅和高山仰止的精神。看到“白”字，让人想到皎洁的月光、莲花般的素雅，也似乎让我听到了《听妈妈讲那过去的事情》的前几句歌词，只不过我想改改词：“月亮在白莲花般的云朵里穿行，晚风吹来一阵阵快乐的歌声，我们坐在高高的谷堆旁边，听王老师讲那过去的事情。”这是因为，王老师的课堂让人感受到他如白莲般素心的至诚。退休后的王老师，依然在重要的会议上讲授中原经济区、郑州大都市建设、开封大运河文化带建设等，让我们看到了他不变的家国情怀，也让我们看到了中原学者的学术情结和实践贡献。他的《五个月亮》，浪漫感怀之“月旸、月殇、月光、月香”，现实挂牵着“中华、中原、古都、河大”，怎能不让人感动？因此，在重要场合听到王老师的讲话，总会让我们波澜不惊的那个“自我”肃然起敬，素心向暖，满满的情愫。此外，我们经常能在会议中看到王老师不失幽默的表达和微微的笑容，让我们感慨这样一位老者的至纯、安然。此刻，我想用王老师《五个月亮》之“心中的月亮”来表达他退休后的“白”。

《五个月亮》之心中的月亮

心中的月亮

是美丽的承载

像吴刚手上的玉盘

托起我美丽的梦想

玉盘中

盛满了对故土汴梁诉不尽的眷恋

盛满了八朝古都曾经的几多辉煌

盛满了母校河南大学的恢宏愿景

红——赤心铁骨，老骥伏枥

红，代表着王老师的一份赤诚、传承，让人感受到他红旗般的正气。限于各种缘由，他入团用了12年，入党又用了12年，这样一个“老”者，怎能不执着？作为一名老共产党员，经常受邀参与各种政策解读的会议，为党重大决定的宣传作出了重要的贡献。我发现，他在会议汇报的PPT上，经常放上一面党旗，还时不时地讲出很多故事。我在他写的一首词《旗，红（新曲·下楼梯）》中找到了答案，真可谓赤心铁骨、云梦萦绕。古稀之年的他继续被聘为河南省城市规划委员会委员，持续为中原地区的城乡建设贡献自己的“老骥”之力。哪来的劲？后来，我从他的微信签名中找到了答案。他说：“中原崛起是中原儿女的中原梦！”我想用退休后王老师写的诸多《旗》中的一首“天安门的旗”来表达他退休后的“红”。

天安门的旗（新宋词）

华灯初展，暮袭长安，城楼璀璨。东国博，西会堂，一碑巍然正南。问华表，我旗鲜红依然？岁月轮回，五年一番，旗下群英会，编制世纪美篇。树里程碑，一本蓝图，两个百年。旌旗猎，国脉传，十亿华夏心尖一点红，染透千万里江山。天安，国安，人安。晨曦微现，云逸长安，城楼恬淡。国博威，会堂美，一碑英雄泪沾。依华表，我旗飘扬云端。

黄——菊城新韵，声声入耳

黄，代表着王老师的一份贵气、豪气，让人感受到他无尽的感染力。作为学术界的一方大家，王老师主攻的方向是理科，因此语言的表达很严谨、很理性。然而作为当年高考的文科状元，王老师对诗词别有一番爱好，也喜欢没事赋诗几句，以传达出“歌咏言，诗言志”的人生感悟。由于早期王老师写诗赋词纯属爱好，不想完全恪守古诗的平仄和音律，因此自由诗或现代诗就成了王老师退休后的最爱，并且逐渐按照新声韵的方式来表达，以达到基本的诗歌要求。退休之后的他，充分发挥自己的语言优势，采用自由体裁的新声韵，以期用最少的文字表达最宽、最深的含义。在逐渐感受到诗歌魅力后，退休后的王老师继续学习了五言、七言四行、八行的“古风”，逐渐达到了平仄的基本要求，还时不时地在我们的师生微信群分享自己的新作和感悟，让人佩服不已。此外，他还写了一首汴味十足的快板书《八一登铁塔》，洋洋洒洒千余字，表达了我党“从红军到解放军，从无到有，从大到强”浴血变化的百年历程，让人听后震撼。由于王老师爱好歌唱、演讲，因此很多创作的诗词、作品他都豪情地表达过，真可谓声声入耳！下面，就用王老师写的《旗》中的一首来表达他退休后的“黄”。

点绛唇·长征路上的旗

大纛直驱

剑锋怒指逐宵小

雾迷风燥

足底罡钉铆

半纪年轮

花甲天经老

长亭道

马嘶人笑

旗正红缥缈

黑——纵墨山水，言志传情

黑，代表着王老师的一份执着、稳重，让人感受到他山水般的传承力量。说起写毛笔字，王老师随手就来，早期就有很多作品，独具风韵。然而纵墨山水画，还得从退休后的老年生活说起。2017年鸡年，“开高老三届同学群”庆春节，群主号召大家出节目。老竹抹了几只张牙舞爪的大公鸡，竟莫名其妙获得称赞，学友老董还戏曰“黄胄的驴齐白石的虾，老竹的鸡徐悲鸿的马”。或许是学友的鼓励，或许是自身内心的热爱，王老师在大家的“鼓捣”之下画过狗、猪等动物，后来将他的这份执着逐渐转变为山水画创作，一直坚持到现在。据说，王老师是受了学生的建议，说画山水可以挂在客厅，显得有品位。我以为不然，觉得王老师画山水是受他从事的人文地理专业影响，因为该专业强调“天人合一”“人地和谐”的地理哲学观和辩证思维，可以通过山水的形象符号表达，进而阐释千百年来华夏文化的地理神韵和绚丽篇章，以从笔墨中传递出中原地区迈向新征程的内心表达。有同学说：“我们看重的不是老师的字画有多高的艺术价值，也不是挂在身后寻所谓的‘靠山’。累了烦了，扭回头看看老师一笔一笔用生命和心血凝出的作品，我们会获得无形的巨大力量。”这话我爱听，我觉得王老师听着更舒心！最后，就用王老师写的《我写书画》来表达他退休后的“黑”。

我写书画（新声韵）

大美书城有隐家

丹青络韵染无瑕

毛锥在手涂春秋

淡墨粗宣自沐华

不知不觉间写这么多，可能有点啰唆。有人说，你能不能用一个字来形容王老师，而且最好能说出他的本质特点。我说行呀，那这个字可能是地道的河南话“中”，因为王老师让我们感受到勤恳、踏实、上进、好学等品质，还让我们看到了他爱“中华”“中原”的砥砺奋斗，也让我不止一次地体会到他身上隐含的“明德，新民，止于至善”的中原名校精神！

第十四章

你适合担任学生干部吗

在大学里面，一个重要的群体就是学生干部，因为学生日常的各种事务都会交由学生干部处理，也会根据学生干部发送的信息来进行各项安排，包括开会、作业、集体活动等。有同学就说，在大学里面当个学生干部吧，不仅能有很多好处，还能管着别人，不干白不干！有同学说，在高中的时候就感觉干部获得了很多奖励，自己也喜欢管大家的一些杂事，去竞选个干部试试。有同学说，当干部天天管着一堆事，还需要天天与辅导员、任课老师打交道，自己的学习还搞不好，谁愿意干谁干！总之，大家当干部的目的不同，有些是自己愿意干且具备这方面的能力，而有些就是为了能获取点奖励和荣誉，还有些就是纯粹的机会主义和利己主义，那么担任学生干部，你我都适合吗？本章就围绕这个问题展开说明几点。

一、干部的职责与能力

首先说明一点，大学生担任干部是为同学们服务的、解决实际问题的和反映同学们诉求的，而不是将其作为一种权力的象征，对同学们颐指气使。如果你还存在这样的想法，就有违担任干部的初衷，也不会全心全意地为同学们服务。一般而言，干部可以分为三类，校学生会干部、院学生会干部和班级干部。校学生会的干部，要求其从学校层面协助有关部门进行工作，一般隶属于学校成立的专门组织。有些学校层面的学生会，就是统筹协调学生处、教务处工作，没有实质层面的具体工作，因此工作强度不是很大。如果大学生在高中阶段有当干部的经历，而且愿意花些时间从事类似的行政日常工作，可以参与，因为这样可以与校级领导有一些交流，体验不一样的生活。

当然，有些校学生会干部是从院学生会中挑选出来的，如果没有担任过院级的学生会主席、副主席以及各部委员的，不建议参加校级的学生会工作。

院学生会和校学生会类似，包括主席团、秘书处（或者办公室主任）、学习部（或者为学术部）、组织部、文艺部、体育部、外联部、宣传部、女生部、卫生部、纪检部等。有同学高中的时候就加入过，很清楚这些干部的职责，根据这些学部的名称也可以知道具体负责什么。如果你学习特别好，之前有担任过学习委员，可以竞选相关的学习管理岗位，不仅可以发挥自己学习标兵的示范作用，而且可以进一步提升自己的学习能力和管理能力。如果你是体育健将或某项体育运动的爱好者，喜欢和大家在一起进行体育活动，而且喜欢张罗着大家比赛，可以竞选相关的体育岗位，进一步发挥自己的体育特长。其他的部门就不一一展开了，但是学生会的主席团、秘书处或者类似于办公室、团委副书记的职位事情特别多，如果你的学习不够好且需要大量时间提升学业成绩的话，不建议在上述岗位任职。总之，在保证学习的前提下，之前有过学生会的经历且善于管理和交际，也善于与老师打交道的学生，可以参加。如果你不擅长担任某一学部职务，学习绩点也很低，只是为了那一点点干部光环，那么参与这些得不到太多的社会锻炼且会影响学习，是得不偿失的。

班级的学生干部直接面向一线的学生，包括班长、团支书、学习委员、宣传委员、组织委员等，除了传达学院管理部门老师的各项要求、规定、事宜外，还需要和院学生会的各个对应部门对接，工作也不算清闲。如果你觉得自己可以胜任管理班级日常事务的工作，也想为班级服务，那么你可以参与班级里干部的竞选，因为这类干部整体而言并不会像院学生会主席、团委副书记等人员那样忙碌，也能拉近你与班级同学的距离。值得一说的是，班干部里面和任课老师对接比较多的是班长和学习委员，因为涉及点名、交作业、做实验、安排期末考试等事宜，所以如果你觉得麻烦的话，可以竞选其他岗位。

二、你的初衷与能力

如果你毕业后就是想考公考编，那你不仅需要加入中国共产党，还需要增加干部履历，因为很多考公考编方面的面试或者初次筛选对有干部履历的学生会有青睐，有些选调生考试明确要求有担任学生干部的经历，那么竞选学生干部就成了不二选择。如果你担任干部是为了多获点积分，本来无可厚非，但如果你的学业成绩非常差，同学们会对你指指点点，说你就是“混”的，那么你心里会感觉非常不舒服。如果你就是为了考研，那就认真地准备考研初试的四门课，多参加一些竞赛，奔着考研的方向去，大可不必在担任干部的事情上纠结，因为这样的工作会挤占太多的学习时间，反而影响了考研学习效率。如果你毕业后就是为了找份对口的工作或者自主创业，那么就好好地锻炼自己的技能，多出去实习几次长点真本事，不用在担任干部方面浪费太多的时间。如果你本身的性格就内向，甚至有社交恐惧症，那就不要“硬着”头皮去充“这个干部”，否则很多事情处理不好，反而让你更加厌恶与人交流。总之，担任干部与否，要根据你的就业目的、过往经历、性格特点等，不要冲动，否则最后弄得自己遍体鳞伤、身心俱疲，也没有达到预期的目的。

三、这是我想要的吗

在一些大学生的评优奖先中，涉及学习成绩、平常表现、民主测评等，由于班干部的平常表现较为突出，因而获得民主测评的支持度或者辅导员的信任度会高一些，在同样学习成绩的同学中会获得一些优势。然而，有些学习成绩优异但没有担任干部的同学，如果没有获得相应的奖励，可能会对班干部产生不满，甚至产生抱怨心理。如果这些同学属于抑郁质或者黏液质性格，会产生一些过激的行为，对班干部发泄不满、打小报告甚至举报。从理论上讲，班干部做了很多班级管理工作，在时间上、精力上为学院分担了很多工作，他们获得属于自己的奖励，无可厚非！但有些班干部靠着自己与老师走得近，不好好学习，对班级事务管理得很差，但最终获了奖，这种情况就值得其反思，到底是自己的问题还是反馈者的问题。

笔者在大学期间学习成绩不错，自认为属于品学兼优的学生，所以总觉得年终获得奖励是情理之中。此外，笔者也担任了班级里的干部，但都是宣传委员之类的班级“小官”，负责协调班级里的一些小事务，没有很直接和院里主要领导对接过。有一次评选的时候，明明自己成绩很靠前，但在民主测评和老师推荐环节中均失利，最终奖励给了学生会主席和团委负责人。当时笔者就非常气愤，跑到无人的角落，委屈地流下了眼泪，感觉自己很无助，内心里无数次抱怨为什么不是自己。笔者有个习惯就是喜欢反思，可能还是自己在学院的贡献不够大，就找老师聊了聊，表达了想要参加年级的班干部竞选。后来竞选成功了，也获得了一些奖励，此时心里对年级干部的印象也好了很多，因为他们为学院真的付出了太多的时间，而不像有些同学认为的学生会干部就是混，没有多少本事还耀武扬威！所以多年后想想，笔者委屈掉下来的泪水不值得，因为当时不了解情况，也没有理解当干部的心酸。当然，担任干部的时候会处理很多问题，也会产生很多矛盾，会出现“这是我想要的吗，我有错吗”的灵魂之问，笔者在这里只想告诉大家守规矩、无愧于心，全心全意为大家服务就可以了。

四、你能理顺学习、工作、社交三者的关系吗

在大学期间，学习是最重要的事，也是支撑未来安身立命技能的基础，因此学习是大学生的核心任务，不要一味地为了获得一些奖学金或者荣誉让自己成为一个精致的利己主义者。如果一个学生把自己的所有心思都花费在了“官”上面，一味地背着自己的“官位”跑来跑去，那么就失去了学习的价值与意义，也失去了大学里本该保持的一份纯真。北京一所高校的大学教授，在招收保研学生复试的时候说道，如果看到学生担任过重要的班干部，就一概不要，因为很多普通高校的学生学习水平一般但功利性强，提出的各种诉求多且培养起来很困难，所以不愿意接收这些学生攻读硕士研究生。虽然这是这位教授的片面之词，但反映了研究生导师对学生科研素质的要求，而不是让其融入日常的琐事之中和干部管理实务之中，从而产生了投机的、不纯粹的学术追求。此外，大学里面很多干部面临着社交性工作，如去向老师汇报班级状态、开班级干部会、筹备重大的集体会议、和任课老师进行交流等，需要与人打交道且传递各类会议精神。如果这些学生干部在处理某些社交性事务时受到了某种心理上的伤害，也会产生这样或那样的情绪，从而影响了平常的学习状态和工作热情。如果你是那种学习型选手且内心对一些

事情极度敏感，抗压能力不强，那请你把重心放在自身的学习上，否则你会身陷工作不顺心、学习没动力、与人交流有压力的多维旋涡之中。

五、你能协调辅导员、教师、学生的关系吗

说到这个问题，很多同学很苦恼，因为涉及自己的综合能力，很难每个环节都处理得十分妥当。说到工作重心更倾向于工作、学习还是自身追求的问题，很多同学在日常交流中会出现偏差，因而感觉自己既没有和辅导员搞好关系，也没有得到任课老师或者本科生导师的认可，还惹得同学们对自己极为不满。我们知道，大学里辅导员对事务性的安排具有一定的主导权或话语权，因而很多同学在大学期间就是为辅导员忙前忙后，忘记了自己最终的职业发展需求，忘记了与同学们交流最基本的真诚和友好。诚然，绝大多数的高校辅导员都是非常热心的，一心为学生着想，让自己处理的各项事务和评选尽量公正。然而，有些辅导员却是身兼数职且琐事缠身，再加上对这份工作缺少爱心，将其一部分权力给了学生干部，那么学生干部就可能凭借这点“权力”进行一些不公正的操作，虽然满足了一些“得权”学生干部的诉求，但却惹得同学们抱怨不已。有些同学在担任干部的过程中，发现自己越来越偏离学业这个核心任务，深深地陷入了各种人情世故之中。很多同学大学毕业后考上研究生，就会对自己说，以后再也不担任学生干部了，因为这不仅让自己偏离了追求学术的青春之梦，而且让自己陷入一些事务性的矛盾和深深的焦虑之中。最后笔者还是要提醒，学习是学习，科研是科研，人情是人情，管理是管理，如果将四者交织了，你就会陷入既对不起自身良知，也对不起导师教诲，还处于被同学们看不起的人格分裂之中，让自己处于各种折磨之中。青春是在热血拼搏和静修苦熬中支撑着成长起来的，因此希望你在大学里不仅要有刚烈的性格、侠骨般的仗义，还要有坚守自己内心准则、忍常人难忍之心胸，去追寻自己青春许下的诺言，拼出一份属于自己的精彩。

第十五章

你需要参加社团活动吗

大学社团就是具有共同爱好、共同特征、共同宗旨的同学集聚到一起形成的集体组织，且多半是在交往中受益的非营利组织。大学社团不同于社会团队，管理方式、活动方式都相对松散，且入团的门槛很低，因此只要是有共同爱好或者共同技能的同学们，通过一定的方式召集在一起，在学校团委备过案就可以形成并组织社团。一般而言，大学里面的社团可以分为学校层面组织的社团、学术类社团、文体类社团、志愿服务类社团和专业性社团。有些同学说，来到大学就需要多参加几个社团，身心能得到极大的放松，所以有些大一新生一下子就加入了一堆社团。有些毕业的学长会抱怨，社团有啥可加入的，加入一个两个就可以，现在想想真不如好好学习考上个研究生或者找个好工作管用，建议大一新生少参加社团吧。一边是新生积极加入社团，一边是老生劝诫新生要少加入社团，那么大学生该如何选择？本章就谈谈哪些社团可以加入，加入了有什么意义。

一、鼓励参与学校层面的社团

根据学校职能部门的构成，很多高校都会成立一些由校团委或者行政归口单位直接管理或者直属的组织，包括青年志愿者协会、报社、广播站、电视台、艺术团、国旗队、礼仪队等。其中青年志愿者协会是由志愿从事社会公益事业的广大青年组成的全校性的志愿服务组织，一般每个学校都会成立，能带着协会成员从事很多社会公益性活动。如河南大学青年志愿者协会的宗旨就是“让爱心永驻校园，用真情奉献社会”，遵循“奉献、友爱、互助、进步”的志愿者精神，坚持“立足校园、面向社会”的原则，具体负责全校志愿服务工作。其他的一些社团组织也具有一定的挑战性，需要同学们日常参与一些培训活动，如果你有特长，有新闻广播、采编、礼仪、国旗护卫等方面的经历，可以参与相应的社团，为学校的集体形象提升贡献自己的力量。

二、可以加入一个学术性质的社团

所谓学术性质的社团，就是带领同学们进行科研训练、建模学习、编程设计或者专业性论文写作，让大家在交流的过程中切实提升学术素养和专业竞赛技能。从学生未来的成长空间和考研积累看，加入这样的社团无疑可以点燃学生的科研热情，激发学生的学习兴趣，再加上专业老师的点拨和授课，可以让学生了解学术和科研方面的前沿动态，从而学到一些实实在在的科研技能。学术类社团又可以分为三类：一类是科技创新类，鼓励学生进行创新创业实习或者实验，有利于学生申报大学生创新创业训练计划项目，有利于学生参加“互联网 +”创新创业大赛等。另一类是建模和算法类，主要是培养学生的建模能力、统计分析能力和计算机算法改进能力，侧重于动手能力的培训，有利于学生运算能力的提升。还有一类是专业性学术提升社团，不仅包括学校统一层面公益性的大学生学术研究社团，还包括各个学院成立的学习型社团，如文学社、史学社、化学社、法学社、地学社等。上述社团都是以提升大学生实操性技能或者建立统一的学术类共同体为出发点的，如果想要切实提升自己的学业技能，不妨参与一个，因为从长远角度看这是有益于提升专业性学术技能的。如果你只能选择一个这样的团体的话，那么建议选择与所在学院有密切关系的学术类团体，毕竟这样和专业的相关度高，可以为以后的考研做准备。

三、可以参加一两个文体类社团

大学里面的文体类社团是最常见的社团类型，不仅包括篮球、足球、网球、乒乓球、羽毛球、台球等球类社团，而且包括登山、骑行、滑雪、武术、射箭等具有地域特色的运动社团。总之，运动会或者是竞技体育涉及的各类活动团体，包括各类棋艺团体，都会有志同道合的大学生主动参与。文艺社团也非常多，最常见的有话剧、戏曲、相声、乐队、表演、大鼓等，很吸引有此爱好的学生加入其中去“闹”或“嗨”。只要你有这方面的一技之长或者有这方面的爱好，都可以参加这类文艺社团，一方面可以释放自己的天性，缓解紧张的学习生活；另一方面可以多学一个才艺，在未来的职场中找到属于自己的放松方式。值得说明的是，如果你学习不是特别优异的话，建议投入这类活动的时间少一些，以避免自己沉溺其中而荒废了学业，如果你忍受得住不参与文体类活动的学习之苦，一心为学习成绩提升努力或者准备考研，不参加也可以，因为这些真的不能为你解决太多学习上的烦恼和苦楚。

四、可以参加一个志愿服务类社团

志愿服务类社团，除了学校统一层面的青年志愿者协会之外，一些有社会责任心的大学生还会发起公益性的社团让大家助力社会进步，这多数属于泛志愿服务型的，如“三农”社团、乡村振兴社团、敬老爱幼社团、手语社团、支教社团等，以帮扶某类人群或者以项目的形式支持公益活动，为社会切切实实作一些贡献。希望你有时间静下心来帮助一些社会上急需帮扶的人，哪怕是参加一两次集体活动也可以，因为这些志愿活动切实能为他们带来一些关爱，让他们感受到人性的温暖。当今社会，大家都处于一个忙碌的状态，甚至抽不出时间来照顾自己的身体，高压下就会有人产生心态失衡，不堪忍受人世间纷纷扰扰带来的各类问题、矛盾。如果在他们最需要帮助的时候能给予关怀，使他们的内心得到温暖，使他们感受到人世间的真情，也是很有价值的。因此，可以加入这类社团去帮扶一些有需要的人，人世间就处处充满温情了。

五、可以加入学院的专业性社团

每个学院都有自己学生组建的社团，一方面可以为所在学院的学生提供一些课外学习的机会，另一方面可以作为学院的一个品牌对外推荐，能有效提高学院在学校乃至全社会的影响力。能在学院的社团中贡献自己的力量，推广学院的品牌文化，是有利于增强学生的内在认同感的，也有利于学院集体凝聚力的提升。例如笔者所在的河南大学地理与环境学院成立了一个北辰天文社团，就是为观察太空的星球、星云以及重要的天文现象而成立的组织，不仅能让你学到课本上的地球概论知识，而且可以让你通过太空望远镜观察一些重要的天文现象，所以是一个知行合一的团体，参与这些活动后你在专业学习上的高度也会上一个台阶。即使你对天文一无所知，在这里也能培养起观察天文现象的兴趣，也能让你看到“行星连珠”“流星雨”“日全食”“月偏食”等浪漫的天文现象。正如社团的活动宗旨所述，组织进行天文观测，你能看到月球上的环形山和海，太阳黑子以及各种美丽的星星和星云；你能欣赏到特殊天象如流星雨；你能学习操作天文望远镜，亲自操作天文望远镜指向浩瀚的星空；你能进行天文摄影，用天文望远镜拍摄神秘遥远的深空天体，也可以拍摄漂亮的星轨。这个社团还有好多精彩的活动，如果你是河南大学的学子，看到了这里的话，可以考虑加入！

六、不要因为不纯正的目的加入社团

有同学说加入了社团，可以有机会参与自己组织的比赛或者弄个“一官半职”，以后说出去有面子或者能带来好处。有同学说加入社团好像在综合测评的时候能加积分，那混混积分反正也损失不了什么。笔者想说，如果你带着很多功利性的目的去参加社团，一方面会使自己处于应付状态，不仅没有学到什么真本事，而且天天在社团的各项活动中折腾，反而疲惫了身心。如果你就是为了加入而加入，不是为了兴趣，也不是为了学习，更不是为了和志同道合的人在一起，那么你付出了这么多时间、心血和汗水是很不值的，因为你体会不到这个社团给你带来的快乐和温暖。所以很多过来人都说，大学里加入一两个社团体验体验可以，不要把它当成“镀金”的手段，因此抱着功利性目的的同学，疲于应付事情且精神状态不佳，对自己的专业能力、社会实践能力、团结协作能力、自律调节能力等的提升不会有任何帮助。值得一说的是，如果你在社团里面积极认真工作了，遇到了知心投意的人，说不定会有一段浪漫的姻缘等着你。在大学参加社团的目的就是能提高自己的技能，希望你不要盲从，不要竹篮子打水一场空！

第十六章

谈恋爱的事你悠着点

很多高中班主任、老师告诫自己所带班级的学生，高中谈恋爱会影响高考，进而影响一生的命运和职业，所以在他们的教诲下，很多同学在高中的时候拼命学习，扑灭了一切谈恋爱的火苗。这些老师还会对高中生说，以后考上了理想的大学，想怎么谈就怎么谈，没有人管得住你们了。很多高中生就信了，到大学里就把谈恋爱当成了一门必修课，好像不找个女朋友或者男朋友就对不起大学四年的生活，所以一上了大学就琢磨着怎么谈一场轰轰烈烈的恋爱。其实，恋爱哪有那么简单，如前文《忠勇小状元》的歌词一样，爱情不是你说爱就爱，误入情海自取其乱呀！结合笔者自己大学时代误入的一些迷途，给大家谈一些见解，虽不如爱情导师那般有用，但希望对大学生建立科学的爱情观、婚姻观有帮助。

一、哪个少男不钟情，哪个少女不怀春

大学生入校时已经十七八岁，毕业已经二十二岁左右，正处于荷尔蒙促使下的躁动青春期，情窦已开且有自己心仪对象的朦胧模样，所以也该进入谈恋爱的阶段了。“哪个少男不钟情，哪个少女不怀春”就是对青春期大学生的真实写照。有些同学，远离家乡缺乏安全感，需要找一个可靠的伙伴依赖，因此也进一步催开了自由恋爱的心房。总之，大学里谈恋爱是非常正常的一件事，只要遇到合适的人，而且能真正地喜欢、包容和体谅对方，该怎么谈就怎么谈，毕竟爱情说来就来，有时候谁也挡不住。有老师说大学一、二年级最好不要谈，因为初来乍到，心绪太躁动且看人不准，容易看不清花言巧语、讨人欢心的手段和虚伪的表现，从而陷入一场可有可无的恋爱，还丧失

了自己纯净的心。三年级一切都稳定了，彼此有了充分的了解，认清对方能力、实力的双眼已经打开，也逐渐为未来两人的职业选择打下基础，谈恋爱是最合适的时间。还有老师说，最好找一个心中的他或者她一起考研，考研复习的坚持会使爱情的力量更强，从而让两个人的心紧紧地守候在一起。大学成长的路上如果能遇到心灵上的伴侣，真的适合还不影响学习，任何时候任何年级都可以谈，不必非得受限于哪个年级，但不可否认的是年级高一些会成熟一点。有同学说谈一次恋爱就想遇到一个心中期待的他 / 她，那肯定是不现实的，要多试几次或者多交往几个朋友才能遇到心中的挚爱。这种想法也是不成熟的表现，有时候你可能在多次的恋爱中找到心仪的对象，让你一生幸福，但也有可能遇到人品极“次”的渣男或心机女，正如有些人所述，学历有时候能过滤学渣，但过滤不了人渣。笔者认为大学里大学生可以认真地谈一场恋爱，但不要不计成本、不顾学习压力、不考虑身心伤害盲目地投入虚无的恋爱。讲一个据说是柏拉图问起老师苏格拉底“什么是爱情”的故事，大家听听是不是这么一回事。

柏拉图问老师苏格拉底什么是爱情？苏格拉底就让他到金灿灿的麦田里找一棵全麦田里最大的麦穗拿过来，从东头走到西头，路上只能摘一次麦穗，要求其只可以向前走，不能回头找自己已经遇到过的麦穗。

柏拉图于是按照苏格拉底的话去行动了，结果他两手空空走出了西头的麦田，老师问他为什么没摘出最大的麦穗。他说：“因为只能摘一次，又不能走回头路，其间即使见到最大的金黄麦穗，因为不知前面是否有更好的，所以没有摘，走到快到尽头之时，又发觉所见不及之前见到的好。最后悟到最大最金黄的麦穗早已错过了，于是我什么也没摘。”老师说：“这就是爱情了。”

所以，爱情里面永远不存在最好的，只存在合适的，如果一味地挑来挑去，那么可能一无所获。如果在过程中遇到觉得不错的“麦穗”而且很投缘，千里姻缘一线牵，你们会幸福地走完后半生。

二、为什么她那么迷人，是不是缘分，要不要追求

有同学说自己遇到了心仪的对象，一眼就认定他 / 她是一生一世相伴的

人，可谓“一眼万年”“确认过眼神，遇到了对的人”，从此陷入对对方无限的迷恋之中。有同学说，虽然自己喜欢的那个同学对自己没有好感，但就是喜欢并且对其朝思暮想，处于单相思或者一厢情愿的状态，认为自己一定要找到合适的时间去表达，不管结果如何。有同学说，每次去自习室都会邂逅一个女孩，她举手投足之间、一笑一颦的变化、头发轻轻一甩或者不经意的一个动作，都觉得是在传递爱意，是不是应该找她要个微信或者聊会儿天，毕竟缘分说来就来。美妙眼神交流的缘分虽有，但概率都不是很高，所以请同学们不要过于相信爱情剧里面的经典桥段，不要总觉得什么好事都落在自己的头上，其实很多时候就是别人随意地看了你一眼而已。如果你真的向迷恋的不熟悉的女孩冲动表白，往往她会说你是个神经病，因为大学期间你邂逅的那个她，不同于懵懂期的黄毛丫头，已不是仅仅相信感觉的小姑娘，她不会因为你疯狂的追求就突然改变了自己的选择，她也有自己的恋爱标准或交往的男朋友。现实中，如果真的想要和心仪的姑娘进一步交往，可以先找个机会找熟悉的同学问问基本情况，先做个普通朋友聊聊天再说未来有没有交往的可能性，不要盲目地胡乱追一通，因为这样的鲁莽行为不仅起不到任何实质性效果，反而会让你错失很多可能的机会。建议你在追求别人之前，先问自己以下几个问题：

你和她熟悉吗？你确定她认识你吗？你们真的有交集吗？

你的感觉是她的感觉吗？可能都是错觉！

你足够优秀吗？你是喜欢那醉人的画面还是你真的了解她的性格？

她是假人吗？不要假想着各种事情能朝着你期待的方向转化。

三、爱与不爱它都在哪里，不要为了谈而谈

这条是针对女孩子说的，不要觉得自己身边的好姐妹都谈了，自己没有谈就很丢人，觉得能力不行，甚至缺乏女人味或者女孩的魅力。每个人缘分的阶段性不一样，所以不要为了“比”“拼”“证明自己”而陷入一段不该属于自己的恋爱之中，随便选低质量的对象交往，往往会产生很多方面的不匹配，甚至伤害了原本单纯向往的心。从笔者的视角看，大学里面的恋爱看起来美好但缺乏物质上、金钱上和家庭上的支持，最终走向婚姻的成功率不高

（据说不超过 10%），因此大学里面的很多恋爱是乌托邦式的，是建立在理想的信任和无条件的爱的基础上，而毕业前或者结婚前一旦两人谈及的话题触及未来的工作、家庭双方的身份、社会地位的认同等，很多时候没有走到毕业就分手了，因为这时双方才发现现实需要考虑更多的物质性需求，甚至家庭双方的利益交换。有时候门当户对、三观合适才是两个人走在一起的基础，因为现实婚姻观复杂得多，大学生往往难以预料，因此没有坚定的家庭支持、财力支撑、匹配的工作，两个人很容易在工作几个月之后立场发生很大的变化，最后不欢而散。研究生阶段的婚姻观会更真实一些，因为双方已经历过高中时的懵懂、大学里的脆弱和社会层面的冷遇，在选择对象的时候不仅仅会考虑自身的真实情感，也会考虑家庭背后的支持、工作就业的稳定，已经会从两个人生活在一起的各种保障来综合考虑以后人生的婚姻匹配度了。总体而言，研究生阶段的恋爱，彼此爱慕的两个人在爱情交往的稳定性、双方价值观的一致性和双方意愿的达成度方面会高很多，因此两者最终成功走向婚姻的概率也比本科生高了很多，所以如果你在大学里面恋爱不顺或者没有谈过恋爱，在研究生阶段可以实现这一过程或者经家庭、导师给你安排相亲也行，因为这个时候的你谈得更真实，不再会陷入爱情泡沫之中。

四、恨与不恨，你都要想好退路

有同学说，遇到了一个不好的男朋友，既欺骗情感还欺骗金钱和身体，真是忍无可忍，流氓一个。有同学说，遇到一个渣女，同时和几个男的交往，自己其实是一个备胎，甚至是一个超级备胎，窝囊了好几年。有同学说，那个渣男伤害了自己的身体，让自己怀孕了就不管了，真是万念俱灰，以后都不想谈恋爱或者结婚了。有同学说，有个倾心的同学一直给自己懵懵懂懂地传递爱情火花，最后竟然说自己是一厢情愿、自作多情。如此种种，有时候真的爱情来了，那是“问世间情为何物，直教人生死相许”，两个人天天腻歪在一起，认为是天造地设的一对。一旦有一方移情别恋了，那双方就不要脸面互相开骂起来，什么难听的话都来了，之前甜言蜜语的誓言就成了互相拆台的毒言。总之，如果双方的爱意不在了，不要奢望着对方回心转意，更不要奢望着破镜重圆，因为爱情这东西既是可遇不可求的命中缘分，又是顺着感觉说变就变的不解之谜，你要做的就是抚平内心的创伤，忘记那个伤害你的人，换回你应有的尊严和姿态，让自己勇敢地面对今后的一切。告诫一下当代的大学生，不要因爱成恨丧失了人的本真。如果两个人真的不爱了，就斩断情丝，不要再有任何的联系了，不要再存对方的微信和电话了，心静则意坚，否则有着千丝万缕情愫的人很容易伤害更多的人，让很多喜欢你们的人也陷入你们纠缠不清的情网之中，所以请不要为了自己内心的一点美好期许，不顾一切地去找对方，这样很容易毁坏你在对方心中仅存的美好印象，让原本正常的生活陷于歧途、迷途，使得双方的生活过得都不安宁。此外，如果两人离得很近但已经彻底没有爱情名义上的任何关系，那么就不要有意无意地见面了，因为这样的行为很容易引起对方的胡思乱想、别人添油加醋的猜测、搬弄是非之人的以讹传讹。如果你想开了，梦醒了，那么请你将曾经的情意都放在心底，堂堂正正地开始下一阶段的人生缘分。

五、爱情和婚姻是两码事

爱情的美好刚才阐释了很多，是因为爱情是人世间最不可阐述明白的感觉，只有当事人才能理解那种美妙、暧昧或者心意相通的感觉。爱情的确能给相爱的人带来怦然心动的吸引，但美妙爱情背后也是人们日常行为的种种琐事，所以请女孩子不要总畅想花前月下的美好，也请男孩子不要天天想着给女孩子制造浪漫，而应该建立在朴素的现实生活之中，让相爱的对方感觉到关心、关爱。其实，爱情的背后或者婚姻之中相濡以沫尽是琐事种种，相爱的双方总得想着生活中的柴米油盐；想办法把自己的工作、学习完成后才能甜蜜地待在一起，因为没有一点物质保障的生活是不牢靠的；想办法考虑父母双方的感受，因为以爱情之名的婚姻生活是两个家庭的交流和交换，生活中的事也会带着各种错综复杂的亲情往来。如果双方结婚前的意见不合或者为了爱情将自己家庭的种种矛盾隐藏起来，那么双方必将陷入唠唠叨叨、纷纷繁繁的纠葛之中，甚至让对方怀疑为啥会选择这样的人，生活中处处不如意，交流中处处是难言的痛。每个人的家庭环境不同，性格上也有原生家庭的种种烙印，加上彼此接受教育的模式也不完全一样，因此美好爱情包容下的弱点很容易在日后的相处中展现出来，这就需要双方相互包容，双方多磨平一些自己的棱角以适应对方的习惯。两个人，无论爱情生活中表现得多完美，如果没有人愿意为琐碎的生活买单，从来不考虑生活的花费和背后的默默支持，不包容对方的习惯和多年来形成的弱点，不能察觉对方情绪上的波动，那么生活和事业上不能平衡的这块“面包”很容易在婚后发出恶臭，让双方都不想为对方的某些价值观买单，甚至走出比爱情分手还悲壮的人生旅程。生活就是油盐酱醋的调和，就是各种琐事的相处，如果你还一味地陷入爱情的痴迷之中而不理生活的琐碎，那么再美好的爱情都会灰飞烟灭。其实，打败爱情的可能是彼此的不真诚、不忠诚，也可能是婚姻里面柴米油盐说不清的琐事，希望看到文字的你多体谅爱人的心情，甚至舍弃一些工作时间多和心爱的人说说贴心话，有时候静静地守候也可以，多替对方考虑就是爱情的“调和剂”。下面笔者还是继续说说柏拉图问老师苏格拉底婚姻的故事，或许你有不一样的感受。

柏拉图又问老师什么是婚姻，苏格拉底让其在原来的麦田里面再走一遍，同样让他找到最大的麦穗回来，这次要求是必须找到一个且不能回头。这次，柏拉图带回来一个很普通的麦穗，显然不是麦田里最大的，但其也不是很懊悔，毕竟手里有了一个相对不错的麦穗。苏格拉底问他为什么带回来这么平常的一个麦穗，柏拉图说：“我这一路上错过了很多又大又金黄的麦穗，但我怕前面的麦穗不如现在我手里的这棵大，所以选择了这个看起来普通的麦穗。”苏格拉底笑着说：“这就是婚姻。”

现实中，你选择的伴侣可能是你经历过爱情劫难、现实毒打后遇到的最普通的人，但你要守候好这份姻缘去走剩下的人生旅程，否则你最后什么也得不到，被爱情和婚姻弄得浑身是伤，还抱怨为什么不再去找找真实的“大麦穗”。此外笔者想说明一点，如果一段感情沦落至彼此都要相互提醒或者非要教别人如何去爱的话，那也就失去了意义，因为真正的爱是在生活中互相为对方考虑，在需要帮助的时候对方刚好能出现，在遇到烦心事的时候对方能给你依靠的臂膀。

第十七章

给即将毕业的你十一条忠告

2022年5月26日下午，河南大学地理与环境学院举行2022届本科生毕业典礼暨学位授予仪式。笔者以“心怀阳光，走出自己的路”为主题，以自身的经历为例，向同学们分享自己的收获和感悟。

毕业季，同学们很忙，忙着整理论文、档案材料，忙着拍毕业照，忙着处理一些无用的东西。有同学说，自己的一些带不走的书，只卖了30多元钱，心里很不平衡，因为这还不够请闺密或者好友吃一顿大餐，一声叹息；有同学说，毕业要考研“二战”，租个房子还得700块钱，怀疑“二战”有愧于家里的倾“财”支持，心里嘀咕着先努力再说吧；有同学说，还没来得及享受毕业季的快乐时光，研究生导师那边已经安排了任务，状况连连，叫苦不迭……但笔者想，大家更多的是心里“忙乱”，心里不踏实，毕业前的不舍和毕业后目标的不坚定。或许还有很多“忙”，但希望大家在这毕业离场的季节，多一些对未来的自信，心怀阳光，走出自己的路。基于笔者毕业了四次（专科、本科、硕士研究生、博士研究生）的经历和感受，写下下面的一些建议，希望对大家将来有所帮助。

一、一业精则百业通

其实很多同学就是目标太多，杂事也多，一会儿打游戏，一会儿看剧，没事还刷抖音，而忽略了在自己最擅长的专业上的作为，也就没有了“术业有专攻”的前行动力。如果你大学期间专业学得不错，读了研究生，就深耕这个专业领域，让自己在该方面“专”到极点，撑起自己的学术和专业大厦。凡是专业上做精的人，小则成为领域的骨干，大则成为院士级别的人物，就是这个青少年时期的“一业精”，撑起了人生后半场的各项亨通，联动了事业、情怀、家庭等多维的“光环”；如果你毕业时发现自己有了其他擅长的专业，也就围绕这个“擅长”，让自己专业起来，而不是抱怨自己之前专业上的各种得失，从而让自己事事都不专，荒废了人生。总之，**爱本专业就深爱，和其融为一体，拼出个所以然；移情别恋了，也要坦然、安然，从头开始，不要做个“花花公子”。**

二、成功来源于苦功

很多同学想了解名人究竟有什么法宝而成就了非凡的业绩，其实很简单，就是围绕自己擅长的领域，日复一日地下苦功夫，熬的时间到了，量变引起质变，就有所成就了。正如王家耀院士所述：“信一个人的天赋（通常所说的聪明）是有某种程度的遗传因素，即先天的；但知识是不能遗传的，是后天的，所以，一个人的成功是‘三分聪明，七分勤奋’，勤奋是成功之本。”就拿笔者学相声这个事举例，首先笔者下载了几本书，从追根溯源的角度了解相声演变至今的历程；之后开始了“学说逗唱”的苦功夫练习，也就学习了点皮毛，深知三年上不了台的不易；笔者没事就多学多练，深切体会到相声的“苦功”。总之，**人不要有太多语言上和思维上的小聪明，要多下苦功夫提升硬技能，才是安身立命之本。**

三、要读一个研究生

很多人说考研很卷，笔者预测 2023 年考研人数会达到 520 万，但如果你有上进之心，笔者也希望你要经历这一遭。笔者记得有一次开组会，让本科生汇报花费了一个月时间写的成果，研究生一看，说这不合适，有个规范有问题，稍微给本科生改了一下就换了个模样，后来还获了奖。笔者当时就给本科生说，研究生学到精髓了，具备独立判断的意识、精益求精的态度和科学的解决之法，而本科生只是在通识的知识领域兜兜转转，很多时候看不准问题的本质，还缺乏批判的精神。**有人说“专科生让一让，本科生等一等，研究生坐一坐”，其实找工作有时候就是这样残酷，所以希望大家有能力就读一个研究生。**

四、七分优秀已不易

其实，很多人拼尽自己所有的能力、能量和能级，也就是比平常人优秀一些。但如果你不理解自身基础、禀赋、拼搏的极限，往往会陷入自我迷失中，甚至有时候会走火入魔，失了正道。笔者的建议是，自己可以多往几个擅长的领域努力，如果几件事你都能做到 7 分左右，就已经很优秀了，而不是非得让自己围绕一件做不精的事打转，进而乱了心智，迷失了人生航道。另外一点，就是领导或者导师安排给你的任务，如果有时间节点要求，那就不要过分追求细枝末节的完美，因为这样往往会错过最佳的提交点。试想，如果你连机会都没有了，再完美的方案又如何？因此，**有时间节点的重要的事，先要达到 7 分状态的满意，之后再精雕细琢，否则你永远看不到结果是什么样子。**

五、情商也需要学习

很多人是带着气质（心理学概念）来到世间的，所以在与人交流的过程中往往以“我”为中心，忽略了对方的立场和情感，因而产生了很多问题和矛盾。笔者讲一个经典的大学生买橘子的案例。两个女大学生在学校附近的商业街闲逛，发现橘子不错，就在一家摊位上挑来挑去。老板看她们挑三拣四就有点不耐烦，嘟囔着就回里面屋子忙其他事情了。等两位小姑娘挑完橘子，发现老板不在，就在旁边的摊位上又挑了一些，准备称重后付钱回宿舍。这个时候第一家店的老板出来了，发现她们两个在隔壁买，嘴里就不干不净地一直骂，说大学生什么素质，挑了半晌，也不买橘子！第二家老板听到第一家老板这样说，就转身回自己店面里面了，也不管她们买橘子的事啦。这个时候，挑橘子的小姑娘一听急了眼，就准备还嘴骂第一家老板，这个时候她的同伴就让她丢下橘子，拉扯着她赶紧走，还不让她说太多过激的气话。走远之后，这个小姑娘问同伴为什么要走，本来就是第一个老板不对，此时心里依然愤愤不平。她同伴低声说，第一家老板的火明显是冲着第二家老板发的（那个老板不敢理他，直接回了屋子，说明他是个硬茬），关键他手里还拿着刀，如果火上浇油，惹急了他，容易造成伤害。**生活中处处留心皆学**

问，所以大家要留着自己的有为之身干大事，不要让自己陷入这些无谓的对错中！现在，笔者每天开车的时候就会听一些情商方面的课程，让自己在与他人的交流中少走弯路，所以也希望大家没事听一些，避免因莽撞造成各种不利影响。

六、要善于自我学习

很多人就是看着在很努力学习的样子，或者一味地“死学”，不考虑适合自己的方法，往往事倍功半。读了研究生，你就会发现，要找到科学的研究方法或者路径很不容易，因为需要在科学述评或者总结的基础上找到真正的突破口，才能沿着科学的方法有所突破。时代在变革，学习的方法也在变化，因此大家要在自己独立判断的基础上多问导师，多问同事，多问网站，多问一些有知识的专业技术人员，自己消化理解了，很多问题自然迎刃而解。就怕一些同学一味地跟着别人的脚步，无法提升，这就导致他们往往抓不住要领，找不到真正的科学之道，白白浪费了自己的投入。**事缓则圆，慢工出细活，希望大家谨记！**

七、要记有用的笔记

王家耀院士在上大学的时候，基础薄弱，用 3 个笔记本改变了学习的成效。第一个笔记本是课堂笔记。在那个没有教材、只有参考书的年代，王家耀院士的课堂笔记记得认认真真。第二个笔记本是复习笔记。他通过参考书来温习课上的内容，自己再做一本笔记，对比老师讲的与参考书上说的，如果有不一致的地方，做好记录并标注。第三个笔记本则是针对考试时专用的复习笔记。“5 年的大学时光，通过做这 3 本厚厚的笔记，我体会到，学生的学习必须由少到多，再由多到少，厚积薄发。从开始时什么都不懂，到通过老师讲课学到很多东西。但最终要将学到的精华提取出来，才是真正学到了知识，所以，学生要学习好，这个不断收获、感悟的过程必不可少。”王家耀院士如是说。时代变化很大，但笔者觉得记笔记的习惯要有。笔者上学的时候，有时候半夜有什么灵感就会起床记下来，为后续的深入挖掘提供思路，所以很感谢笔记上记的东西。现在工作了，虽然琐碎的事情特别多，但笔者依然会用手机上的备忘录记一些重要的事情，看看有什么灵感没有。所以，**建议大家以后有一个笔记本，无论是有形的，还是无形的，让它点拨你，助你成长。**

八、要有贵人的引领

严师出高徒，名师出高徒，这些都是建立在这个老师能够全身心带你，而且不考虑你资质愚钝与否的基础上，因为他真的想传授你衣钵，传授你安身立命之道。非常感谢笔者的硕士研究生、博士研究生导师王发曾教授，在无形之中传授给笔者积极向上的正能量，还会时不时地通过各种引导让笔者感受到文字提升、论文撰写、汇报演讲的路径，更会像父母般包容笔者的小过失和一些莽撞的过激行为。大学里，如果你从来不主动问导师专业性的问题，从来不主动参与一些科研实践项目，从来不为未来发展进行技能储备，从来不主动进行职业规划，那你怎么可能在打拼的过程中遇到真正引领你前行的贵人。**能助你成长的人，可能是你的学业老师，其投入大量的精力来栽培你；也可能是严师、名师，用其专业所长帮助你；但更可能是用爱支持你、默默为你付出、让你领会世界变化之道或者让你能成事的那个人，不一定带“师”字。**希望在未来，你能遇到你的贵人，引领你在行业中崭露头角，拼出自己的精彩。

九、你就是一个凡人

无论是大学生，还是硕士研究生、博士研究生，你也就是比平常老百姓多学了一些专业知识，获得了所学领域的专业技能，但在社会上你远远弱于其他行业的专业人士。比如一个烧饼怎么做更好吃，汽车的轮胎怎么修补，新闻稿该怎么写，健身操该怎么跳，等等。笔者有时候晚上加班吃饭晚，会去买串串香或者涮菜，看到店主快速、精准地处理，笔者就觉得自己很多方面不如别人，就会反思自己的不足。如果有人在交流过程中说你啥也不是，这点技能都不会，还大学生、研究生呢？不要紧，多自嘲几句，多捧别人几句，很多时候台阶就下了，事情就顺理成章完成了。**如果你在学历光环下处理各种事，总觉得自己高高在上，社会一定会以滚烫的热水浇灌你，有时候**

还是血淋淋的!

十、“笨”就要舍弃爱好

笔者是一个笨人，很多时候学习新技能比较慢，但一旦掌握就很难忘记。问题来了，那怎么才能让自己学习技能的速度快一些呢？后来笔者发现，少投入时间发展爱好，多熬夜下苦功夫，效率真的就提升了。如实给大家讲，笔者很爱体育活动，比如乒乓球、网球、斯诺克、羽毛球、足球、篮球等，有时候为了看比赛，花费了太多的精力，甚至钱。后来为了提升自己的专业能力，如科研、教学等，当然还有家庭协调方面的事，笔者已经很长时间没有进行两个小时以上的训练了，因为“笨”，所以相信勤能补拙，就投入更多的时间来提升专业技能。笔者之前曾是大学生乒乓球队业余组的冠军，大学时乒乓球队的教练曾是邓亚萍的启蒙教师曹和平，但读了研，读了博，笔者的很多爱好都舍弃了，因为找到了自己冲刺的目标。**如果为了专业、事业，敢于牺牲自己的爱好，那说明你逐渐成长、成熟了。**

十一、心里一定要有光

要承认自己能力的差异，不要事事都要求自己完成得尽善尽美，处处都要跟别人比个高低，这样会使自己处于一种盲目比拼的状态。如果这个“认定”的事，一旦完成不了，很多偏执型人格的同学容易陷入焦虑、自卑、自责的状态，甚至产生抑郁或者过激的行为。笔者的建议是，**履行好自己的职责，达到7分的状态，不要虐自己，让自己的生命对得起来世上一遭，对得起家人，对得起关爱你的人。另外，在完成工作之余，投入自己热爱的事，不要工作、家庭、生活不分，否则精神容易出问题，其他方面也连带着出现问题。**笔者几乎每天都会和文字打交道，写论文，写教案，写新闻稿，写总结稿等，但并不感觉累，还能顺利完成，究其原因，是笔者热爱这份大学教师工作，也具备这些基本技能。希望大家未来也能找到自己中意的职业，祝大家前程似锦!

第十八章

考研就考四门课，你大一就开始卷吗

从考研的科目看，大多数考生一般就考四门课，分别是思想政治、英语（外国语）、数学（或一门专业课代替）、专业课，少部分同学可能加试一门技能测试。当然还有一些专业性研究生，就考一门英语和一门统考科目，但从整体层面讲主要考四门课，大学新生说“就四门课”没什么大问题。如果大一新生一上大学就开始卷，对待考研像对待高考一样，那么考上理想的学校应该不成问题。从理论上讲，这种特别着急的报考战略有一定的道理，但如果你不了解各门课复习的顺序和应该关注的重点，抓不住复习要义，反而不一定取得最优的复习效果。基于此，根据笔者对考研的认知和一些切身体验，谈谈该如何按照时间轴安排考研复习的各准备阶段。

一、考研前一年的 12 月份确定目标院校比较合适

伴随着考研人数的增多、研究生学历的升值和国内外复杂疫情形势的影响，很多学生被卷入了考研大军，因此为考研提前做准备是在情理之中，无可厚非的。从现实情况看，很多高校为了提升学生的考研率，不仅给学生提供大面积的敞亮的考研备考教室，而且为学生提供了各类帮扶政策，因此这些学校学生的备考环境、考题的复习精准度、积极备课的意志力大为提升，使得毕业班学生的考研初试过线率非常高。在这些冠之以考研“名校”的考研环境影响下，很多学生就想早一点准备考研，以提升自己成功“上岸”的可能性。有同学说，每年 9 月份各个院校才出招生简章和招生专业目录，8 月份定目标院校行不行？如果放到 10 年前，或许可以，但在如今竞争这么激烈的情况下，8 月份不是有点晚，而是太晚了，所以给大一新生提前敲敲警钟，

不要觉得考研很容易就能“上岸”，因为很多考生已经进行了系统性备战，答题的技巧、策略和精准度较一般的同学不知道强了多少倍。一般而言，很多同学 8 月份已经到了复习的攻坚阶段，已经达到了知道自己大概能考多少分的状态。如果这时候准备考研的同学连学校都没有定下来，那十有八九可能考不上了，因为四门课的复习难度太大，备考的时间也相对不充足。然而，话不能说得太满，一些同学如果英语基础特别好且六级英语考试一考就能到五六百分，数学在大学里经常考满分，那这两门课虽然是考研必备的，但这些同学有这个基础，相当于这两门课可以不怎么复习，那认真准备专业课和政治就有很大机会“上岸”。如果再加上这些同学在班里是学霸，专业课学得特别好，那应该是没有什么大问题的。

考研是一个人战斗，是严格自律下认真备考的坚持。如果一个大学生能豁出自己的半条命日复一日地坚持复习，从此闭关了，手机不看了，那么其自我驱动力将大为增强，考研“上岸”的可能性也大大提升了。笔者准备考研的时候，发现每个有共同目标的同学都非常自律，几乎每天早上 6 点雷打不动地起床，中午 12 点甚至到下午 1 点再去吃饭，错峰午餐后继续学习，晚上简单吃几口就直接坚持到 10 点左右。回到宿舍后，大家还会相互地提问单词，聊聊复习上遇到的难题，总之一天到晚甚至是睡梦中都是考研复习的内容。现实中，这种为了考研不要命的人太多了，所以不要总觉得自己复习如何如何努力了，殊不知你是和全国的考研人比赛，不只是周遭的人，如果错误地预判了全国形势，那你的梦想也就很难实现了。那么问题来了，啥时候确定考研的专业、院校比较合适？一般而言，在考研前一年的 12 月份确定下来是比较合适的，最晚不能晚于考研当年的 3 月份，这样的安排能让你有一个充分的准备计划。关于这个问题，后续笔者会围绕单科复习再认真说说。如果你 3 月份确定了考研的专业、院校，加上你大学英语有基础或者说四六级都过了，那么可以把英语有序地排到整体的考研日程中，背单词、分析长短句、找答题技巧等，英语很容易考个正常的分数。大学生都学过毛泽东思想、邓小平理论、“三个代表”重要思想、科学发展观和习近平新时代中国特色社会主义思想，因此政治的复习也容易进入正轨，七八月前就有了一个通盘的基础复习，9 月之后就可以加强难点的消化理解、时政要点的学习和预测题的练习了，这样政治就不用发愁死记硬背了。由于英语、政治复习能有序进行，你就可以留出更多的时间给专业课，通过5~6个月消化已有的专业知识和相关习题，到9月之后就可以进入有针对性的专业课难题和答题技巧训练了，10月、11月经过综合地回顾和检查后，你就有了充分应对各类难题的把握。上述是笔者个人的见解，如果你觉得有用就可以提前谋划和按计划进行。

二、一年级就是努力稳住成绩，学好英语、数学

一年级就开始卷，不是有更长的复习时间吗？一年级认真复习"上岸"成功率不是更大吗？殊不知考研不同于高考，是针对你所学专业知识深度和延展性的考试，而不是把各类考题背得滚瓜烂熟就可以。试想，你大一什么专业课都没有学过，没有按照循序渐进的方式进行专业课学习，很容易基础不牢，在考研专业上吃大亏。如果你为了心中的考研执念，很多公共基础课不好好学习，很多有创新活动的课堂考试没有成绩，导致大一就挂科了，那么到最后考研复试的时候，很多老师对你的考研态度、动力等方面都会产生怀疑，反而得不偿失了，还不如晚一点开始备考。另外，如果你在大一挂科了，那么保研、评优奖先等也没有可能性了，在考研复试或者"上岸"后的师生互选中也失去优势，所以千万别挂科。可见，即使你考研的心再急，你再不喜欢某些老师讲的课程内容，再不喜欢参与集体活动，也一定要稳住成绩，达到一般水平就可以。大一最应该好好学习的就是英语和数学，因为这两门课与考研密切相关，在大一期间认真听了，打下基础了，在以后的考研复习中就会占得先机。也可以说，大一无论是上课还是课外时间，学好了英语、数学就相当于为考研争分了，为考研提前复习了。

保研的事也讲讲，因为保研成功就相当于考研"上岸"了，所以当大一别人家的孩子还在迷糊之时，你就要开始保各门课的成绩了，为综合测评中成绩的提升提前谋划了，因为保研看的是三年的综合成绩或者平均成绩，哪一科不好都会影响未来的精准化得分。由于现在保研竞争激烈且分数就差在分毫之间，加上很多同学都意识到现在的考研形势严峻，都想拼上一把看看自己究竟是不是保研那块料，所以有保研意识的同学在大一就较上了劲。另

外，很多同学竞争保研的另一个目的就是将来可以换个临近专业的研究生，甚至是可以跨到一个稍微热门的专业，这也是保研竞争激烈的原因。保研是辛苦的，不仅要抓好学习成绩，还要参与各类竞赛获得素质分，因此大一的时候需要把各个方面先“稳”住，避免今后由于一科成绩的失利而影响三年的保研计划，那就很让人痛心了。保研毕竟能省去研究生统一考试的复习时间，相当于保送生，也能提前获得科研的训练和优质的导师，所以该拼命的时候要拼命，该求稳的时候一定要求稳。

三、二年级专业课认真学，四六级能过早点过

大一新生应该注意的事项是避免挂科，做好英语、数学的学习等，对考研有一个基本的判断就可以。那么进入大二之后，每个同学都需要潜心学习专业课，打牢专业课基础，为将来的考研院校选择、考研科目准备等奠定基础。如果此时作为学生的你开窍了，就会去留意或者查询目标院校的招生简章，看看具体考什么专业课，上课的时候认真听这门课。另外，这个时候英语四六级要开始准备考了，不单单因为很多学校要求大二的学生考，而且考研必须考英语，所以要为将来的考研英语提供基础训练了。此外，建议不要浪费每一次考四六级的机会，每一次都要认真准备，因为研究生导师会青睐英语优秀的学生，毕竟未来进行摘要翻译、英语写作都需要很好的语言基础，而英语分数就表征着量化水平，也就为考研复试、师生互选提供了机会。此外，如果你二年级过了英语四六级，到三、四年级的时候还可以刷四六级的分，以提升将来研究生导师选择你的基础实力分。有同学说，研究生不是只看考研英语初试的分吗？殊不知考研复试还是会测试英语口语能力的，研究生导师也会根据学生发过来的简历判断其基础能力，甚至以英语成绩来判断是否招这个学生。所以，建议大家在大学期间要早早地了解大学英语的重要性，必要时多花点时间补习，以支撑考研初试的需求、考研复试的考察和研究生导师的筛选。

四、大三着手准备目标院校考试科目

到了大三，绝大多数同学已经下定了考研的决心，就需要充分了解考研

院校的考研科目。通过对比分析自己的基础优势和竞争优势，可以遴选出几所学校，查阅目标院校具体考试的科目和提供的参考书，或者通过咨询师哥师姐和关系密切的导师来确定院校，通过扬长避短的方式选择自己心仪的学校。如果选定了目标院校，下面就是努力复习了，一定要给自己定严格的作息制度，在时间安排上不落后于其他人，从而进一步提起自己打胜仗的决心。另外，大三下学期就要开始根据自己的学习状态来预估自己的分数了，以确保自己能进目标院校的初试线。在现实中，很多辅导班老师在同学们择校择专业的时候，直接就会给学生说这个学校英语必须考到 70 分，政治必须考到 80 分，数学要不低于 125 分，专业课要不低于 130 分，才有机会考上，所以要根据自己的预估分不断地修正自己的复习方向，强化自己的优势学科，弥补弱项科目，从而让自己在上考场之前心里有个底。到大三第一学期的期末，也就是大概 12 月确定学校，一旦选定了，身心就要平静下来谋划各科的复习，才有足够的动力拼命往前冲。试想，一个目标坚定、心无杂念的学生，再加上一往无前的斗志和不觉懈怠的付出，考研“上岸”的成功率就高很多。

如果你左右摇摆目标不定，不妨看看有些普通本科院校学生择院校择专业的时间，因为很多民办高校的学生，甚至是一些普通二本学院的学生，他们上大学之后很多老师就给其灌输了考研的理念、信息、方法，甚至在二年级就给其大概确定了目标，因此他们的复习是在学校宣传、老师督导下进行的，往往针对性很强，因此他们考研的心更定，勇毅而果敢，有目标而勤奋。不难理解，这些学生基础不好，加上本来学校的牌子就不够好，因此他们在选择目标学校的时候，稳妥且变化小，他们的目标就是选择比自己院校稍微高一些的院校来冲刺，所以他们没有杂念，一心为考研，在“笨笨”地坚持下逐渐加快了考研步伐并迅速提升了自己的实力。此外，这些普通学校，很注重考研的校园宣传和学风建设，张贴优秀学生的光荣榜并给予很大的奖励，因此学生拼搏的劲头更足。如果你 10 月没有选好，次年的 3 月还在徘徊之中，那么你相比那些一往直前的普通院校考研生，已经落后太多了，而且实力也不够稳定。大学生考研最大的一个忌讳就是来回选，有同学总觉得凭借自身的实力就一定能考上，从不看数据，不听老师的建议，那么就会在未来复习的道路上不仅有择校方面的心不甘，而且有复习上的动力不足，就会在犹豫、彷徨之中丧失了很多优势，因此最好在 12 月定下来，细化自己每一天的复习计划和安排，让自己在剩下的一年里把弓拉满，有了时间保障就有了上战场做好各项准备的基础了。笔者复习考研那年，几乎忘却了自己是谁，每天起来就进入了角色，日复一日地激励着自己努力复习和不断上进，因为觉得考上研这辈子都值了。用考研辅导班一个老师的话就是，你这辈子不发疯，就很难成功。所以说，考研就是一个疯狂的事情，更是一个极其自律的事情，因此你一旦选定了目标，那么就要一往无前、全力以赴，因为考研属于那些勇于坚持自我的人。

第十九章

考研的基本流程你了解吗

很多大学生学习能力一般，没有参加过任何科研训练，就觉得自己考上研究生会实现身份上的跃升，会满足家庭亲人们的殷殷期盼，就凑合着和大家一起考研了。有同学想当然地认为，考研“上岸”后有各种奖励和补助，研究生毕业后就会有更多的就业机会，所以不考白不考。有同学说宿舍那个不怎么努力的学生都考了，那自己也去参与一下试试，反正也不损失什么。有同学说，自己就是跟女朋友赌气害怕被分手，就不动脑筋地陪女朋友盲考了，最后考得啥也不是。如此种种，同学们还有很多千奇百怪的考研理由。如果你不是考研的那块料，也不喜欢搞科研和钻研学术问题，那么即使考上了研究生，也会遇到很多沟沟坎坎，甚至让自己抑郁，在心里埋藏了各种患得患失的想法。考研人一定要内心坚定，没有太多的私心和杂念，而且了解研究生未来大概从事什么样的工作，那么考研“上岸”的成功率和研究生三年的满足感才可能提升，而不是什么都不了解就一头陷入其中。那么你为什么要考研呢？你了解考研的基本流程吗？

一、不要随波逐流去考研

如前文所述，如果你为了一时和同学攀比，为了和女朋友在一起的誓言，就盲目投入考研大军了，那么你考上研究生的概率不会很高，或者说你考上研究生后也会遇到种种难题，甚至有时候有强烈的后悔感觉。那么什么是研究生呢？不妨看看笔者 2021 年 2 月 2 日写下的一段话。

研可以分为“石”和“开”。其中石寓意着你要像顽石一样坐冷板凳，才能出真正的科研成果；开不仅代表着精诚所至、金石为开，而且还要你没事找点开心，因为不断追寻科研真理的过程，真的很苦。

究可以分为宝盖头、小小的“八”字和一个“九”字。其中宝盖头代表着你要把实验室当成家，努力上进求索才可以获得真理，有时候还需要导师引领下的顿悟帮忙；小小的“八”字寓意着二八定律，八成的人读不了博士；“九”代表你要经历九九八十一难，才能取得真经，才能顺利毕业。

生可以分为一个“牛”字和一个“一”字。其中“牛”字寓意着你需要像牛一样努力付出才会有所收获，才能取得一些成绩；“一”字寓意着你一定要学会写论文，因为论文决定着你科研成果质量的优劣，还影响你能否顺利毕业。

2021年4月2日笔者还写过一段话，你也可以品读一下。

考研“上岸”仅仅是开始，如果你忍受不了研究生过程的历练和苦熬，获取不了毕业的那份文凭，你还不如不“上岸”。

研究生阶段最重要的一件事就是选到一个匹配自己的导师。因为选一个好导师，可以让你一苇过江，顺风顺水；选得不好，犹如渡劫，对师生都是煎熬。

研究生的培养是科学思维的训练，是培养独立思考后科学解决问题能力的过程。如果你学懂了，终身受益；如果你学废了，还是素人一个。

研究生需要自律、自知、自省，最主要的还是靠自己！否则你一味地依靠导师和他人，容易陷入自责、自愤的状态，还容易自作多情。

二、哪类考研人“上岸”的概率高

1. 班级排名靠前的同学

班级排名靠前的同学，往往都是基础知识扎实、刻苦学习的“学霸”，因此他们在备考研究生时就如平常的学习一般，刻苦学习是家常便饭，很容易适应考研复习的节奏并取得理想的成绩。首先，这些班级排名靠前的同学在平常学习中，具有良好的学习习惯和认真的学习态度，能够很好地应对考研过程中出现的压力、困难和孤单，以自身已有的经验来应对考研过程中的种种挑战。其次，这些同学的基础较好、起点较高，其通过长年累月的坚持，具有自己的复习策略和备考战略，因而不会盲从或过分地依赖辅导班。他们相对于其他同学具有复习技巧方面的优势，不仅能够迅速消化考研初试的各类知识，还会分析考研初试命题人的出题意图并总结应对策略。此外，这类同学如果通过了初试，在复试时具有学习成绩高、业务能力强、技能扎实等基础素养，会在复试中受到复试老师的青睐。最后，这些同学的逻辑思维能力一般较强，并具备独特的学习方法，从而在备考过程中能够按照自己制订的计划顺利实现应试技能的提升。

2. 一上大学就奔着考研的同学

有些同学在刚进入大学时，就已经确立了考研的目标，并朝着这个方向努力，因为其所在学校的层级水平不高、牌子不够响亮，只有通过考研才能实现身份的改变，因此其会不断激励着自己提前准备，不达目标决不罢休。首先，这些同学早就理解考研政治、英语、数学和专业课四门课的重要性。为了能够精准地备考，他们早早地摸透了考研常识和流程，提前规划如何学好英语、数学和专业课，并且时常关注考研形势和国家政策，为考研做足了各项准备。其次，这些同学能根据自己的实力提前选好考研方向，甚至有了初步的目标选择，因此他们就有了更强劲的动力和更有针对性的复习策略，从而在持之以恒的奋斗中取得优势。最后，这些同学在大学期间了解到考研复试会看重学生的科研素养和专业技能，会想尽办法融入导师的一些科研课题，参与大学生创新创业项目和学科竞赛，使得他们在不怕苦不怕累的科研训练中学到了真知识、真本领，因而在复试的时候较其他同学更具科研素养方面的优势。

3. 将备考当成工作的人

不只是应届生要考研，还有很多考研“二战”“三战”的同学信念十分坚定且舍弃了工作全力备战，其投入了比大学生更多的时间，而且是全身心地备战，那么其复习一年后“上岸”的可能性就大大提升了。首先，这些同学把考研作为每天最重要的事，每天都在自习室严格地执行自己的复习计划，生怕重蹈覆辙，复习的力度和强度不断加强。此外，这些同学虽然偶尔打打游戏、看看电影，但十分懂得克制自己，不会像第一次考研的大学生那样目标不坚定、备考不认真。其次，这些同学每天不需要处理很多杂事，只是一心和课本、考试题、任务书打交道，无忧而坚韧，因而在学习的自律性和坚持力方面要比普通大学生更具优势。最后，这些同学都有自己清晰的考研目标，对自己的各项复习准备要求较高，不会再为考研择校发愁，因而不会在犹豫间丧失选择成本。

4. 普通非重点高校豁出命考研的同学

所谓的普通非重点高校，很多人一听就知道指的是双非高校的同学、二三本高校的同学或者民办高校的同学。笔者在这里不是说这些学校的学生底子不好，而是想表达这类学校里面不乏很多高考失利而一心改变局面的有才青年，当初只是由于种种原因不小心考入原本不属于他们层次的学校。在强烈的自我改变力量的推动下，他们具有很强的目标意识和努力学习意愿，而且能正视自己的短板和技能不足，在一开始就具有了充足的动力，不顾一切地投入考研的征程之中。一般而言，普通非重点高校的本科生，包括一些专升本的同学，他们有时候就是豁出命来考，进入学校后就树立考研“上岸”的决心，而且拥有很强的自信心，因而相对于一些层次较高学校的同学，他们具有动力强、准备早、不顾一切的优势。首先，这些同学有足够的韧劲，不仅有长期“作战”的身心准备，而且有足够的耐心、信心和勇气去认真学习每一节课，愿意为打破目前的状态而进行很多学习之外的学习，因而无论在心态上、学习用功程度上还是认真备战上，较很多高水平大学的同学更具优势。其次，这些同学能够合理规划自己的目标院校，综合量化自己的实力并一天天努力提升自己的战斗指数，还愿意付出一切代价弥补弱点，在学习上对自己特别“狠”。最后，这些同学在考研中比的是初试，他们没有保研的机会，所以从一开始就把四门课当作复习的必修课来拼命学习，利用一切可利用的时间来提升自己的学业成绩，因此他们在初试只看成绩的院校竞争中往往会取得优势，从而减轻了一些复试的压力。此外，这些同学的家庭可能也会非常支持他们考研，会提供财力支持其报辅导班，提升其考研初试的战力指数，也会想尽办法提升其复试的应试技巧，因而在渠道上、技巧上获得额外加分的能力要比只会一心备考的同学更强。

5. 懂得一定报考技巧的同学

考研是否能成功“上岸”，不只是看自己的实力、学习表现，有时候通过一定的报考技巧，选择容易“上岸”的专业、初年招生的专业、联合培养的专业或者一些名校分校区的专业，也能大大提升“上岸”的可能性。首先，考研辅导班的“通天”报考师的建议可以听取。有些考研报考师了解部分考研院校的历年情况、报录比、报考注意点，因而花费一些金钱进行院择校择专业的辅导，能有效地解决信息闭塞的问题，让同学们少走一些冤枉路。考研报考师的能力水平究竟怎么样，需要通过自己的判断、调查、体验后才能知道，不要不做调查就盲信人，往往容易报空。其次，导师的推荐和学长学姐的帮扶。有些自己学校的研究生导师了解目标院校的具体情况，对报录比、生源分布、学生构成有充分了解，还会让专门的学长学姐对同学们进行指导，也算是为考生提供了一些方法和技巧。再次，报考一些新的考研专业。新上的考研专业由于第一年招录学生，如果知晓的人不多且报考复习指南出得晚，那么很多考生就会在这些新专业上捡得一些“漏”，考取了“双一流”建设高校。值得一说的是，虽然有些学校新上了一些专业，但考试的难度和要求依然很高，甚至会选择很多调剂生，所以考生不要想着第一年招生简单些，就稀里糊涂地去报考了，反而竹篮子打水一场空。最后，选择一些初试分数占比高的学校。有些非重点普通高校的学生，为了考上研究生，往往选择一些初试分数占比很高的院校，因为即使他们复试表现得不是很好，也不会轻易在综合成绩计算中被刷掉，所以这也算是报考技巧之一。有些学校考研复试喜欢看学生的基础素养、科研竞赛、学业成绩等，甚至让学生带着自己的作品集进行考核，那么一些过分重视初试的同学在复试考核中就比较危险，所以即使你初试成绩再高，也要认真准备复试和做好简历、作品集等，否则也会被严格的考核无情地刷掉。因此，同学们在选择院校的时候，尽量选择一些复试仅仅考核口语和专业性知识问答的学校，避免自己被一些复试看重科研技能、作品的学校给淘汰掉。

三、考研的基本流程

以 2023 年考研为例，基本流程如图 1 所示，图片来源为中国研究生招生信息网（研招网）并稍作修改。

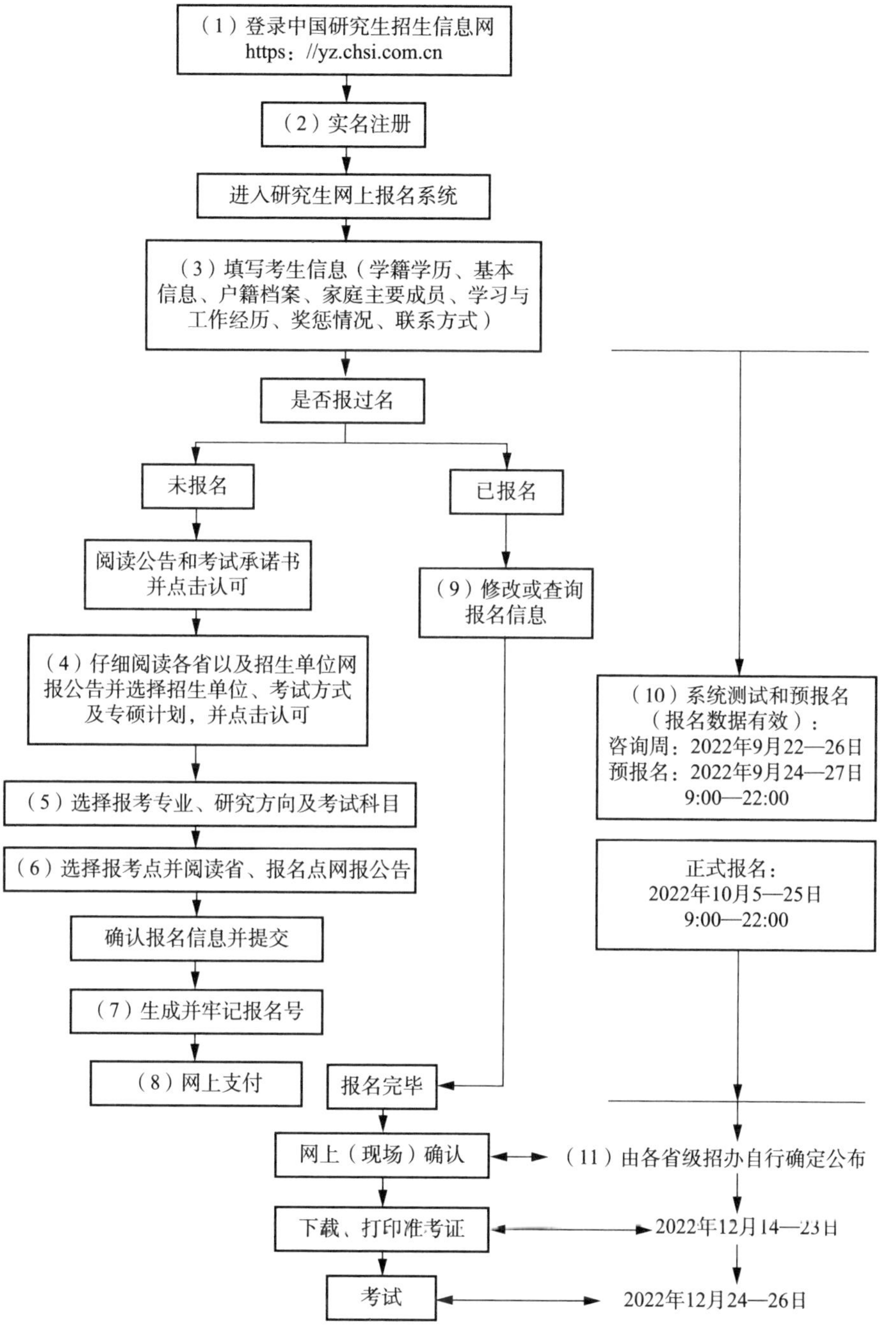

图 1　考研基本流程

1. 定院校专业的时间

8 月至 9 月初，各院校公布专业目录、招生简章。在这个阶段，考研学生应多关注目标院校的招生计划、考试科目和参考书等信息的变动情况，并进一步确定报考院校和专业。其实，这个阶段才是考生真正走上考研征程的第一步，因为一旦目标院校、报考专业选错了，往往后续的努力都是白费。因此考生在确定报考学校、专业时，应充分了解目标学校的报录比、学校是否有歧视、是否保护第一志愿等，以合理制定之后几个月的时间安排和考研重点，从而提高“上岸”的概率。

2. 预报名的时间与要求

以 2023 年考研为例，网上预报名时间为 2022 年 9 月 24 日至 2022 年 9 月 27 日，每天 9 点至 22 点。在这个阶段，尤其是应届生，可以在规定时间登录“中国研究生招生信息网”（以下简称“研招网”）浏览报考须知，并按教育部、省级教育招生考试机构、报考点以及报考招生单位的网上公告要求报名。

3. 正式报名的时间与要求

以 2023 年考研为例，网上正式报名时间为 2022 年 10 月 5 日至 2022 年 10 月 25 日，每天 9 点至 22 点。与预报名步骤相同，考生登录“研招网”，仔细确认报名信息，并及时缴费。报名期间，考生可自行修改网上报名信息或重新填报报名信息，但一位考生只能保留一条有效报名信息。逾期不再补报，也不得修改报名信息。值得说明的是，考生报名时只能填报一个招生单位的一个专业。

4. 初试考前的一些准备

首先，以 2023 年考研为例，考生应在 2022 年 12 月 14 日至 12 月 23 日，凭网报用户名和密码登录“研招网”自行下载打印准考证。准考证使用 A4 幅面白纸打印，正、反两面在使用期间不得涂改或书写。建议考生多打印几份，以免造成丢失后找不到其他的替补。此外，考生应保存好准考证，便于初试查询成绩、参加复试和领取通知书等。其次，考生最好提前一个月，根据疫情防控要求、考试地点的距离远近及自身需求考虑是否预订酒店、在哪就餐等问题，并提前看好路线，避免因为交通拥堵等问题耽误考试。最后，考生应时刻关注考试所在地的防疫公告，以备信息突变后及时应对，及时做好各项调整工作。

5. 初试前的心态调整与考试时间

在考前，很多同学会出现压力激增、寝食不安、极度焦虑的现象，甚至对自己能否“上岸”产生深深的质疑，因此，初试前的心态调整至关重要。首先，考生要调整自己的动机水平。一般而言，心理学中强调中等的动机强度有利于问题的解决，也有利于提高学习效率和缓解自己的压力，所以考前考生不要老是期望着自己要考多少分、应该怎么答题等，而应转移到如何做好每一道题，如何进行答题的局部规划以及如何应对没有见到的难题等，不要让自己的思想陷入混沌不清的状态。其次，考生要学会放松心态。人的精神一旦处于比较混乱或高度紧张的状态，就会对考研答题造成不利影响，往往读不了几遍题就陷入胡乱作答的状态。因此，考生在考研前要放松心情、劳逸结合，不要一味地刷题了，做好合理的复习安排。再次，考试不要过分期望遇到自己背过的题。考研初试机构的命题，很多时候不以考试复习的基础题为参考，往往从不同的视角考查学生的综合思维能力和创新思考深度，所以如果老是期望着考研命题机构出题的内容完全契合自己心中所想，那可能真就考不好了，因为积极思考的状态受限制了。因此，首先要保证自己完整参加考试，在遇到不会的题目时能绞尽脑汁进行创新性思考，在整理自己思路的基础上从多维度进行合理作答，争取比别人获得更高的分数，而不是陷入自己怎么没有复习这个问题的考研魔咒里面。也就是说，在考试前考生不要奢望自己都能遇到复习的题，而要做好应对一切变化的准备，认认真真地答满试卷，不遗憾某一道题由于某种原因没有作答。最后，考生应坚定信心。考研、搞科研都需要有坚定的信念，无论发生什么情况都要按时参加考试，答完答满试卷。

6. 初试第一天过后的调整

总会有一些同学考完政治、英语后觉得发挥失常，对第二天的考试失去信心，产生破罐子破摔的心理，从而影响数学和专业课的发挥，甚至有些同学直接放弃后两科考试了。首先，考生一定要坚持，因为在结果尚未知晓之前每个人还有机会，一定要调整心态积极应战，一定要把后面两科的考试考完而且要考出水平，从而弥补前两科考试的失误。其次，考生可以准备一瓶水，因为第二天的专业课和数学需要大量的计算和书写，在疲惫时可以喝适量水缓解，避免精神高度紧张后的缺氧和恍惚。再次，专业课需要大量地书写文字，考生可以从如何布题、如何组织观点、如何将卷面写得更加饱满等方面做精细化准备，以避免只顾着答题而忽略排版造成的分数丢失。最后，考生一定要有努力答不会的题的决心和意志力。考研的题目很多都是考生没有见过的或者超出平时预期的，需要做好“啃硬骨头”的准备，不惜一切代价将题答满。如果考生实在不会，也要硬着头皮把卷子上的习题读完，从容不迫地把内容答上一些，因为很多时候就是坚持使得分数增加，加油！

7. 复试前的准备与调整

所有考生都应认真、积极准备复试，把自己最优秀、最有活力的一面在复试中展现给老师，不要觉得自己考得太好或者不是很好，而产生了进入面试就是体验一番的错误认知。有些考生的分数处在国家考研分数线或者学校专业线附近，或者英语成绩不太理想，或者专业排名靠后，这个时候一定要梳理下自己的心情，积极地做好复试的准备和调剂的院校查询。首先，这些考生在准备复试的过程中应积极联系调剂学校，例如西部院校、普通类非重点高校或往年招生有空额的学校，尽可能多地掌握调剂院校的信息，以在未来的考研调剂中占得先机。其次，这些考生可以联系本校的老师或者熟悉的师兄师姐，他们如果有调剂信息可以提前告知的话，在复试的竞争中就占得了一些先机。再次，如果调剂希望较小，应尽快投入完成毕业论文或毕业设计的进程中，为自己寻找良好工作留出充足的时间，以精准地找到适合自己的工作职位。最后，如果意识到自己考研存在一些遗憾、心有不甘、难以平复，那么可以选择“二战”，从当下就开始制订更加合理化的目标院校和复习计划安排。

8. 复试的时间与相关要求

复试时间、地点、内容、方式、成绩计算办法、组织管理等由招生单位按教育部有关规定自主确定。复试办法和程序由招生单位公布。招生单位原则上应采用多套试题、安排考生随机抽取试题等方式加强复试过程管理。

9. 调剂的时间与安排

招生单位应当按教育部有关政策制定本单位（含所属院、系、所）调剂工作办法，详细说明接收考生调剂的时间、基本要求、工作程序、调剂复试办法、联系咨询电话等信息，并提前在“全国硕士生招生调剂服务系统”和本单位网站公布。申请调剂的考生，应及时登录系统，慎重选报相关专业及研究方向。

第二十章

你要提前了解考研院校和专业

想要顺利考上心仪的研究生，除了要做好专业课的学习和安心备考外，还要做好考研院校和专业的选择，因为一旦选不对或者报考得太高，很可能再努力、再有意志力，也会付诸东流。因此希望同学们在考研前，一定要把自己未来的发展方向想清楚，根据自己的专业方向、兴趣爱好以及自身实力等，精确地判断选择院校成功“上岸”的概率，之后再围绕目标拼搏奋斗，因为很多时候就是目标不对，努力全白费。对于那些想要硕士研究生毕业后找到更好就业单位的同学，不仅需要考虑学校牌子、专业匹配度和自身学到的技能，而且要为未来的就业提前做好各种准备。一般而言，有条件、有实力的同学可以选择那些认可度比较高的院校且是王牌专业，因为这些院校的牌子和专业保障就是你成功就业的砝码。值得说明的是，在选择院校和专业时，除了考虑自身期望的就业方向外，还要考虑到“上岸”的难度，如果选的院校和专业远远超出了自己的能力范围，那么只能是浪费时间和精力。总体而言，考研的院校选择和专业选择都很重要，因为选对了就成功了一半，而选错了最终可能是竹篮打水一场空。因此大学生在选择时一定要脚踏实地、以稳为主，基于自身实力和导师的合理化建议，避免眼高手低、盲目乐观。

一、考研院校不要定得太高

如果你在考研的时候，把目标院校定得很高，非要考国内重点知名大学，那么面临的压力不用想就知道会有多大，甚至还有失败的风险，所以不建议给自己定太高的目标院校。下面从主客观两个维度来进行分析。第一，研究生学历的重要性。研究生学历是迈过众多企事业单位就业门槛的基本条件，毕业后能获得更多的就业机会、更高的职场级别和较好的落户政策，比本科生有更多的职业选择机会。如果你是本科生，很多单位招收员工时，学历这一条要求就直接影响了你就业的可能性，所以很多本科生拼命考研，也是为了解决就业门槛问题。也就是说，随着本科学历人群的增多，越来越多的就业单位需要研究生学历来保障，当下研究生学历就成为很多人向上发展、职业晋升的门槛学历。第二，考研竞争大。2022 年全国考研人数继续创新高，达到 457 万人，较上年增加了 80 万人，而 2021 年的高校毕业生为 909 万人。如果进行简单的计算，考研学生人数约占实际大学毕业生人数的 43%，足见大学生考研的竞争有多么激烈。初步估算 2023 年全国高校毕业生的人数为 1174 万人，如果考研人数仍按照 43% 计算，那么会达到 505 万人。如果加上新冠肺炎疫情和百年未有之大变局等因素影响，实际报考人数预计会超过 520 万人，在 2022 年 457 万人的基础上再次大幅增长（大树成长营，2022）。我们再来看看近几年的考研人数情况，2016 年考研报考人数为 177 万人，2017 年为 201 万人，2018 年为 238 万人，2019 年为 290 万人，2020 年为 341 万人，2021 年为 377 万人，2022 年为 457 万人，2023 年为 474 万人，相当于在 7 年内增加了近 300 万人，增长接近 2 倍。此外，当前各大院校的大学生就业压力很大，这就导致高校毕业生就业率大幅下降，所以很多学校鼓励学生考研以提升就业率，这也使得大学生考研的热情进一步升高。因此，考虑到历年考研人数的增长趋势，2024 年的考研报考人数可能还会创新高。由于就业形势变得越来越严峻，加上教育部的“双减”政策，很多考研“一战”“二战”不理想的同学加入了“二战”“三战”的队伍，使得本来就竞争激烈的考研赛道又多了一重压力。当然，很多学生选择考研不是为了逃避就业，而是想通过考研来提升自己的学历，以获得更多的就业路径和考公考编机会。同时，现在很多省份对引进研究生人才有了奖励和政府补贴机制，这也促使大学生看到研究生毕业后获得的一些机遇。例如，河北省石家庄市针对硕士学位研究生一次性补贴 3 万元，相关企业会按照政策发放诸如券金补贴和安家费等。因此，如果大学生通过考研获得研究生学历，那么其未来在职业晋升、薪资提升、落户以及人才引进等方面都会有优势。

面对如此严峻的考研形势，考生们怎样才能合理地选择目标院校以及判断自己所选专业是否定得太高呢？下面给考生们提供一些建议。

第一，用数据来判断。考生可以找到自己学校历年或者上届学生的报考和录取情况，用数据来判断自己的选择是否合理。具体来说，考生可以详细看看上几届考生中，班级第一名的考生报了什么学校，录取情况如何；看看多少考生相对集中地报考了哪几所学校，录取的成功率如何。总之，要用历年的数据来判断自己选择的科学性，不要一味地求高、新、特。第二，报考院校的级别很重要。如果报考院校与当前所在院校类似或高一级可以考虑。也就是说，如果你本身是普通高校的学生，可以选择高一级的省重点高校，那么相对比较稳；如果你本身是普通高校的学生，选择高两级的双一流或者普通的 211 高校，也说得过去，但需要付出极大的成本；如果你本身是普通高校的学生，非得选择高三级的高校，如高水平的 211、985 高校，那么不仅要看成绩，还要看专业导师的推荐等，需要全面提升竞争力才有可能成功；如果你本身是普通高校的学生，非得报高四级的如清华、北大等知名高校，那么要分析你的真实实力了，否则就是看命了。笔者的意思是，考研形势越来越严峻，考生们应该结合个人实际情况从多个方面进行考虑，通过合理的判断选择一所合适的院校，而不是好高骛远将目标定得太高。

二、怎么判断自己的实力

考生能否正确评估自己的实力十分重要，这关系到其能否合理选择报考院校，能否制定符合自身情况的学习规划，能否最终成功“上岸”。那到底如何去判断自己的实力呢？在这里，笔者给出五点建议，希望考生能够正确评估自己的实力。第一，看班级排名。如果你在大学期间班级排名靠前，那么在很大程度上能够证明你的学习能力很强、刻苦上进，这能为你报考一些优质的高校打下基础。因为大学期间的考试科目既包括数学、英语和政治这三门公共课，也涵盖核心的专业课。因此，如果你是实力型选手，那么可以根据自身实力报考比自己所在院校高两级甚至三级的院校。第二，看考研初试四科的成绩预判。考生可以将报考院校需要考的科目一门一门地列出，然后通过评判自身学习情况、结合老师以及学长学姐们的经验等，给每一个科目制定一个较为稳妥的目标分数，从而判断你的实际“战力指数”。这个“战力指数”就代表着你个人实力的强弱，也决定着你考试的上限。第三，看对目标院校的了解情况。俗话说“知彼知己，百战不殆”。在考研这场战争中，你要充分了解目标院校的报考情况、报录比和复试成绩构成，才能在择院校择专业的路上判断准确。所以，想要打好考研这场仗，拼的不仅仅是时间，也有通盘、通透和缜密的规划，这不仅要求你足够了解自己的实力，还需要你充分了解报考院校的实际情况，如该院校的考试题目难度如何？老师改卷压分吗？复试的录取比例是多少？每年招多少人？这些问题都需要多途径去了解清楚，只有这样才能够在考研大战正式打响前就对整体局势有深入了解，从而为充分发挥自身实力去打赢这场考研攻坚战做好准备。第四，看自身意志力。因为意志力强也是考生实力强的表现。一方面，如果考生考研备考的时间很有限，还老是拖延且无效地学习，那么无论看起来多么努力都对考研实力的提升没什么实质性的大帮助；另一方面，考研备考是一个孤独的过程，尤其是一个班级中或者一个寝室中考研的人数比较少的时候，不要被周遭的环境影响，而应激励自己一定要考上。所以，如果你是独自考研的考生，那么更需要强有力的意志力来克服外面的诱惑以及督促自己日复一日地学习，从而让自己处在心理上的健康状态。第五,一定要给出准确的预估分，与录取分数线进行对比。可以参考第二点提到的内容，给出一个较为准确的预估分之后，与报考院校往年的录取分数线进行对比，摸清自己的真实情况。如果你的预估分高于目标院校较多分，那么就坚定自己的目标，持续向更高的目标冲刺，以充分扩大自己的分数优势。总之，一定要给出准确的预估分并同目标院校往年的录取分数线对比，避免自己盲目报考。

总之，要首先判断自己的实力，特别是班级排名和自身意志力这两项硬指标；其次再看具体四科的预估分与录取分的对比情况；最后再看看自己对目标院校的实际了解情况。

三、选择统考还是自命题，要不要考数学

全国研究生考试科目一般包括四科，分别为政治、英语、专业课一（或者数学）和专业课二。第一，政治。该考试科目由教育部考试中心负责统一命题，属于全国考生的统考科目。第二，英语。英语又分英语一或英语二，

英语二会简单一些。一般而言，专硕考英语二，学硕考英语一。第三，专业课一。大部分专业课一是数学，而数学又分为统考形式的数一、数二和数三以及由学校自命题的数学考试题，各类别的考试难度和内容存在差异；还有部分专业不考数学，而是把专业课一的考试内容定为专业课内容。第四，专业课二。考试内容为所报考专业的专业知识。所以政治和英语这两门考试科目对于全国研究生考试的考生而言是相同的，而专业课一和专业课二的考试内容在不同的院校则存在很大的差异。

统考和自命题各有优劣，希望考生能够结合自身的实际情况，选择适合自己的考试科目。首先，是否考数学的问题。很多学生都这样认为，一定要避掉劣势不考数学，充分在专业课上放大自身的优势。由于大家都这样认为，会导致不考数学的专业竞争特别大，所以不鼓励学生放弃数学去冲所谓“好考一点”的院校。如果该专业考数学的院校很多且很容易调剂，那么建议考生考数学，因为从总体层面讲，选择考数学的专业竞争是远小于不考数学的专业的，也方便后期的调剂。如果选择考数学，那么又将面临一个问题，是选择统考数学还是自命题数学呢？统考数学相对自命题数学而言题目难度较大且复习时间较长，统考数学的痛苦是复习过程而非考试后的压力，因为它不仅使得考试竞争小了许多，而且到了万不得已需要调剂之时，能够让考生有更多调剂院校选择。反观自命题数学，如果考得一塌糊涂想要调剂很难，因为很多院校压根不考虑自命题数学的考生，所以看起来是考生报考容易了，其实后续的不利影响很容易暴露出来。如果你就是奔着一次性考上或者不考虑调剂的，那么可以坚定地选择自命题。其次，自身实力与预判的问题。选择自主命题数学就对自己狠一些，当成一锤子的买卖，因为落榜后不好调剂；如果数学特别好，又不想花太多时间复习，那也可以选择自命题数学来提分，冲刺 150 分，并将数学备考节省下的时间分配到其他科目的复习中，以此提高其他科目的分数，也是比较划算的。如果选择统考数学，那么要充分考虑整个备考期间遇到的困难，甚至要报个辅导班以提升自己的初试成绩并在调剂中占得一些优势。如果考研初试后，一志愿“上岸”无望但调剂院校很多，那么准备调剂院校的复试也是一个不错的选择。计算机专业作为近年备受考生青睐的专业，每年的报考人数都非常多，一个重要的原因就是计算机专业的考试科目包括了统考数学，调剂起来比较方便。最后，考生要结合自身实际学习能力和状态进行科目选择，因为只有明确自己的强势和弱势科目，以及分清各个考试科目的学习难度，才能有更加精准的考研计划，才能掌握自己的复习节奏。

四、什么情况比较稳

做出考研这个决定后，如何判断自己最终能否成功“上岸”？下面为考生提供一些评估“上岸”的依据，建议考生在备考期间从以下提及的五个方面进行适当调整。

第一，目标合理，战力支撑。首先，如前文所述，结合自身的学习能力和实际情况合理地选择院校和专业；其次，在备考过程中制定合理且对自身而言具有可操作性的阶段性学习规划，最好有详细的周计划、日计划；最后，根据自己制定的阶段性目标，认真且高效率地去执行。

第二，坚持复习，日复一日。研究生考试不同于大学期间参加的许多考试，因为它的备考时间较长且需要构建知识体系，需要系统性的专业知识学习，而非几日之功可成。如果你仅仅是假装努力地学习，还认为“考前突击”或者“几日就可速成”，那么你的考研结果往往不会尽如人意。所以，建议考生让自己始终处于学习的氛围和知识的滋润之中，并且始终保持着持之以恒的坚强毅力，这样才可能成功。

第三，宿舍保障，齐心协力。关于“考研学霸宿舍”“宿舍全员都‘上岸’”等新闻每年都有，究其原因就是舍友们的学习方式类似，都有着良好的学习习惯和坚强毅力，因此在相互督促的氛围中不断上进。此外，如果宿舍的氛围好，大家还可以通过提问、相互帮扶的方式提升备考的准确性，宿舍齐心协力的学习环境会成为一种无形的力量督促着大家共同上进，也是一种福缘。例如，当你晚上回到宿舍，发现室友们都在学习，此时的你若开始刷搞笑小视频、玩游戏，心里会不会感到有一点惭愧呢？是不是会有一种被大家赶超的紧张感呢？所以，努力学习的宿舍环境也是保障你成功“上岸”的一个重要因素。如果你足够幸运，室友们都和你一样是拼命考研群体的一员，那么你就保持着自身原有的学习节奏，稳扎稳打地备考学习即可；倘若你和室友所处频道不同，未来的就业方向差别很大，那么嘈杂和斤斤计较的宿舍环境不仅没有为自己考研保驾护航，反而降低了学习效率和成功“上岸”的可能性。那么此时，考生们可以搬出宿舍或调整宿舍，为自己创造一个良好的学习环境，不让自己的学习计划和阶段性目标受到影响。

第四，从没动摇过心中的执念。考研是一个人的修行，既然自己前期已经综合多个维度选择了一所心仪的院校，那就不要左右摇摆想着换院校，不要想其他杂七杂八的琐事，用顽强的意志力去干就完了。唯有具备较强意志力的同学，才能够时刻提醒自己坚持目标选择，才能够心无旁骛地埋头苦干和保持充足的学习动力，考研“上岸”的成功率也更大。

第五，家庭环境的影响。父母不和总吵架、家庭经济压力大、父母不支持考研、家庭无法提供学习的条件、家里杂事多等往往会耽误考生的学习时间，影响学习效率，因而家庭环境的保障也是考研“上岸”的一个重要因素。如果家庭环境很糟，要想办法让自己的内心稳定下来，克服心理上的压力和家庭的干扰，默默地甚至流着泪地咬牙坚持下来，从而为考研提供安定的内心保障。

五、辅导班有用吗

考生是否有必要报个辅导班，或者找个名师进行择院校择专业的辅导，这需要分情况讨论。第一，考研前一年的 12 月份还未确定院校专业之前，可以选择去听听考研名师的择院校择专业课，围绕自己所选专业让考研辅导班的老师给出方案，之后自己去详细了解目标学校的优劣，充分调研后再确定院校和专业。第二，学习能力较差且只为“上岸”，那么报个辅导班来择院校择专业是一个不错的选择，因为专业的考研辅导机构对于全国各地的考研院校及其专业较了解，考研名师能助考生找到相对好考的学校。第三，对于目标院校初试题型难度、复试的考试内容、报录比、复试录取人数、考研真题等问题不太清楚的同学，也可以通过辅导机构获取一些有价值的信息，从而不打无准备之仗，加强对目标院校的深入了解。第四，知心老师的话一定要听。很多时候考研辅导机构老师虽然了解全国各地院校的情况，但不如知心老师对特定院校考研情况的了解全面。究其原因，辅导班是对全国各层面各个院校深入对比，是一种大众化的模式参考，所以辅导班有时候不具有针对性。知心老师是综合了考生的学习能力，以及目标院校的详细情况、专业含金量等各个方面给出建议，或许对考生个人而言更具有价值。第五，非常坚定和自信的考生不需要去报择院校择专业的辅导班。因为一般情况下，这类学生不仅学习基础较扎实、学习态度认真和自我管理能力较强，而且内心深处一直都有着自己的追求，所以他们能够合理、科学地给自己一个定位，不会不理智地选择一个不符合自己预期的院校去傻拼。

六、不要不计成本地瞎考

随着近几年就业压力增大，以及本科毕业生人数逐年增多，绝大多数学生首选就是考研，提升自己的学历后再做就业打算。但是，切忌盲目跟风考研，否则会将原本可以找一个好工作的机会给浪费掉，甚至因为自己不适合读研而读得异常痛苦，最后也没有找到好的工作。就时间成本来说，考研需要消耗巨大的精力，因此绝大多数考生都是在大三下学期就开始没日没夜地准备考研直到大四上学期，一年的时间除了吃饭睡觉都在拼命备考。从历年一般院校（非重点类、双一流类）考研学生人数的调查统计来看，大多数情况下，如果一个班共有 100 人，有 70 人选择考研，那么第一年真正考研“上岸”的最多有 40 人。也就是说，通常一个班的考研成功率最多 50%，如此算来考研时间成本和考研成功率的反差极大。伴随着近几年考研人数的大幅增长，而研究生的招生人数却没有大幅增加，那么考研录取分数线就会越来越高，内卷越来越严重。以 2022 年河南大学地理与环境学院地理学专业考研情况为例，考研分数 400 分以上的学生就有 40 多个，且录取分数线比上年提高了 40 多分，而这种现象已经成为近年考研圈的一种普遍现象。所以，面对竞争如此激烈和成功率相对不高的考研形势，考生们应该慎重选择，不要盲目乐观地认为自己很容易就能考到某个心仪的院校。如果你不喜欢科研并且没有进高校搞学术的打算，那么用一年备考研究生的时间来准备选调生、公务员考试、招教与西部计划等也是不错的选择。心里迷茫对未来不确定之时，在就业和考研之间不知何去何从之时，建议你先看看下面的四点建议。

第一，激情不等于实力。虽然激情是一种难能可贵的力量，能够调动起人生的奋斗力量，但在考研过程中，激情不能转化为实力，使劲努力也不等于成功，因此，不要在激情的冲动下做出错误的抉择。总之，建议考生不要将无实力的斗志作为考研“上岸”的支撑，而应好好地选择一个合理的院校进行踏踏实实的复习。

第二，信念不等于付出。部分考生对自己特别自信，相信自己一定能考上目标院校，而且每逢和人交流就表现出异常的自信。自信对于一个人而言确实很重要，但是考研的信念要建立在原有学习基础和日复一日的付出之上，骄傲往往容易马失前蹄，因此考生一定要稳住自己的心态，避免人前卖弄，否则容易落个自负自傲的结果。人可以坚信自己 20 多年的付出会换回一些成效，但请不要盲目自信一定会成功，因为天狂必有雨，人狂必有祸，行走人世间，低调没有错。在考研路上保持低调、努力付出是没有错误的。

第三，捡漏不常在。考研名校的冷门专业或者名校的录取分数不高是可遇不可求的，并不是常见的事，切忌考生抱有任何有关能考研捡漏的小心思，因为这种想法不仅影响备考期间的学习，而且让本来可以上一个中等学校的机会也丧失了。可能很多考生会看到网络上发布的三本或者专升本的同学成功“上岸”985 名校的经验帖，又或是身边的师兄师姐“上岸”某 985 名校等，然后就觉得考名校也很容易，把个例当成了必然，在不认真调研的情况下很容易失利。人的能力有差异，付出也有差异，偶然不等于必然，别人“上岸”了，可能是投入了常人根本无法估量的时间成本和精力，又或者他们是以最后几名侥幸被录取的，因此建议考生不要有捡漏的心态，脚踏实地努力学习才是硬道理。

第四，运气不要用在考研上。有人认为，考研有时候像博弈，你付出的很多，不一定考得最好，你抱着试试的态度，可能就“上岸”了。还有人说，自己运气很好，考研也能像高考那样化险为夷。无论如何，不要把考研压在运气上，因为输不起，输了之后命运更惨，会陷入宿命论中。如果你决定了考研就义无反顾地向前冲。考研是需要全身心付出的，而不是赌运气的，不要觉得每年的 12 月份自己的运气就特别好，就理所当然地去考不符合自己实力的院校，殊不知这种小心思其实不靠谱，还会误了职业大事。总之，考研的激情不等于实力，考研的信念也不等于付出，所以趁早打消捡漏和赌运气的心态，真正地去了解考研，为自己做出合理的报考规划！

七、坚定自己的选择

坚定的信念是考生的精神支柱，也是考研遇到困难后支撑自己走下去的无形力量。复习不顺、心情很烦、精神压力很大的时候，考生如果能看到某人给自己写的一些寄语或者心中偶像写给自己的鼓励，学习动力立马就增强了，信心也会增强很多，因此有时候信念的力量非常强大。考生如何才能在整个备考期间坚定自己的选择，让自己义无反顾地复习呢？

第一，调整好心态。首先，要明白从开始准备到整个考研结束，会遇到很多的困难和消极情绪，甚至有时候开始怀疑人生，但始终需要牢记这是再正常不过的一个心理过程，让信念的力量积极地去化解这些无形的干扰和情感上的压抑。其次，坦然应对消极情绪，靠信念的力量与它们作斗争，不要被负面情绪羁绊，人不要总在小事情上论输赢，往往是赢得了一时的痛快，而输了对远大理想抱负的追求。最后，在整个备考期间一定要学会稳住心性，使自己心无旁骛，因为良好的心态不仅能够助你在备考期间高效，还能够助你在考场中正常发挥甚至是超常发挥，所以稳定的心理素质非常重要，需要认真地锻炼。此外，考研期间调整心态的技能也会成为人生一笔无形的财富，之后在遇到各种苦难时，你不禁会发出感叹“考研的苦我都吃过了，还害怕这点苦”。

第二，时间要精确化安排，好好准备每一科的复习。磨刀不误砍柴工，要办成一件事情，就要先行筹划、进行可行性论证和合理的步骤安排，做好充足的思想准备，创造有利的发展条件，因为这样会大大提高办事效率。因此，建议考生在正式备考前，通过专业老师的帮助，结合自身的实际情况，精准地对每一个考试科目做出规划。首先从整体出发，将整个备考时间划分成几个阶段，并且合理地安排好在各个阶段四科需要完成的内容。其次从局部出发，规划好每个阶段四科的学习模式和方法。最后基于前面两步所提到的对整个备考时间的规划，再列出每一阶段中每月、每周、每日的目标任务，紧接着就是稳扎稳打且高效地去完成自己规划好的每项任务。

第三，强项稳定，弱项提高。具备了好的心态与合理的规划，还需要一定的学习技巧，因为如果不重视思考论证和归纳总结，而只顾着埋头苦读，最终的效果往往不会太好，至少想要取得高分是不太可能的。因此，建议考生们在整个备考期间要积极主动地去总结，将自身的强项稳定，大幅提升自己的弱项，提升自己初试的综合能力。比如：如果你的专业课基础比较弱，那么首先需要多花时间且提前熟悉所有参考书籍的知识点，让自己对整个知识框架有系统的了解。其次针对考试出现的每一个题型整理一份满分答题模板，例如一道 5 分的名词解释，大多数考生只会写上这个名词的含义，但若想这道题拿到满分，那么答题模板可以分三部分：①名词的实际的含义；②简要回答它的特点、性质或背景等；③它的价值和意义。不要小看这名词解释的 1~2 分，当整张试卷的每个题型你都拥有这么一套完美的答题模板，那么你比其他人高 10~20 分是再正常不过的事情。最后就是坚持日复一日地背诵知识点并在考场中控制好答题时间。此时，弱项经过提升，不仅分数提高了很多甚至会成为强项，那么综合实力自然变强了。总之，坚定自己的选择，并从心态、规划、技巧和战略四个方面进行综合谋划，让自己的目标更加坚定。

第二十一章

考研要不要报辅导班

到底要不要报考研辅导班，这个问题因人而异，因为每个人的基础实力不一，还与每个人的自律程度、学习能力、搜索能力、专业基础、目标院校选择等因素密切相关。

考研不只是拼实力和运气，也拼时间，因此报辅导班也可以给考生节约一些时间来提升弱项。然而，市面上的考研辅导班良莠不齐，很多是靠宣传打口号的，并非真的有实力，所以要擦亮双眼，避免上当受骗。此外，现在是信息化和网络化的社会，考生可以多上网寻找对自己有用的信息和资源，去找目标院校目标专业高分“上岸”的学长学姐，让他们推荐，也不失为一种策略。总之，报辅导班前一定要多方了解，通过查询师资的配备、上课的效果、课程的质量和口碑等综合决定，不要随意选一个辅导班凑合。值得说明的是，很多辅导机构会夸大辅导效果，因此一定要多方考察、慎之又慎，毕竟辅导班只是起辅助作用，关键还要靠自己的坚持和努力！此外，有些辅导班会进行饥饿营销，好像考生不报辅导班就不行似的，所以在任何情况下都要保持清醒和理智，不要急、不盲从，避免使自己陷入纠结的泥潭。如果想求心安，报班前可以提前（付费）试听，看看老师的风格适不适合自己，能不能学到东西，学习之后再确定报不报。本章从报辅导班的优点、缺点、误区、人群、定位几个方面进行阐述，希望对考生有所帮助。

一、报班的优点

1. 学习氛围好，学习交流密切

首先，学习氛围较好，有共同的目标。选择报班的考生，大部分是有梦想并且努力奋斗的人，因此在一起线下或者线上学习的过程中，学习氛围很好、学习动力很足，甚至可以在学习的过程中收获一份友谊。此外，考生之间可以共享资料，共同探讨一些复习要领，也可以在交流中提升学习深度。其次，彼此鼓励，调整节奏。考生间通过交流不仅可以了解各自的复习状态，也可以了解各自的复习进度，从而及时调整复习的节奏，在相互鼓励中提升各自的实力。再次，考生间可以相互监督、互诉衷肠，有利于调节不顺的情绪，在心理上产生一些慰藉。最后，一同上课的考生、考研机构的老师会一路相互陪伴，让大家在考研的路上不那么孤单，不那么无聊。

2. 有名师指导，复习有针对性

报班当然是为了有针对性地学习，因此有了专业性老师的指导和帮助，有些弱项很容易得到强化，较难的知识点也会得到很好的消化，复习效率会大幅提高。值得一说的是，有了专业老师帮忙解答，遇到不懂的问题会比自己复习要好很多，因为可以及时与老师进行沟通，快速解决自己的疑惑。如果你的复习内容很多且压力很大，那么可以在老师的讲解下，抓住复习的重点，从而找到自己的复习节奏。总之，如果你在复习中很迷茫，也没有好的复习计划，可以考虑跟着辅导班的节奏进行有序复习，从而在考研的路上借一臂之力。

3. 知识理解深，获得答题技巧

辅导班的老师会根据自己架构的知识体系，进行知识点的深入讲解并给出配套的解题思路和相应的案例剖析，因此复习效果会得到加强。此外，很多辅导班老师会根据题型进行深度挖掘，将题型的变化、考试的内容深度、复习的要点等串联起来进行讲解，可以让考生获得不同类型题目的解题思路和技巧，有利于找到突破口，提升部分题型的成绩。

4. 老师经验多，复习少走弯路

辅导班的老师会专门研究题型变化、考研重点增减、解题技巧的规律，因此他们的知识积累更多、解题思路更活、回答问题的深度更深，能从经验上帮助考生少走一些弯路。如果你的学习水平不高，一点一点复习的效率也不高，那么可以借助辅导班老师的力量，将自己的复习计划纳入安排的复习进程之中，抓住考试的重点、难点、深入点、答题要点，熟悉大纲的新增点、删除点等，从而在你对知识点迷茫时为你理顺知识框架，标出重点详略，提高细化知识点的效率。

5. 团队帮助下，增加复习信心

考研辅导往往不同科目有不同的老师，每科老师都不一样，所以他们是以集体的专业优势帮考生解决难题。现实中，如果考生能力不强，很多基础知识点都不了解，那么及时上辅导班就会有明显的提升。此外，辅导班的老师还会围绕大纲的变化、阶段性的重点和复习阶段面临的各种心事解疑，也能帮助考生建立自信。如果你真的心神不宁、复习没有法则的话，可以考虑报一个辅助班，增加复习的信心和备考应试的精准性，缓解紧张不安的情绪。

二、报班的缺点

1. 节奏易被打乱

有些学习优秀的学生，有属于自己的复习策略和套路，只需要加强部分弱项的学习就可以，不喜欢老师一步一步地辅导，因为这样不仅拉长了自己原有的复习计划，而且听到了很多重复性内容。值得说明的是，考研辅导班的老师主要是针对普通学生甚至是差生准备的，风趣幽默的老师固然可以很好地调动积极性和学习欲望，但对于学习特别优秀的学生，反而会打乱其原有的复习计划，所以如果同学们很有自己的一套学习方法，而且学习成绩特别好，可以不选择这样全面讲解的辅导班。

2. 耽误备考时间

辅导班为了吸引学生参与，在不同阶段会取不同的名字，如基础班、强化班、冲刺班、押题班等，而且每个阶段的课程费用还不低，如果你陷入其布设的套路中，不仅花费了大量金钱，而且投入很多无谓的时间，反而使自己的复习效率不高。总之，一定要根据自身的情况，不要每个阶段的班都报，觉得需要冲刺强化一下的时候就投入点钱，让辅导班融入自己的复习计划之中，而不是让辅导班牵着自己的鼻子走。

3. 报班成本较高

辅导班就是为提分而产生的营利机构，因此很多面授班、一对一 VIP 班都价值不菲，所以要根据自身的财力来决定，不要不考虑实际情况而盲目地投钱，否则很有可能使你在背负金钱压力的情况下，复习状态也受到影响，到最后反而抱怨辅导班的作用不明显或者怀疑自身实力。所以，家庭不是很富裕且学习成绩较好的同学，择有用的学一些或者到网上找些免费的资源学习也未尝不可，不要陷入辅导班可以包治一切、一定可以“上岸”的错误思维之中。

4. 选择容易出错

市面上辅导机构太多，很多小型的机构往往资质不全，仅仅给同学们提供一些表面上的督导，而不能深入挖掘答题的技巧和大幅提高学习效率，如果你为了节约资金或者图方便随便找了个小辅导班，很容易上当受骗，甚至陷入一些矛盾纠纷之中，不仅学不到自己想要的内容，而且复习的心态会受到影响。另外，虽然一些辅导班有名师和完整的考研攻略，但如果它不适合你的复习计划和性格特点的话，往往复习效果并不明显。也就是说，如果盲目地跟从了一个辅导班，很容易造成既浪费时间又浪费金钱的结果，陷入出力出钱不出效果的尴尬局面。所以，在选择辅导班时，一定要选择既有名师又能给你带来实际效果的机构，不要一味地求贵，也不要一味地考虑全面性，一定要适合自己，否则很容易选到不理想的机构，耽误了自己的复习。

三、报班的误区

1. 师傅领进门，修行在个人

报辅导班并不意味着你一定能够考上，而有些辅导班就打着旗号说“参与我们的辅导班，一定能 ×××”，往往使得一些学习成绩差的学生上当受骗，最后折腾了一圈也没有考上理想的学校，抱怨不已。从正常思维可知，辅导班的老师只是提供了一个系统的复习计划和全面的辅导讲解，只能帮助你在已有的基础上提升，不能让你迅速达到高分。如果你被辅导班洗脑了，完全依靠辅导班的讲解和答题攻略，那么个人的能动性将大幅下降，复习的效率也会大打折扣。所以，即使你报了辅导班，甚至很贵，也要学会分析其中的利弊，重新整理自己的复习计划并分析自己的得失，从而在自我修行的路上不断提升综合实力。

2. 自己也是掌舵人

如果你将重心完全放在辅导班上，那就有可能让自己处于不适应的状态，一方面花了过多的复习时间在辅导班的学习上，不利于自我整体复习进程的开展，另一方面跟着辅导班的步伐没有强化自己弱项的复习，疏于真正要点知识的提升，那么复习的效率也不高。其实这两方面都是大忌，因为考研很重要的一点是要有自己的步伐，牢记自己才是考研复习的真正掌舵人。总之，辅导班只是给你提供了学习上的保障，而不能围绕你自身的知识体系、性格特点、意志品格等方面进行综合研判，所以如果过分依赖辅导班，往往容易陷入错误的轨道。

3. 一分价钱一分货吗

基于考研改变人生发展轨迹的重要性和获得研究生文凭的潜在价值，各类辅导班都想在其中分得一杯羹，因而出现了择院校择专业辅导班、全科辅导班、单科辅导班、专业课讲授班、小班化辅导班、一对一 VIP 班，让人眼花缭乱。在众多的辅导班中，有些就是滥竽充数，所以一定要好好甄别，避免选到一些空壳套现的辅导班，最终让自己后悔不已。有些同学可能觉得价钱贵的比较好，也有些同学资金不太宽裕想找个便宜的，但无论是贵的还是便宜的，都要好好听听课，多看看口碑，贵的不一定好，便宜的也不一定不好，谨慎选择。

四、报不报班，你需要正确评估

1. 合理评估自身基础情况

怎么才可以正确评估自己的分数呢？首先，可以根据四六级成绩大概预测英语的分数。例如，如果你英语六级 500 多分，那么你英语预测 70 分也不为过。究其原因，虽然英语四六级和考研英语题型差别较大，但还是有 60% 以上的相关性，毕竟英语考查方式有很多类似之处。如果你英语四级都没过或者刚刚擦线过，那么可以考虑报个班来提升自己的英语水平。其次，可以通过大学思政类课程成绩如思想政治、形势与政策等来大概评估你的政治分数。如果你平常思政类的课程成绩很高，每次考试都在 80 分以上，那么考研政治按 75 分预估也不为过。如果你的思政类课程老是不到 60 分，那么可以考虑报个班来全面提升自己的成绩。再次，数学可以参考历年真题，多模拟几次，看看自己大概的得分情况。如果你的分数总在 90 分以下，那么可以找个辅导班提升一下，因为基础数学知识不牢的话，会造成考研成绩不理想。如果你大学前三年的成绩一直名列前茅，数学、英语、专业课都在班级里排名比较靠前，那么就不要报辅导班了，你已经形成了体系化的复习方法，只需要制订一个详细的学习计划就行。对于大学里没能好好学习且还想冲刺名校的同学，那么可能需要报班来强化一下，一来有人监督利于保障复习的时间，二来有人帮助效率更高。此外，没准自己看了一周时间的知识盲区或者难题，辅导班老师稍微一点拨你就明白了。也就是说，在自身实力特别弱的情况下，报辅导班可以少走些弯路。

2. 评估一下要不要短时间快速提升

如果说你平时学习能力十分强，有自己成熟的复习方法和复习模式，可以按照一定的习惯快速掌握各种基础知识并且无师自通，考研仅靠自己的默默付出就可以搞定，那么完全按照自己的模式复习就可以，是不需要报辅导班的。如果你的学习能力一般，难一点的东西需要看几遍才能看懂，做题时候的思路总是打不开，那么可能需要尝试报辅导班，以求得在短时间内快速提升。也就是说，如果你的实力不济，又需要短时间提升自身实力的话，可以寻求一些辅导班名师的指导，从而节省一些时间去复习其他科目。

3. 评估自己备考是否有自制力

如果你平时学习专业知识的时候非常有意志力和抗干扰能力，且学习能量总是十分充沛，能做到两耳不闻窗外事，一心只读圣贤书，并且可以按部就班地执行自己的计划，那么你可以考虑按照自己的计划学习。相反，如果你的自制力和自觉性比较差，抵制不住各种诱惑，平时总是懒懒散散，那么还是建议你报个班，通过辅导班来约束不自律的行为，从而保障学习时间和复习效率。值得一说的是，报辅导班辅助学习就是督促你复习的一种外在动力和鞭策手段，不要完全寄希望于辅导班的“魔力”和“神奇”，否则容易陷入对辅导班的迷信之中。也就是说，真正起决定性作用的还是内力。

4. 目标院校和专业的竞争压力

有些同学考研的目标就是上一个普通的院校，能过线“上岸”就行，那么这个时候可以报个辅导班来提升一下公共课的实力，避免连国家线都没有达到，被淹没于考研的大军之中。此外，如果你报考的那个专业竞争压力特别大，很多同学都报了辅导班以提升自身的实力，这个时候你也需要考虑报辅导班，以全面提升自己的战斗力，避免自己在竞争中丧失有限的优势。也就是说，如果你想报考热门院校、热门专业或是热门地区，那需要考虑早早开始复习各门课程，最好报个辅导班。如果你只想“混”个研究生文凭，那就报考一个普通院校的一般专业，或者是不热门院校的普通专业，或者热门院校的冷门专业，那就不需要报班了，因为考研的难度你完全能够应付，也能够在自律的复习中实现预定目标。

五、你属于以下四种情况吗

1. 自身非常优秀，不需要辅导班辅助

如果你的英语六级能考 600 分，数学轻轻松松能达到 120 分，专业课成绩在班级的排名非常靠前，那么你不需要非得为了提高几分报辅导班，因为你的学习成绩就代表着考研的战力指数，完全可以按照自己的步伐顺利“上岸”。双一流高校班里前 3 名或前 5 名的同学完全没必要报辅导班，因为他们具备很高的基础实力，只要保持好的学习习惯且充满斗志，完全能够在考研竞争激烈的赛道中胜出。如果非想报个辅导班体验一下，那可以报个冲刺班或者押题班，有个外在的督导，从而强化学习效果。

2. 自身基础较好，需要报班全面追击

就像笔者这种类型的同学，本身学习成绩就不错，想在考研备考过程中通过辅导班的强化再提升一下自己的战力指数。当时笔者报考辅导班的目的是，一方面可以让辅导班的名师提供一些解题技巧、方法论，另一方面辅导

班周密的课时计划会促进系统性学习，从而保障学习效率。笔者从一开始就抱着这样的想法，不指望辅导班能带来翻天覆地的变化，“能加 5 分是 5 分，能加 3 分是 3 分”就是比较清晰的认知，因为笔者清楚辅导班的作用就是让自身的实力有所提升，但不是飞跃式提升。现在想想，不觉得当时政治考那么多分是辅导班的功劳，而是笔者努力复习、不断刷题、拼命奋斗的结果，只不过辅导班起了助推作用。当然，笔者的数学分数有所提升是有辅导班的功劳的，英语达到 70 分辅导班的作用也是很大的。可以说，好品牌的辅导班还是有实际作用的。在现实中，不乏这样的同学，本身非常优秀，但还想通过外界的监督让自己的成绩往上提一提，就报了辅导班，因此他们初试取得很高的成绩，在复试中也占得先机。

3. 学习习惯较差，无法自我约束

如果你自身的学习习惯非常差，不仅学习方式是三天打鱼、两天晒网，而且总是无法进行自我约束且复习效率极低，那么可以选择报个辅导班，从而保障学习的时长，提高复习进程中对知识的理解。比如说，你就是喜欢学一会儿、玩一会儿，状态不好就去打篮球或追剧，手机响了就拿过来刷一会儿，连这点自控能力都没有的话可以报个班进行约束性督导，因为在辅导班的压力下你的复习效率会有所提升。然而，即使你报了辅导班，也不能保证完全学到纯粹的知识，因为有些辅导班的名师为了提升课堂的活跃性，除了会讲专业知识，还会讲很多笑话、小故事，那么你最后会觉得自己实际学到的不多。值得说明的是，这些辅导班老师讲授的答题技巧的确能让你在学习中有所提高，所以缺乏自我监督、自我约束的同学在辅导班学习的过程中变化是十分明显的。

4. 基础非常薄弱，推荐报班辅助提升

笔者亲身经历过这样的案例，一些同学考研英语模拟只能得 20 分，可以说英语特别差，但经过辅导班一些名师指导或者一对一的精细化辅导，基础实力迅速提升，答题技巧也明显提升。例如，英语的阅读理解题怎么选？有没有答题技巧？有没有一定的规律性？辅导班的老师会通过阅读后面的题目找文中的关键句进行反推，而不是理解全文，这就让很多同学在不理解文章全部意思的情况下选出正确的答案。还有一些考研名师，会通过一两个单词的反推或者 ABCD 的组合顺序，来判断选择哪个答案的可能性最大，总之方法各式各样，你不得不佩服这些老师的“奇思妙法”。另外，辅导班的老师会针对翻译、搭配、写作等题型加强练习或者给出一些解题模板，通过训练和强化，让一些工科考生的英语成绩迅速达到 30 多分，满足国家线的要求，从而保证英语不拖后腿。

在专业课复习方面，考生也可以通过报有名的辅导班或者一对一的 VIP 班学习，针对历年真题进行训练，领悟做题技巧。说白了，辅导班还是有价值的，优质的辅导能让复习效果大增，成绩也会有质的提升。

这是笔者对四种类型考生是否适合报辅导班的基本看法，仅供大家参考。最后还想强调一点，辅导班只是辅助你往上提分，具体能提高多少，是个人能力、禀赋、理解力、意志力、领悟力和学习态度等因素综合起作用的，所以不要被某些辅导班的宣传蒙蔽了双眼。

第二十二章

专硕和学硕究竟有什么区别

记得三年前的一天，一个笔者带的毕业班学生找笔者聊天，说着说着就哭了，感觉考上研究生后很后悔。究其原因，他在报考研究生的时候不理解专硕和学硕的区别，以为考上硕士后就能顺顺利利地考博了。事实上，他考的那个硕士，属于学科教学类的，一年学习专业课，一年忙于实习和写毕业论文，时间很赶，毕业目的很强，就是当初高中老师，几乎没啥人考上博士。所以他了解情况之后，觉得自己以后考上博士的可能性非常小，就哭了起来。虽然专硕以培养技能和择业为主，但通过自己的努力多发一些论文，多注重学术素养的提升，以后还是有机会考上博士的，只是比学硕考博的机会少一些而已，有志者事竟成！或许还是受专业课学习压力和培养方式的影响，这个学生最终没有考博士，但每次聊及此事他还是心有不甘。那么，针对这个问题，本章就重点剖析一下专硕和学硕的区别。

一、培养目标

专硕指的是专业型硕士，其最重要的特点就是以技能为核心的培养方式，即学校通过 2~3 年的培养让学生获得一门技术，从而服务于地方建设、企业需求和各部门的一线需求。也就是说，专业型硕士是与其职业紧密结合的，获得专业型硕士学位的人，主要不是从事学术研究，而是从事具有明显职业背景的工作，如工程师、医师、教师、律师、会计师等。简言之，专业型硕士培养是一种以专业实践为导向，重视学生实践性技能培训，将其培养为在专业和专门技术上受到正规的、高水平训练的高层次人才的培养方式。

学术型硕士培养是以发展学术研究能力为主要目标，培养学生科研探索能力、学术思考能力和学科创新能力的一种学者型、科研型、探索型人才培养方式。也就是说，学术型硕士在学科素养上、实验性探索创新上具有很强的优势，在逻辑思维和独立思考方面亦具有较好的优势，因此其侧重于学理。从最终培养看，学术型硕士多数是以培养学术职业传承人或科研机构研究人员为最终目的。专业型硕士则是实践型硕士培养模式，以发展某种特定职业背景下的实践创新能力为主要目标，主要培养行业领域的业务骨干。

两者之间的联系在于，学术型硕士和专业型硕士都是国家高层次人才培养的组成部分，前者侧重于理论研究和探索世界万事万物的演变之理、结构之理、机制之理等，而后者侧重实践应用技能的培养，以培养安身立命的技能为根本。两者的区别在于专业型硕士是培养社会需要的技能型人才，偏重于实习、实验、技术和技能；学术型硕士则主要培养科研创新人才。

二、培养方式

通过了解上述的培养目标可知，学术型硕士的课程侧重于基础理论的学习、科研方法的学习，重点是培养学生从事科研创新工作的能力和素质，因此关于如何做科研、如何探索事物变化之理的基础课程较多，做实验、写论文等方面的技能课程也比较多。

专业型硕士课程设置以培养学生的实际动手能力和操作技能为主，以解决就业为目标，因此实习实训的技能课程较多，和外部企业的合作性实习也较多。从具体的课程看，强调理论与应用课程的有机结合，通过技能性训练强化案例剖析、项目带动和实习实训等内容，着力培养学生的操作技能。从实习实践的要求看，专业型硕士注重培养学生解决实践问题的意识和能力，要求专业实习环节不少于半年。

从趋势上看，2020 年国务院学位委员会、教育部发布的《专业学位研究生教育发展方案（2020—2025）》明确指出，到 2025 年，增设一批硕士、博士专业学位类别，将专硕招生规模扩大至硕士研究生招生总规模的三分之二左右，并大幅扩招博士专业学位研究生。从上述文件传递的信息看，未来专业型硕士的培养规模将进一步扩大，培养机制也将进一步完善。

三、学费和学制

学硕和专硕的学费差异很大。一般而言，学硕的学费不超过 10000 元 / 年，大多数学校的学费是 7000~10000 元 / 年。专硕的学费则差异极大，学校的级别或者培养效果越好，学费越高，每年几万到几十万元不等。普通本科学校的专硕学费往往与学硕差别不大，一般不超过 10000 元 / 年。

学硕的学制一般是 3 年。专硕的学制有 2 年，也有 2.5 年，还有 3 年的，但伴随着学校培养模式变革，很多学校的专硕也变为 3 年制。

四、读博方式

在以往的政策中，本科生可以直博，硕士生可以硕博连读，即由导师推荐、遴选小组评估后免试入学，省去了很多统一考试的环节。也就是说，在读期间如果学硕各方面都特别优秀，可申请由自己的导师来指导读博，无须报名参加博士生统一入学考试，直接学习相关的专业课程。伴随着新时代研究生教育改革的推进，很多专硕也逐渐纳入硕博连读的系列，两者之间的差距在逐渐减小。但从当下的情况看，多数专硕必须等到硕士毕业以后，以应届生的身份考博或者走申请考核制读博，报名并参加博士生统一入学考试。考试包括初试和复试两项，在依次完成各项考试的情况下，考生可由学校择优录取入学，并安排进行课程学习。

五、考试内容难度

从一般意义上讲，学硕的考试内容难度比专硕的大一点。具体来看，初试的政治内容一样，没有什么差异。初试的英语，专硕一般考英语二，学硕一般考英语一，考试难度专硕明显低一些。初试的数学，专硕一般考数二，学硕一般考数一，考试难度专硕低一些。当然，有些学硕也考数三，虽然大纲内容比数一少，但题目出得比较精细，难度不是想象中那么小。所以，从考察知识的系统性和深度看，数一大于数三大于数二。因此，从考试难度看，学硕的难度大于专硕，需要认真备考才会有胜算。然而，从目前的报考选择看，由于专硕的招生人数扩招且有些科目是联考的，竞争反而更大一些。

六、导师

从学硕的导师看，一般是由一个导师负责，最多由一个导师辅助，导师组承担培养、教学、答辩等工作。在基本职能方面，研究生导师对学生进行课程教学、课题研究指导与学位论文指导，最终指导学生通过答辩后毕业。在导学内容方面，研究生导师对学生读研期间的全过程进行指导，不仅涉及基本的学习内容，而且包括论文写作、实验指导、参与学术会议等。

专硕一般实行双导师制，一个学业导师，一个职业导师。根据教育部相关文件精神，各专业学位研究生培养单位要建立健全校内外双导师制，以校内导师指导为主。在培养过程中校内导师以教授理论知识、学术指导为主，而校外导师则以培养技能、指导实践为主，甚至帮助学生解决就业。

七、毕业难度

专硕和学硕要想顺利毕业，都必须要学完基本的课程并获得相应的学分，以及通过毕业论文答辩，因此毕业的流程基本一致。除此之外，学硕会要求学生发表小论文甚至有发表刊物的级别要求，因此学生需要付出极大的精力才能保证小论文发表且顺利毕业。从毕业论文要求看，学硕重视对学生科研创新能力的培养，要求学生在某一专业领域获得拓展性或者创新性的贡献才能毕业。如果论文写作很普通且达不到创新方面的要求，那么毕业会较为困难，因此从毕业论文的写作难度看，学硕要略微难一些，但也因学科而异。专硕在培养过程中侧重于技能的学习和实训，因而获得相关的操作技能积分比较重要。从论文写作看，很多学生在实训的基础上，通过技术操作和社会实践就可以完成撰写，因而从整体层面看，毕业论文的写作难度略低一些。值得说明的是，不同的学科差异还是很大的，如有不当请多多批评指正！

八、考取难度

学硕因为更强调扎实的理论基础及学术创新能力，而偏向于从学业和综合表现优秀的本科生当中招推免生，也就意味着保研名额占据多数，留给考研的名额比较少。从 2022 年一些高校的招生公告和部分专业录取变化看，很多专业只招保研生或者直博生，充分显示出学硕培养风向的变动。也就是说，学硕的名额少且考试难度较大。当然，有些学科如医学、计算机等，学硕的竞争压力反而不如专硕，学科的差异很大。从每年 9 月份发的招生公告看，大多数院校公布的当年招生计划是拟定的，实际的招生计划需要等到当年的推免工作结束后才能确定，这就给本来名额就少的学硕生带来了很大的不确定性。举个例子，2021 年招生计划说招 40 人，按照惯例，保研名额占一半，考研统考招 20 人，结果等你复习到 9 月、10 月，发现保研名额增至 25 人，留给统考的名额只剩 15 人了。专硕名额一般比学硕多，考取难度相对较小，但伴随着考研人数的增加，录取的难度也逐渐增加。

九、调剂机会

学硕的考试科目一般可以涵盖专硕的初试科目或者说其难度达到了专硕的考试难度，因此调剂一般是学硕向专硕调剂。当然部分学科有差异，也存在专硕向学硕调剂的可能，如临床医学类专业。总体上看，专硕的考试科目和考试难度决定了它调剂到学硕的可能性较小，即学硕可以调剂到专硕，专硕不能调剂到学硕。但从这些年的招生变化和调剂政策看，这些规则在逐渐被打破，互相调剂的科目有所增加。

十、求职认可度

学硕和专硕只是在培养的模式和人才方向上有所不同，但专业能力都是达到毕业要求才予以毕业的，因此两者的含金量不能说谁高谁低，就业市场对两者的选择也是平分秋色的。所以，同学们在求职时，大可不必因为自己是专硕而觉得低人一等，觉得专硕不如学硕能力水平高，几乎没有用人单位会在招聘时只招收学硕而不招收专硕，关键还是看个人能力，看人才与岗位的匹配度。在用人单位看来，不管是专硕还是学硕，只要是全日制硕士，能达到岗位的各项要求，就不会区别对待。从考公考编看，只要专业代码匹配岗位所需，通过审查之后，参加国考、省考或者事业编考试也是一视同仁的。值得说明的是，随着非全日制研究生逐渐纳入国家统一的认可范畴，其社会地位也在逐渐上升，但因为毕业证不同且在学校学习的时间短，有些用人单位还是会挑。

第二十三章

为什么考研要有读博的打算

有些人看到这个标题，觉得笔者是制造焦虑或者危言耸听，其实不然。大学生考研除了要考虑成功“上岸”外，还需要考虑研究生经历、研究生文凭的潜在价值以及考博士生的可能性。比如说，你报考一个普通高校的一般性专业或者冷门专业成功“上岸”，但之后很可能面临师资队伍不强、科研平台不高、师生相处不和谐等问题，那么你再想考博或者走申请考核制，成功的可能性就大大减小，甚至让你接下来很长一段时间都没有读博的可能。针对这个问题，笔者展开说说。

一、普通高校的学生读博就那么遥远吗

首先给出一个观点，博士不是你想考就能考的。在普通高校里面，大学生没有保研的机会，就没有方法实现第一次身份转变，即通过保研实现院校平台级别的跃升。有保研机会的“双一流”建设高校，大学生通过努力学习获得保研资格，通过参加目标院校的夏令营获得优秀营员或者通过推免的考核后，可以直接保送到北大、清华等国内高级别的学校，之后他们可以在这样学校的光环下，顺利地申请博士学位。此外，如果所在本科高校实力足够强，本科生是可以直接申请博士的，也就是走直博生申请。相反，普通高校没有保研机会只能考研，那么唯有不懈努力才可以改变自己的命运。试想，你所在本科学校的师资力量不强，参与科研项目和竞赛的机会也不多，那么你哪来的考研竞争力？在复试阶段的师生双选时，导师为什么会青睐一个什么科研经历或者学科竞赛经验都没有的学生呢？

如果你为考研提前备战，拼命复习，那么成功考取国内名校的概率就大

了很多。但是，如果你仅仅是求得“上岸”，考一个普通高校的一般性专业，那么在研究生阶段也同样会面临着导师能力不强、科研平台不高、学术氛围不浓、申请博士学位不易等难题。究其原因，考博需要看前期科研成果，如果你硕士期间没有名师的指点，没有科研上拿得出手的文章，那么你如何申请博士考试呢？所以，如果你考取了普通高校的普通专业，无论你能力多强，如果没有科研平台、名师指导等方面的支撑，很容易在全国的考博大军中败下阵来。此外，一般性的高校因为没有博士点，也就缺乏硕博连读的机会，也缺乏被业界博士生导师推荐到其他名校学习的机会。简言之，如果你想要考博士研究生，那需要从考硕士研究生的时候就打算，最好考一个名校，在“三有”（有较高的科研平台支撑，有博士点的培养支撑，有名师的指点和帮扶）的支撑下，走好你人生下面的路。

二、你了解考博的几种途径吗

为了更好地解答本章提出的问题，笔者介绍一下考博的几种途径，让同学们提前了解。

1. 申请考核制

为什么要先说这个，因为现在绝大多数学校都采用了这种形式，不同于10年前统考为主导的阶段。所谓申请考核制，就是学院或者具体的招生单位接收申请者的材料，审核材料并进行部分笔试考试和现场面试的一种形式。从实际操作看，很多现场考试已经转化为直接面试或者直接考核，所以对考生之前取得的科研成果和综合能力要求很高。一般而言，根据目标院校发的招生简章，考生可以按照报考条件提出申请，提交相关材料（个人报名表、推荐信、学历学位证、科研成果等），通过初审、综合考核，按照择优录取原则进行录取。也就是说，参加申请考核制选拔的考生不再参加学校组织的博士入学初试考试。如果申请考核制的考生通过了评委会考核，学校官网会公布其获得了博士研究生录取通知书。一般而言，申请考核制选拔博士生的基本程序包括个人申请、学科考核、学院审查、校研究生招生工作领导小组审批四个环节。

如上所述，由于前期科研成果量化在申请考核制中占了很大比重，因此考生在硕士阶段取得一些有分量的成果就非常重要了。试想，如果你在硕士阶段学校的师资力量不强，自己本身努力又不够，那么如何才能获得优秀的科研成果呢？没有前期的积累，可能没有参加申请就直接被否定掉了。

2. 直博

所谓直博，就是直接或者跳跃式地申请博士研究生，就是在本科阶段就可以申请博士学位了。究其原因，知名院校的科研团队强大，如果从一开始就遴选优秀的本科生参与学术训练，那么其比其他高校的本科生能更早地接触科研，有机会参与国家级科研项目和世界级科研实验。如果本科生苗子好，科研意识好且吃苦精神强，那么不仅节约了学校的培养成本，而且具有科研上的“一脉相承”性，容易让其在科研领域崭露头角。可以说，这种读博方式一般对学校、专业和学生本人的要求均较高，一般是本校的本科生直接本硕博连读，因此要求本校具有博士招生资格，要求该专业在本校设有博士点，同时要求学生本人非常优秀，学术研究成果突出。试想，如果你高考的时候没有考虑到这种情况，也就丧失了一些本科生直博的机会，所以只能靠自己努力考取研究生来弥补这方面的缺憾了。

3. 硕博连读

所谓硕博连读，就是硕士阶段经过 1~2 年的学习之后，通过学校考核组特别是博士生导师的遴选后，直接转入博士阶段的学习，从而最终通过博士论文答辩获得博士学位的一种形式。一般而言，具有博士点和硕博连读招生名额的学校，在第四或者第五学期考核学生后，让其转入博士的学习，一般读五年就可以进行博士论文的答辩，顺利通过博士答辩后就可以获得相应学位。硕博连读相对于普通的申请考核制学生，在学制上要提前一年，但如果攻读的效果不好，也会延长至 8 年。如果你想攻读博士研究生，那么考研的时候是否也要考虑哪些学校有这些机会呢？所以从这个方面讲，在考研的时候也需要考虑学校的综合实力和博士研究生招生的情况，否则匆匆忙忙考研“上岸”了，考博的机会反而少了，还需要拼命去进行下一轮的博士申请考试或者全国统一考试，那是不是又丧失了一些机会呢？

4. 普通招考

所谓的普通招考，就和硕士研究生招考一样，需要考生先参加初试，之后参加复试和面试，可以说还得过五关斩六将，因此竞争压力还是很大的。把这个招收博士的类型放到最后讲，是因为这种博士考核模式越来越少了，现在绝大多数学校实行申请考核制了。所以笔者经常讲，博士不是考出来的，是带着前期的积淀、科研成果申请出来的，是审核你前期的科研成绩和预判你后期科研潜力的。试想，你考上了一般院校的硕士研究生想考博士研究生，但因为前期的科研基础不好，也没有好的科研产出和高质量论文，那么就早早地丧失了博士研究生申请考核的机会了。

三、你需要了解读博成功的几个核心要素

1. 要有热爱科研和学术的心

如果你硕士研究生阶段就不爱科研，是应付地通过了毕业论文答辩，没有一点轻松的感觉，说明你没有科研上的“天赋”或者“亮点”，那么再贸然有读博的想法，是绝对不可取的。读博不仅要求博士研究生能够完成基本的学业任务，而且需要投入大量的时间进行科研攻关，做出来的学术成果要有创新性，因而很多博士研究生想毕业就必须“掉层皮”或者说“到鬼门关走一遭”。如果你没有在科研上的强大意志力，遇到困难或者挫折很容易打退堂鼓，那么读博会非常痛苦。所以在本科或者硕士阶段遇到优质的导师或者引路人，让你具备科研的基本素养和强大的抗压能力，并带着热爱做科研是非常重要的。

2. 要有科研方面的论文积累

在申请考核制或者统考的面试环节，高质量的论文成果是检验考生基础能力的前提。因此你在硕士阶段，需要以第一作者的身份多发几篇论文，以证明自己对科研的热爱和在科研上的实力，否则在面试环节很容易被质疑。部分学校，导师为第一作者、学生为第二作者的论文也认定属于学生成果，所以在导师引领下获得的成果也非常重要，不要在硕士阶段懒懒散散啥也不干。如果你在硕士阶段没有任何的科研成果，那在很大程度上说明你在科研

上缺乏足够的热爱或者缺乏基础的素养，那么申请读博的成功率就大为下降。反推过来，如果你在硕士阶段没有选择一个优质的导师，也没有产出一些高质量的论文，那么你连申请的机会都没有，因为很多学校申请条件里面就明确指出需要发表几篇什么样的论文。

3. 要有科研的潜力和意志力

有同学说自己虽然没有高质量的学术论文，但毕业论文还是有很大创新性的，那么能不能申请读博呢？还有同学说自己虽然没有高质量的论文，但申请了几个项目或者获得了几个专利，对申请读博有帮助没有？总体而言，高质量论文的权重还是大的，其他科研类型的成果只是技能型证明或者应用性旁证，不足以证明真实的科研能力，所以发表高质量的论文才是申请读博的核心实力证明。当然，如果你有其他方面很好的科研证明，或者你有即将发表高质量论文的录用通知也是可以的，因为导师看重的是你的科研潜力和做科研的能力。如果你面试表现出很高的科研素养和优质的科研潜力，又有很好的意志力，那么你在激烈的竞争中或许还是有机会的。

4. 要有靠谱导师的推荐和引荐

看到这个标题，你可能乐了，考取博士怎么会与硕士导师有关系呢？一方面，申请读博需要同行专家写推荐信，那么你首选的肯定是自己的硕士研究生导师，因为其对你的情况有全面的了解，能帮助你写出深入客观的总结。另一方面，如果你的硕士研究生导师在学术圈的地位很高或者在所从事的领域有很好的人脉，那么其会给你推荐一些熟悉的导师，让你读博的可能性更大。此外，如果你的硕士研究生导师同时也是博士研究生导师，其在同门或者好友里面具有一定的话语权，那么经过其推荐，也会产生意想不到的效果。当然，上述的外在推荐都是建立在你科研做得不错的基础上的，如果你什么科研产出都没有，那么谁又愿意推荐你呢？

5. 要提前联系导师，甚至面见

博士研究生考试已经不是传统意义上的分数考试，最重要的是你的学术实力、科研潜力和意志力等，而这些都建立在导师对你个人的判断上，因此如果你要申请读博，有机会还是去见导师一面，让其对你有一个充分的了解，产生一个直观印象。有同学说，自己给导师发邮件了，打电话了，也提交各种材料了，导师已经对自己有了充分了解，还需要去见面吗？如果师生见面了，双方会有进一步的了解，导师会从交流中发现你更多的品质，从而对你这个人有更客观的判断。当然，如果你实力不济或者不善于交流，反而不见为妙。

第二十四章

考研政治该如何复习

有同学说，考研政治和大学里面学的思政类课程差不多，9 月报名成功后努力背背课本就可以了，不用特别认真复习。有同学说，自己的政治特别不好，只有理工科思维，没有文科的背诵记忆能力，得下大功夫复习，还是早早复习为妙。到底考研政治有没有什么复习技巧？复习的阶段性安排又该如何呢？本章针对这个问题尝试性回答一下。

一、考研政治的基本常识

1. 考研时间及题型

考研政治是考研的第一科，充分证明国家对未来高素质人才思政教育的重视，时间安排在考研第一天的上午 8:30~11:30，时长为 3 个小时。考研政治题型包括单项选择题、多项选择题和材料分析题，以 2021 年为例，选择题 33 题：单选（16 题共 16 分）加多选（17 题共 34 分）共 50 分；材料分析题为 34~38 题，每小题 10 分，共 50 分。

2. 答题卡样式及注意事项

考研政治答题卡为 A3 纸，选择题和分析题均在答题卡上作答。其中，选择题用 2B 铅笔涂卡，材料分析题用签字笔在指定位置书写，5 个分析题各有其相应的答题区域。由于试卷是要和答题纸对应的，所以请大家注意答题卡上要贴两个条形码，一个是试题信息条形码，另一个是考生信息条形码。试题信息条形码在发放的试题本封面上，考生要把这个条形码撕下来粘贴到答题卡上标写有试题信息条形码的位置，考生信息条形码在开考后会由监考老师发放。

3. 考查学科范围

考研政治所涵盖的内容就是我们熟悉的五部分内容，分别是马克思主义基本原理概论、毛泽东思想和中国特色社会主义理论体系概论、中国近现代史纲要、思想道德修养与法律基础、形势与政策以及当代世界经济与政治。其中，以 2021 年的题为例，各部分的分值比例构成如下。

马克思主义基本原理概论约占 24%；

毛泽东思想和中国特色社会主义理论体系概论约占 30%；

中国近现代史纲要约占 14%；

思想道德修养与法律基础约占 16%；

形势与政策以及当代世界经济与政治约占 16%。

根据上述构成，考研政治的基础理论部分可以按照马克思主义基本原理概论、毛泽东思想和中国特色社会主义理论体系概论、中国近现代史纲要、思想道德修养与法律基础、形势与政策以及当代世界经济与政治的顺序过一遍，之后再针对薄弱环节加强训练。

二、听听考研 94 分的老师怎么说

笔者的一个同事，考研政治的分数达到了 94 分，让人很惊讶！因为他看起来很不显眼，学生时期学习也不是最好，那他的考研政治成绩为什么会如此之高呢？偶然的机会，笔者就找他闲聊，问了好几次，他才勉强透露了信息。总结来看，他备考的独特之处在于以下几点。首先，他的复习是非常全面的。虽然他的专业课在班级不算靠前，但其将考研政治涉及的内容完整、系统地复习了一遍，而且是消化理解的，因而有深厚的基础。强调一点，他是消化理解记忆的，不属于死记硬背，所以很容易提取自身知识体系中的各类考点。也就是说，无论是哪个知识点，他都能用很标准的术语表达出来，这是一般人达不到的复习状态。其次，没事就做题。可能学霸的思维模式都不一样，他喜欢消化理解考试的内容之后进行模拟题的测试和分析，其做题只是为了应试前的练习，而且认为做题很有趣且能看透出题人究竟要考什么

内容。他没有刻意刷什么1000题，就是离考试两三个月的时候练题，强化一下记忆。再次，材料分析题有其自己的方法。他说题目一般要读几遍，然后根据题目的问题进行拆解，将其分为几个段落再按照知识点融合着写，听起来既朗朗上口，也是术语满满。不知道他到底答得怎么样，但肯定切中了题目，还有自己的见解，会给人眼前一亮的感觉。最后，字写得特别漂亮。他写的字，方方正正又不失笔画间的形断意连，让人看起来非常舒服。考研成绩高也有写字好的原因。字迹工整还是对他的成绩提升有非常大帮助的，所以建议大家没事练练字，获取一些阅卷老师的好印象分。值得说明的是，他没有报辅导班。

三、听听考研86分的老师怎么说

笔者考研政治得了86分，本来觉得还不错，但比起同事的成绩，也没有什么值得骄傲的。还是谈谈复习的心得吧。首先，字迹还是非常重要的，因为笔者和同事一样，写字都还可以，也都在学院举办的书画比赛中获过奖，从侧面印证了写好字对卷面成绩提升的重要性。其次，报辅导班。在辅导班老师的督导下，你会对知识体系有系统的了解。所以，如果你觉得自己自律性不够强，而且缺乏知识点的细化理解和答题技巧，可以考虑报个辅导班，以夯实基础。再次，强化习题训练。在这里不具体谈做了什么习题，但还是建议在10月份集中练习一下，查漏补缺，甚至弄个错题本，因为这样非常有助于你形成解题思路。最后，材料分析题还是有技巧的。后续这个话题会展开说，要求你答题前先认真审题，在答题纸的排版组合中阐释清楚观点和逻辑，再加上答题工整，会获得不错的印象分。

四、听听考了70分的同学怎么说

笔者问了几个考70分的同学，他们说的共同点有二：一是没有把政治放在足够重要的位置来复习，二是没有总结答题技巧来加强训练，就是凭着自己以往的答题思路上考场的。由于他们的重心在复习数学和专业课上，投入复习政治的时间相对少，而且也没有报班的意识，前期没有进行强化和有针对性的训练。另外，从答题训练看，他们主要是在10月、11月进行疯狂练习，甚至是靠刷题取胜的，所以对自己取得这样的分数也是比较满意的，毕竟复习不够。他们认为，考研政治只要大学里面认真学习，加上自己初高中的积淀，认真背背、做做题就行了。所以，如果你的基础较好，还要投入很长的时间复习其他学科，那么也可以照着他们说的这个模式准备。值得说明的是，如果你政治考不到 60 分，那说明你平时的学习真的有问题，需要报个辅导班提升一下了，以避免过不了国家线而各项努力白费。如果你有充分的自信，而且坚信自己能通过背诵或者刷题通过考试，那就坚定地按照自己的复习计划进行，无关他人。如果你本来基础还不错，还想靠政治提几分，也可以报个辅导班，能提一分是一分。

五、阶段性复习建议

1. 1—6 月的基础准备阶段

如果今年要考试，那么你应该了解这两年的考研政治大纲，熟悉一下考试的体系框架和内容重点，进而找到相应的课本或者复习资料，开始进入复习。由于该阶段还有部分的专业课学习，因此复习就是零敲碎打，投入部分的时间进行弱项复习，而不是全面系统复习，避免打乱了其他科的学习。有些学校三年级第二学期已经没有课了，那么你可以按照自己的预期每天抽出一些固定时间复习，以夯实政治基础知识。

2. 7—8 月的系统复习阶段

该阶段可以安心进行各科复习准备了，因此希望你能够拿出系统的、详细的复习计划，从各部分的组成和难易程度着手，让自己复习的知识逐级提升。很多同学推荐上辅导班，总之可以通过多个手段保障系统性复习，使考研政治有一个“打底”，避免以后遇到难题而无法进行高阶答题。如果你报了辅导班或者找到了相应的线上资源，那么可以认真地听视频课，然后对着一些参考资料或者习题答案进行认真阅读。如果遇到特别不懂的或者记忆难点，可以找个错题本进行记录，在后续的日子里强化某些部分的记录，以增强知识复习的牢固性。

3. 9—10 月的强化复习阶段

如果你已经进行过了基础的“打底”训练，那么这个时候就可以找一些习题进行强化复习，从而进一步找到自己薄弱的知识点，有针对性地加强训练。这个阶段是知识与习题、结构性认知和局部消化理解的过程，可以报个强化记忆班进行答题技巧的训练，这也可以节约一部分复习时间。总之，要服从自己整体的复习计划，而不是跟着别人的步伐，否则容易乱了自己已有的复习步伐。也就是说，如果你没有自己的主线和复习节奏，往往会陷入抱怨这个抱怨那个的误区，所以你一定要有自己的节奏和步伐，不要受太多其他人的影响。

4. 10 月下旬—11 月初的针对性训练阶段

这个阶段是进一步针对复习弱项进行提升的阶段，一方面你可以看看之前的错题记录本查漏补缺，另一方面你可以针对知识记忆的盲区或者不牢固的地方进行背诵记忆，从而使你的应试能力进一步增强，避免出现遗漏。此外，该阶段你可以换一些复习参考资料进行选择题和材料分析题的训练，以避免仅仅参考一种资料而陷入盲目自信。该阶段也可以把历年的真题再研磨一遍，熟悉考试的套路并预测出题人的意图，同时加强材料分析题的答题练习。

5. 11 月中旬—考前的冲刺训练阶段

如果你已经有了之前的系统性训练，该阶段可以适度放松，将一些答题套路掌握一下，同时训练写字的工整性和速度，避免经常不写字而造成的生疏。此外，多看看时政性新闻和重大会议报道，加强对一些材料分析题的研判。某些机构押题的成功率很高，你可以拿过来看看，加强训练，但不要指望真的能押中全部的题。凡是在新闻宣传中声称押中一些题的考研机构，多多少少都有点打擦边球的意思，你不要全信，也不要不信，择其有用者提高自身实力就可以。

六、考研政治的答题技巧有哪些

1. 选择题不要看“帽子”，重点看提问内容

对一些重要的概念，不要简单地记忆、背诵，而要在理解的基础上，把

学科中不同章节的概念、观点综合起来把握，从而应对考研单选题或者多选题的考点。有些题看起来“帽子”很多，说了很长，其实还是考查你对知识的综合理解能力，如果你弄准了，很容易找到正确的答案。此外，选择题大量考查的是概念、观点之间的联系和区别，所以遇到不懂的题，多读几遍，看准问题的核心点再作答，避免随便浏览几眼就匆忙选出答案的情况。

2. 单选题按序快速答一遍

单选题有 16 题，每题 1 分，是相对比较简单的。遇到不会做的选择题，不要耗费太多时间，可以先填上做好标记，等所有试题写完后，再返回来看标记的题目。值得注意的是，不要轻易改答案，因为往往第一感觉是正确的。如果有同学说自己第一眼往往选不对，那就选最不可能的，反而有时候会正确。

3. 多项选择题要认真读题，慢慢选择

多项选择题有 17 题，每题 2 分，其难度较大，不容易选择，所以建议考生认真读题，以避免漫不经心作答造成分数上的丢失。当你对某些题犹豫不决时，先把确定的选上，再标记出来迅速往下做，避免整体答题时间不够。值得注意的是，做完选择题之后直接把答题卡涂好，以防止后面因回答分析题耗时较长而导致没时间涂卡。

4. 材料题要理论结合实际、条分缕析、标题有效、论证充实

首先，要根据题目的材料要求，理论联系实际，将课本上的知识要点作为论证的基础支撑。具体而言，结合理论分析问题时，要尽可能全面一些，避免就围绕一个知识点盲目地解答了一堆问题。解答材料题时，尤其要注意层次和逻辑，不要自相矛盾，可以加一些层级序号，便于阅卷教师找到要点。

其次，要尽量多写有力度的标题或者有深入论证的哲理性句子，甚至引用一些谚语或者古代哲理。如果能答得言简意赅，和标准答案差不多，那是最好了，但如果答的与标准答案有很大差距且都是白话，要点分尽失，成绩自然不高。所以材料分析题尽量多思考几个角度，多写几个要点，因为即使有几点与题目关系不大，也不会影响整体得分。此外，答题时，可以把要点或者有哲理的思考名句放到显著的位置，也就是最前面，加强评卷老师对知识点的判断。

再次，要严格控制好时间。在答政治题之前，就要学会定各个题的答题时间，例如单项选择题不超过几分钟，多项选择题不晚于几点前完成，材料分析题应该多长时间完成，最后两道材料题几点完成，剩余时间检查等，有了时间的保证，答题更从容。

最后，字迹工整，避免涂抹，提前演练。字迹是给评卷老师的第一印象，因此在平常的复习中，没事多练练字，确保自己能够快速表达且较少有涂抹，因为干净整洁的版面的确会有加分的效果，上文已经多次印证过此点。建议动笔前要在脑海中对写的内容有大致的规划，每道题写的行数要大致相同，让评卷人感受到段落美感，不自觉会多给你几分。

第二十五章

考研英语该如何复习

考研英语在所有考试科目里面特别受到考生的重视，因为每年都有很多同学因为英语没有过国家线而悔恨不已。笔者指导本科论文的一位同学，第一年考研，总分考了 410 分，但英语仅考了 42 分，而那年的英语科目国家线是 45 分，国家线出来后这位同学感到非常遗憾。后来，这个同学经过痛定思痛和科学训练，英语成绩得到显著提升，最后顺利考入了一所自己理想的院校。英语经过刻意地训练或者辅导班的培训是会提升的，笔者就是受益者，所以建议成绩不是很好的或者不自信的同学，一定要提早训练。此外，英语四级没有过的同学考研可能达到 70 分，而英语六级考 500 分的同学考研可能只得 50 多分，现实中这样的例子比比皆是。那么，考研英语该怎么复习？有什么应试技巧？本章给大家讲解一些笔者个人的认知。

一、考研英语的基本常识

1. 基本内容与题型

考研英语是在考试第一天的 14:00～17:00 进行，时长为 3 个小时。值得说明的是，考研英语分为英语一和英语二两种类型，英语一主要针对学术型硕士，英语二主要针对专业型硕士，但是有少部分专业，比如建筑学、临床医学、口腔医学、公共卫生、护理、城市规划、汉语国际教育、法律（法学）、法律（非法学），也考英语一。从考试内容看，英语一难度略高于英语二，主要题型为大作文、小作文、阅读、完形理解、新题型和翻译。其中，英语一的阅读选材大多是学术型文章，取材大多来自《经济学人》《时代周刊》《卫报》

等。英语二的阅读选材则比较贴近生活。英语一的新题型有 3 种备选题型：标题对应、排序、七选五。英语二的新题型有两种备选题型：标题对应、七选五。从作文的写作看，英语一多为图画的形式，英语二多为图表的形式。

2. 答题卡样式与注意事项

英语答题卡是 1 张 A3 纸（每一面分成 2 小页，共 4 页）。英语一和英语二的答题卡区别不大，只是翻译的地方有所不同而已。英语的选择题比较多，在填涂选项的时候注意按要求，不要错涂、漏涂，不急不躁有序进行。笔者的建议是，做完一道题就涂一道题，不要到最后惊出一身汗，导致仓促间填得乱七八糟。

3. 考查学科范围

根据英语考研大纲的相关文字说明，要求考生掌握下列语言知识和技能。

（1）语言知识

语法知识。大纲没有专门列出语法知识的具体要求，但要求考生应能熟练地运用基本的语法知识。目的是鼓励考生用听、说、读、写的实践代替单纯的语法知识学习，以求考生在交际中能更准确、自如地运用语法知识。

词汇。考生应能掌握 5500 个左右的词汇以及相关附表中的内容。大家可以买一本考研词汇的单词书。除了掌握词汇的基本含义外，还要掌握词汇之间的词义关系，如同义词、近义词、反义词等；掌握词汇之间的搭配关系，如动词与介词、形容词与介词、形容词与名词等；掌握词汇生成的基本知识，如词源、词根、词缀等。

（2）语言技能

阅读。考生应能读懂选自各类书籍和报刊的不同类型的文字材料（生词量不超过所读材料总词汇量的 3%），还应能读懂与本人学习或工作有关的文献资料、技术说明和产品介绍等。对所选材料，考生应能理解主旨要义，理解具体信息，理解概念性含义并进行有关的判断、推理和引申，根据文章的总体结构和上下文推测生词的词义，理解作者的意图、观点或态度，理解文章的论证方法，比较不同观点。

写作。考生应能写不同类型的应用文，包括私人和公务信函、备忘录、报告等，以及一般描述性、叙述性、说明性或议论性的文章。写作时，考生应做到语法、拼写、标点正确，用词恰当；遵循文章的特定文体格式；合理组织文章结构，使其内容统一、连贯；根据写作目的和特定作者，恰当选用语境。

4. 考研英语和英语四六级的成绩有关系吗

有同学说，自己英语六级都考了500分，考研英语不用怎么复习，轻轻松松就应该能考个70分。还有同学说，自己英语四级都没有过，考研英语是否就没有机会了，不考研了。其实，考研英语和四六级有很大区别，首先，两者测试目的不一样，考研英语是选拔性考试，所以考试的难度较大，而四六级是审核性的考试，只能印证考生达到了相应的级别。有人将四六级考试比喻为平时测试，而考研英语则是期末考试，所以差距还是很明显的。其次，考研英语的题型和四六级的题型大不一样，除了没有听力之外，阅读理解的难度明显提升，语言的结构更加复杂，考查学生推断力的题型较多。四六级的阅读理解只要能读懂，很多题就迎刃而解，而考研英语的阅读理解可能读懂了但做不对几道题，这就是两者难度的差异。最后，对单词考查的深度不一样。虽然两者的单词量都在5500个，但四六级主要考查单词的主要意思，考研英语多考查单词的延伸意义。

从写作上看，四六级只有一篇作文，只要按照要求，认真表达出观点，就能满足基本的作文分数。考研英语对文章的整体安排、句子结构和语言衔接要求更高，重点考查整体的架构能力、语言应用能力、思想表达能力、情感态度等，难度上升了一个维度。

二、你要了解单词的记忆方法

1. 你要了解一下词根词缀法

笔者之前没有意识去考虑英语大纲的考查点，所以对单词的构成和延伸意义理解很不到位。后来报了辅导班，老师用词根词缀法进行讲解，很多单词很容易就记住了，一直到现在。比如logy代表“学科”，所以在已有单词的基础上，可以牢固记忆anthropology（人类学）、archaeology（考古学）、astrology（占星学）、cytology（细胞学）、ecology（生态学）等单词，对以后从事本学科的研究也有很大的帮助。比如 co 代表“共同”，这就可以对 coordinate（和谐、协调）、cooperation（合作）、coherent（连贯的、合乎逻辑的、有条理的、清楚易懂的）等单词有更深的理解。此外，学习了 admin 这个常见单词的延伸记忆法，就可以对 administrator、administration、administrative 等单词的词性和词意有更深的理解。所以，没事的时候可以选择看一些词根词缀记忆的单词书，好好看看释义，不明白的时候就读读牛津双语字典，对理解单词的意义也很有帮助。值得说的是，笔者看了大概四类单词书，一本是普通的，一本是词根词缀的，一本是六级的，还有一本是考研的，四本穿插着看，以加深知识理解的程度。此外，笔者没事会翻翻牛津双语字典，主要是为了判断各个单词书有没有错误，避免错信了某一本书。

2. 可以学习下四轮背诵法

第一轮就是按照普通的考研单词书，从前到后按照步骤循序渐进地背诵一遍，达到对基本词义的理解。

第二轮就是倒着背诵一遍，重点记忆自已出错的单词，也重点记忆一些单词的生僻意义。比如 scale，不仅有规模等级、程度的意思，还有秤、鱼鳞、比例、音阶、牙垢等方面的意思。

第三轮结合考研真题进行查阅式单词记忆，熟悉一些单词在长难句中的意思。同时，从单词书的中间或者随便翻一页开始背单词，进一步熟悉单词的核心意思和生僻意思。

第四轮和宿舍的同学交换着看单词书，避免只看一本单词书的片面化，从而达到对考研单词的融会贯通。

3. 艾宾浩斯曲线记忆法可行吗

大学里面学过心理学的同学估计都知道艾宾浩斯曲线记忆法，就是按照时间顺序来进行重复性记忆的一种方法，反复强化记忆点，会使得一些单词的记忆效果大为提升。德国心理学家艾宾浩斯（H. Ebbinghaus）研究发现，遗忘在学习之后立即开始，而且遗忘的进程并不是均匀的。从基本常识上就可以理解，最初遗忘速度很快，以后逐渐缓慢，那么记忆的单词量究竟如何伴随着时间变化呢？艾宾浩斯根据实验结果绘成描述遗忘进程的曲线，即著名的艾宾浩斯记忆遗忘曲线。所以有人按照1小时、9小时、1天、5天、8天、14天、20天、30天的记忆方式记忆单词并把单词划分成若干组，从而提高记忆的效率。笔者觉得这对没有办法专心记忆单词的人很有帮助，毕竟是一种科学的训练方法。但对常人而言，还是按照自己的方法记忆，不要过分沉迷这种训练，否则容易打破已有的记忆模式，让自己产生种种不适进而降低了效率。

4. 靠软件背诵单词靠谱吗

在教育信息化时代，很多考生可能会下载APP来督促自己学单词，或者买专用的电子设备，以提升自身的背诵效果。电子设备虽有其优势，但对单词的深入讲解或者全面讲解不够，因此还是建议考生买一些正规的单词记忆书，再顺便买一本牛津双语字典备用，以检验单词的准确性。另外，在电子设备普及和APP盛行的当下，同学们单靠软件背诵单词往往会让自己心不静，如果再受一些信息和电话等影响，学习效率就会大大下降。因此，如果是认真考研，建议拿着纸质书背诵。

三、长难句的学习要多听讲解

没有考研之前，可能不会有人专门给你讲长难句的分析思路，因为之前的高考英语、大学英语测试、四六级英语等，都是普通的语法句子，不是很难理解，也没有必要单独拿出来讲。在考研英语的阅读理解和翻译题中，很多句子句式结构非常复杂，必须拿出点时间认真思考其构成及语义。英语句式中的非谓语动词、比较结构、并列句、名词性从句、定语从句、状语从句等不容易理解，往往考点就在其中。所以，一定要重视英语的长难句学习，否则很容易在阅读理解中“翻车”。

建议英语程度中等的同学可以考虑报个辅导班，让辅导班的老师用更加深入的分析、更加诙谐的语言、更加详细的剖解打开你的心结，也能学到一些解题思路和方法技巧。因为笔者报过英语辅导班，在长难句学习方面还是有所收获的，可以发现隐藏在阅读理解选项中的答案。虽然笔者在英语一的考试中也有很多的句子没有吃透，但得益于辅导班的讲解，还是做对了一些之前做不对的题，总体而言对成绩的提升还是很有帮助的。值得说明的是，考研辅导班的老师会详细介绍一些往年考题的知识细节，有利于学生在学习长难句的同时复习之前的语法知识，从而夯实自己的语言基础。

在听辅导班老师的课或者看各种专项训练书之后，考生依然需要加强以下三个方面的学习：首先，夯实词汇基础。一定要按照既定的要求背会各类单词，因为在很多情况下，只有在熟悉单词基本含义和了解基本语义后，才能按照语言结构顺利解题，否则即使大概理解，题依然做不对。其次，学会拆解结构。经过辅导班点拨或者自我训练后，遇到复杂的长难句尤其是和选择题相关的句子时，容易找准基本结构、剖析修饰词、找出主谓宾，之后调整语言顺序，逐步融入自己的理解，梳理出正确的语义，从而实现与目标选择题的匹配。最后，要加强训练。考生可以从最初的真题出发，结合老师上课的讲解内容，剖析真题中语言的结构和考查点，熟悉解题步骤。之后找一些辅导材料或者专项练习书，静下心来加强训练，分析出句子结构之后，与提供的参考答案进行对比，从而为长难句解题提供思路。一般而言，经过一本书或者100个以上长难句的训练，很容易练就自己的好心态，充满自信走上考场。

四、阅读理解的做题方法

英语的阅读理解不是让你理解一篇文章中所有的句子，不是让你像做四六级阅读理解题那样理解全文，而是在掌握解题技巧之后反过来分析要解疑的句子。从笔者做考研卷子的感受而言，考研英语阅读理解侧重于一些带有作者思考或者引发公共议论的选题，既有公众的认知，也有作者的见解，还有对未来情况的分析和专家的态度等，所以可以多找一些《纽约时报》之类的文章看看，说不定还能预测一些题目。从命题的切入点看，命题人喜欢考查考生对文章核心思想的理解力、观点上的判断、语言结构的衔接等，所以建议考生在做阅读理解时注意以下几个方面：首先，用快速浏览的方法，大概了解文章的基本结构和基本观点，为理解命题人的核心思想做准备。其次，认真阅读各个选择题，从选择题的语义中反向去文中找相应的句子来判断答案的可信度，这个时候长难句的分析就派上用场了，因为解析对了想要解析的句子，题目也就做对了。再次，针对实在不理解的题目，采用排除法从文中逐个分析是否有相关的句子，从侧面选出想要的答案。最后，遇到实在不会的题目，先根据自己的判断选择一个，以防其他题目没有时间作答了。

五、写作模板究竟管用不管用

很多考生觉得英语作文就是背背模板，在现场照着图画或者图表写写就可以了。如果你抱着这样的想法直接上考场，那不会得高分，因为英语写作是大多数考生的弱项，语言的逻辑结构和观点不相符往往是考生的痛点，从而产生语义混乱、句子结构不准、不会表达心中所想等问题，所以需要通过强化训练来提升自身语言表达能力。从考试的内容看，英语作文有大作文和小作文两个，需要根据图画、图表进行系统性的表达，因此语言的流畅性、结构的严谨性、语法的准确性和单词的应用性成为考查的重点。由此可知，加强语言表达的训练、复杂的语言结构应用和高质量单词的应用显得尤为重要，这就需要平常多加练习。笔者建议做好以下几点：首先，找一些模板进行背诵，形成模式化记忆并开始进行自我总结，也就是说形成自己的表达体系，不要和背诵的模板完全一致。试想，如果审卷专家看到的都是一模一样的语言表达，他的心情能好吗？所以在背诵的时候就要有消化理解，形成有亮点词、有独特句子的模板，让审卷专家从一开始就有很好的印象分。其次，需要从9月份就开始练字，因为好的卷面，会有好的印象分，审卷专家不自觉地就会多打几分。这点是真的，所以很多考研辅导班或者高中特训班都会给学生独有的训练纸张，刻意练习后，真的有不一样的效果。再次，要针对作文题进行策划，系统组织一下要写几行、每一行写几个字、句子观点的核心词如何表达等，之后进行谋篇布局，工工整整地不要太快地书写，避免基本的语法错误和拼写错误。最后，根据自己初拟的稿子，迅速而准确地誊写，完成作文的最终撰写。总之一句话，如果作文整体上语言字数足够，排版工整漂亮，语法结构没有大瑕疵且有一两个复杂句式，句与句衔接无问题，点睛的单词也有几个，那么分数低不了。

六、该如何制订复习计划

1. 单词

7月底之前，日复一日地进行背诵，确保主要的单词深刻地记忆到脑海里。8月份，针对部分弱项的单词倒着背、纠错着背，完成对不熟悉单词的全面攻克。

9—10 月，进行真题训练，将不会的单词或者语义复杂的单词进行拆解式解疑。

11—12 月，和同学交换单词书来复习，丰富单词记忆库。同时，找一些模拟题或者报纸上的议论文进行简单测试，再记一些复杂的单词。

2. 阅读

7 月份之前，单词完成初步训练后，可以选择早期的英语真题进行小范围的训练，密度也不要太大，对长难句和语言结构进行拆解和学习，争取弄懂弄通。

7—9 月，可以选择辅导班进行系统性训练，提升对复杂语言结构分析的敏感性和专业性，克服畏难情绪，摸索解题技巧。同时，做真题，比如说就做 2010—2017 年的几套题，熟悉题型并开始剖析自身的弱项。此外，要对做错的题进行系统性拆解和逐字逐句的分析以提高准确率。

10—11 月，在加强单词记忆和长难句总结的基础上，开始提升解题效率且多做技巧训练，让自己以更好的状态适应考研的节奏，以轻松的心情进入应试的前期阶段。

12 月，在训练完真题的基础上，买几套英语卷子进行模拟训练，强化解题思路，以更好地适应真实的考场。

3. 作文

8 月之前，就是真题训练的时候，一定要了解小作文和大作文的特点，分析清楚考查的重点。该阶段不需要刻意训练写作，只要有大概的解题思路就可以。

9—10 月，训练写字，在自己写字水平有明显的提升后，记忆一些模板中的优美句子和典型句式。

11 月之后，开始背作文模板，大小作文的模板在自己的脑海中储存 10 套左右，并融入自己的风格，总结出自己的万能句等。同时，一直到考试前，写字训练不要停，力求工整美观。

4. 新题型

一般而言，9 月之后练习新题型就可以，因为新题型有固定的套路，容易通过训练获取技巧。首先，在做新题型之前先将其分类，比如七选五、排序题、小标题等，然后听听辅导班老师的讲解或网络上的讲解视频，找准每个类型每个题目的解题方法。之后根据自己实际训练的成效，总结实战阶段的做题技巧，形成自己的解题方法。

5. 翻译题

建议翻译题和新题型一样，放到 9 月份之后进行练习就可以。在进行翻译题写作之前，一般都要对长难句进行相关的训练，之后换成自己的理解方式，用漂亮的中文表达出来。翻译题可以按照如下的方式进行解答：首先，在读懂句子的前提下，根据自己的理解直白地写下意思；其次，按照中文表达的习惯，调整中文的语序；再次，将辅导班老师或者书上给的翻译范本与自己写的翻译进行对照，对句子进行润色；最后，将调整后的句子，认认真真地写好，形成最终的翻译内容。总之，翻译要求“信达雅”，即忠于原文，给你什么句子，就应该翻译出什么样的内容。切记，可以对文字进行润色，但不要漏译，更不要乱译。

6. 完形填空

建议和新题型的练习一样，9 月之后练习就可以。一般而言，完形填空的性价比不高，10 分 20 个空，其主要考查考生的基本能力。因此在弄懂长难句的解析方法后，结合真题的训练进行系统模拟，重点考查单词解释、单词变换、时态、句子结构等，使自己能够迅速进入情境之中，用不超过 10 分钟的时间迅速做完。

七、考场上有答题技巧吗

英语考试时长虽是 3 个小时，但由于题量较大，难度较大，故时间相对还是比较紧张的。因此要根据自己的做题习惯形成答题套路，不要在特殊的题型上浪费太多的时间，因为适应题型后思路更加清晰，时间安排更加合理。值得一说的是，作文→阅读→新题型→翻译→完型，是很多同学在考场上会采用的套路，但不一定是最科学的，因为每个人的性格和前期准备是不同的。时间安排建议如下：小作文用时 15 分钟，大作文用时 30 分钟，阅读每篇用时

18 分钟，4 篇用时不超过 80 分钟，剩下的三个题型外加涂卡时间是 55 分钟。

作文是主观题，包括了大作文和小作文，共占 30 分（英语二 25 分）。如果把作文放在最后写，会有写不完的风险，所以建议还是把作文放在靠前的位置作答。对于小作文来说，题型较为固定，脑海中准备些小模板，在写作的时候注意读懂题干，按照套路进行作答。此外，不建议小作文使用特别复杂的句式，因为小作文的字数很少，应该保证没有语法和单词的拼写错误，言简意赅就可以，一旦写不好，扣分会很严重。对于大作文来说，需要大量词汇和高级句式，所以建议写作之前先打一下草稿，之后进行语言上的改写和语法上的衔接，再工工整整地誊抄在答题卡上。

阅读题是全卷所占分数最多的一个题型，占 40分，也是难度最大的题型，一般每篇需要用时 15 分钟左右。其主要考查考生的阅读理解能力，并对词汇量、语法、句意理解与文章主题的把握都有很高的要求，因此在做阅读时，要注意题目的类型，找对关键词，并根据答案寻找其在原文中的位置，进而做出选择。同时要注意选项的干扰，如果两个选项意思相反，则答案很有可能是其中一个。

新题型通常放在阅读后面做，其分值为 10 分。每年新题型的考查方式都不太相同。由于大部分新题型的篇幅较长，题材广泛，因此只要看懂文章大意，找到解题关键线索快速匹配答案即可。切记一点，不可“恋战”，抱着能做对几个就做几个的心态就可以。

翻译题也属于主观题，是针对阅读理解和翻译综合能力的考查，题量较大，但占的分数相对较少，为 10 分（英语二 15 分），因此这部分答题时间控制在 20 分钟内。在翻译过程中，要理解原文，不要纠结某个词的含义，因为翻译题没有固定的答案，只要忠于原文的意思就可以。切记，一定要调整一下语言顺序，按照中文的表达顺序，不要颠三倒四。

建议完形填空最后做，因为其分值小（10 分），题量大（20 个空），性价比不高，因此不要在完形填空上浪费太多时间，一般花 15 分钟即可。笔者建议，如果最后没有时间仔细看题，可以按照感觉填写，或许有答对的可能性。

第二十六章

考研数学该如何复习

数学是考生最头疼的科目，因为很多考生自身水平不高，怕考数学了反受其累，也怕自己所选专业对数学的要求较高，数学考不好影响总体成绩。有同学还在犹豫，是选择统考的数学还是自命题数学，怕自己的数学水平不能很好体现自己的实力。还有同学在纠结要不要考数学，因为背诵两门专业课太累了，而自己的数学也刚及格，真是一个两难的选择。总之，考不考数学和如何复习数学成为很多同学心中的纠结点，也影响着整体的复习进度和提分可能性。因此，本章从如何备考数学的角度，讲讲考研数学的一些常识，供大家参考。

一、考研数学的基本常识

1. 考试时间及题型

考研数学不是必考的，因为部分学科尤其是文科是不考数学的，所以如果你是偏文科的同学可以忽略该部分的内容。说明一下，即使相同科目在不同学校考试的内容也不一样，因为考研数学包括数一、数二、数三和自命题，其考试内容和重点均不太一样。所以在确定考试科目以及学校的时候，一定要注意考试类型。考研数学的考试时间在考试第二天上午 8:30~11:30，时长为 3 个小时。数一、数二和数三的题型一般包括选择题、填空题和解答题。自命题的题型由于不同学校的出题内容不太一样，建议同学们一定要找往年的试题看一看。

2. 答题卡样式及注意事项

数一、数二和数三的答题卡共 6 页。考生注意在答题的时候看清楚题号，如果答错位置，一定要画掉重新答题，切勿自行更改题号，否则是不得分的。近些年，由于考研数学大纲发生变化，数学分数的占比增大，因此建议同学们花费更多的时间和精力来复习数学。

3. 数一、数二、数三的区别

从考查内容看，数一覆盖范围主要包括：①高等数学。涵盖函数、极限、连续、一元函数微积分学、向量代数与空间解析几何、多元函数的微积分学、无穷级数、常微分方程等。②线性代数。涵盖行列式、矩阵、向量、线性方程组、矩阵的特征值和特征向量、二次型等。③概率论与数理统计。涵盖随机事件和概率、随机变量及其概率分布、二维随机变量及其概率分布、随机变量的数字特征、大数定律和中心极限定理、数理统计的基本概念、参数估计、假设检验。

数二覆盖范围主要包括：①高等数学。涵盖函数、极限、连续、一元函数微积分学、常微分方程等。②线性代数。涵盖行列式、矩阵、向量、线性方程组、矩阵的特征值和特征向量。

数三覆盖范围主要包括：①高等数学。涵盖函数、极限、连续、一元函数微积分学、多元函数微积分学、无穷级数、常微分方程与差分方程等。②线性代数。行列式、矩阵、向量、线性方程组、矩阵的特征值和特征向量、二次型等。③概率论与数理统计。涵盖随机事件和概率、随机变量及其概率分布、随机变量的联合概率分布、随机变量的数字特征、大数定律和中心极限定理、数理统计的基本概念、参数估计、假设检验。

二、考研复习规划

在信息化学习时代，单纯依靠自己啃书刷题或许已不能达到很好的效果，很多辅导班的名师讲解和网络视频资源能提升复习效果，因此要找到将网课和自学相结合的新式学习方法，以更好地了解最新考试趋势以及更牢固地建立解题思路和解题技巧。

1. 基础准备阶段

大学一年级的理工科和部分文科同学需要学习高等数学、概率论与数理统计等课程，因此有考研打算的同学要提前打好基础，上课要认真听讲，期末要考出自己的实力，从而为今后的考研数学实力评测早做准备。大学二年级部分学科会要求学生学习与数学相关的编程、计算类课程，因此也可以将此类课程作为学习的重点，进一步巩固自己的数学知识。同时，建议同学们多参与一些计算机类、建模类、统计类比赛，在比赛的过程中提升一些数学方面的素养。

2. 1—6 月的基础复习阶段

根据自己的需求，选择适合自己的教材、辅导书以及适合自己特点的网课，根据不同题型考查的知识点进行有针对性的训练。如果自己的基础不好或者复习时间不够，那么不要死背书，可以参加辅导班或者找网上的资源复习，因为中等水平的同学在名师的指导下学习效率会提高很多。此外，同学们在观看视频的同时，要做相应的习题进行强化并检验知识点的掌握程度，因为看视频和做题是不一样的，唯有实际的训练才能检验真实的复习效果。值得一说的是，由于数学考试在上午考，所以建议同学们的复习时间尽量安排在上午并一直保持下去，复习时间以 3~4 小时为佳，具体时间视自己的复习计划而定。

3. 7—8 月的强化阶段

根据之前复习的效果，结合考研大纲的各项要求，理解并重点训练部分题型，从而搭建自己系统性的知识体系和综合解题思路。从复习的要义看，一方面要将知识点从头至尾地认真学一遍，避免局部知识掌握不牢固。在此阶段，同学们可以跟着辅导班的步伐复习或者看网络视频，将提炼的重点内容继续强化，进行知识点的系统性总结。此外，同学们要在每一章结束的时候“趁热打铁”做题，错题进行标注，完成强化阶段的训练。

4. 9—10 月提升阶段

等 7—8 月强化阶段的习题训练完，同学们可以做近十年的真题，至少要做 2~3 遍，提升做题的敏感性和专业度。第一遍做试卷可以按照考试的要求进行，重点检查自身的学习成果和做题速度。第二遍重点是做错题，弥补已有做题技巧的不足。第三遍再按照考试的要求来，重点提升做题速度和加强局部题型的针对性训练。值得注意的是，做题时间必须控制在 3 小时以内。此外，同学们应通过做题找自己的薄弱环节，针对薄弱环节进行专项复习，以提高解题的准确度与速度。

5. 11—12 月的冲刺阶段

该阶段主要做好两件事，一是加强重点题型的训练，针对错题进行查漏补缺，提高答题的准确性；二是进行模拟题的训练，强化对自身实力的检验，锻炼解题的灵活性。值得注意的是，该阶段同学们在模拟训练的时候，要严格按照 3 个小时的时间要求进行，特别注意对答题规范的研究与答题时间的分配。与此同时，同学们要在对答案时，分析自己的不足并查漏补缺，切忌盲目自信，容易在考场找不到应试的感觉。

三、答题技巧

1. 不要在难题上费功夫

由于考研数学还是以基础为主，难题不多，因此考生在现场考试时，不要过多在难题上下功夫，使得一些基础分大量丢失。如果基础水平扎实，拿到 80% 的分是没问题的，也能达到国家线的基本要求。如果在难题上花费太多时间，会影响做题的效率，进而陷入不利的境地。最后有时间的话，可以进行猜测或者验证，不留遗憾即可。例如碰到选择题难题的话，可以代入选项，或者进行“大胆猜测”，一定要选出一个答案，避免一些可能的得分丢失；在解答主观题时，也有适度放弃的想法，以避免在一道题上浪费了太多时间，从而丧失了一些在简单题上的得分。

2. 要分步骤答题

计算题、解答题属于主观题，每个人的做题思路都不相同，也就有多种解法，可以按照自己的步骤作答，即使做不完也要努力完成，以得到一些基础分。在评阅的过程中，很多老师会根据考生的步骤进行打分，而不是直接给零分，所以要心态平和，遇到实在不会的题也要按照步骤作答，能写几步是几步，能得一些分是一些分，因为一两分就足以改写一个人的命运。也就是说，如果遇到一个特别困难的问题，可以将它们分解为一系列的步骤，或者是一个个小问题，先解决问题的一部分，让老师给一些辛苦分或者过程分。此外，要注意的是，即使是会做的计算题，也不要草草略过一些步骤直接给出答案，因为一旦缺少步骤，字迹又潦草的话，很容易扣分，所以一定要认真作答，避免本可以得满分的题反而扣了分。

3. 不追求捷径就是最大的捷径

每个人都有自己的答题顺序和解题方法，不要听了别人的建议就贸然追求一些捷径，或者贸然做了大量辅导班推荐的“押中”模拟题，或者改变了做题顺序而先做解答题再做选择题等，最终反而让自己不适应考试过程，在紧张应对中丧失了自己的优势。总之，考试前无论谁给你什么样的捷径或者妙法，都不要相信，应按照自己已有的习惯，有序地去完成属于自己的一份答卷。

第二十七章

考研专业课该如何复习

专业课考试是考生不可避免的，是直接反映其专业水平和核心技能的一科考试，因此很多考生从上大学起就开始重视专业课复习，生怕最后考研答题时得分过低。由于专业课涉及专业知识技能，笔者不能很好地给出具体的答题方略，因此本章结合笔者专业的一些特点，谈谈个人的一些见解。

一、考研专业课的基本常识

1. 考试的题型、时间安排

专业课是考研必考的一科，包括全国统考专业课（极少数专业）和学校自命题专业课（绝大多数专业）。其中全国统考专业课包括教育学基础综合、计算机基础综合、心理学基础综合、历史学基础综合等。如果要考数学，那么考生只有一科专业课，因为数学就相当于测试基本技能的考试了。专业课考试一般是在考研第二天 14:00～17:00 进行，时长为 3 个小时。如果不考数学，则专业课包括两场，分别在第二天的上午和下午。其主要题型包括名词解释、简答题和论述题，有些科目还会包括计算题和选择题。总之，专业课的题型较多，建议考生针对不同的考题用不同的记忆方法。

选择题：以理解为主；

填空题：记忆一定要准确，避免错别字；

名词解释：记录每个名词解释的核心考点，再通过自己的语言组织起来；

简答题：同样建议记要点、记考点，通过自己的语言组织起来；

计算题：能灵活运用。

2. 答题卡样式

不同学科的答题卡样式不太一样，但是一般都是空白的答题纸，建议考生答题时控制好字体的大小和行间距，形成排版舒适、字迹工整的卷面。值得说明的是，试卷基本上都是密封在信封内，需要考生按照信封上的提示打开，不要随便撕开，以避免试卷的损坏。

3. 获取专业课复习资料

（1）参考书。

目标院校的研究生院或者研究生招生网会公布各专业的参考书，少部分学校还会公布考试大纲，所以考生要关注上一年目标院校的招生简章和招生专业目录。值得说明的是，每年都会有少数学校的部分专业出现专业课考试科目调整或者参考书调整的情况，所以建议考生密切关注每年 8 月底 9 月初各个学校发布的最新招生简章和招生专业目录，避免出现复习半年后参考书变化的尴尬局面。虽然是小概率事件，但还是确认下为好。

（2）往年真题。

真题可以反映考试的题型结构、侧重点和知识考查的延伸点，建议考生获取历年的真题，从真题中总结出题的方向和答题的技巧。另外，有一些院校可能会重新考往年的真题，所以找到真题也会在专业课复习上面节省一些时间。如何获取专业课真题？

一是按照官方公布的真题查询路径（较少学校会公布）进行查询下载。

二是官方不公布真题搜集方法（绝大多数学校不会公布）的话可以从以下几个渠道获得。

①目标院校文印店。一般来说，学校内文印店不但能进行简单的资料复印，也可能会出售考试资料，故购买院校文印店出售的考研真题，还是有保障的。

②学姐或学长。贴吧、知乎等平台上也活跃着一些学长学姐分享售卖真题，或真或假，在掏钱之前，多个心眼，以防止部分不法分子获利。所以，在交易之前，应该要求对方提供一些证据，比如学生证、考研成绩单，也可以要求对方拍几张资料的照片，以证明资料的真实性，毕竟互联网是虚拟的。

③淘宝、闲鱼等平台。部分学校的专业课考研资料可以在淘宝、闲鱼等平台上找到，因此也可以通过此渠道购买真题，并和学姐学长提供的真题进行对照，从而确保其可靠性。

二、专业课的复习规划

如果要考数学，那么就剩下一门专业课了，就可以根据自己的知识基础合理安排时间复习了。由于大学三年都在学习专业知识，所以如果觉得自身的实力非常强，那么复习的时间可以稍微晚点，毕竟自己最了解自己真实的学习状态。建议考生专业课复习不要晚于当年 7 月份，因为大学三年级考试结束后，进入无人打扰的暑假，复习效率会明显提高。

1. 基础阶段（6 月份前）

目标：熟悉教材。

建议：此阶段只需要考生快速阅读教材，对教材内容有整体理解和重点记忆。若是对某些知识点感到陌生，那么在复习的过程中做好标记，随着复习的深入，知识网逐步建立起来，这个时候可以回顾前面不理解的知识点，多数难点很容易在自我回顾中自然而然地解决。考生还可以结合以前的笔记复习并抽出时间和任课老师交流，达到正确的理解和准确的背诵。如果考生有多门专业课要复习，那么可以交叉进行，也可以一天看两门专业课或更多，交替复习也避免了枯燥背书。

2. 巩固阶段（7—10 月）

目标：全面掌握教材的知识点，并通过历年真题掌握重难点。

建议：一方面根据近 10 年真题的考研侧重点，总结专业课的复习重点难点，并分类整理真题的核心章节，认真记忆可能考到的知识点。另一方面，结合真题和教材，整理出未来可能的考题答案，从而更加自信地走进考场。

3. 冲刺阶段（11—12 月）

目标：熟记必背知识点，形成答题模式。

建议：首先，近 10 年的真题多做几遍，加强教材知识点的记忆。若时间充裕，可以再复习一遍教材，因为教材是基本的“纲”，万变不离其宗。在背诵教材的过程中，可以用自己的语言将本章的内容进行总结，以增强记忆的连贯性和熟悉度。如果你没有总结出课本上的知识点，而其中恰恰有你的知识薄弱点，那么这些点很可能是考场上的考点，所以复习的系统性和全面性非常重要，该阶段可以多看看冷僻的知识点。其次，可以将自己预测的一些简答题和论述题答案要点记录下来，早中晚背诵，以锻炼临场的适应能力。最后，多做模拟题进行强化练习，因为刻意训练不仅能查漏补缺，而且可以控制时间，保持手感。

三、答题技巧

1. 名词解释——不能简单答，保持题目之间的布局

名词解释一般都是对记忆的考查，较为简单，但考研考试重在理解，所以简单题不能简单答，在作答中要注意以下几点。

第一，首先将核心知识点写上，语言有序无错别字。此外也不要写得太少，将相关的背景等表达得多一点，避免一行了事的答法。

第二，名词解释一般都有三个以上的题，所以在排版上要尽量做到一致，即不同的名词解释所写的行数尽量一样。

第三，如果出现没有遇到过的名词解释，或者不是很熟悉的名词解释，尽量把能够想到的相关内容有条理地写上去，同时保持与前述排版的一致性。

2. 简答题——除了条分缕析，还要“总分总”

简答题往往是“点对点”的考查，一般不需要跨章节组织答案，但采用“总分总，列标题”的方式表达，可以有效地让评卷老师对你产生认可。即先对问题有一个总的理解，然后再按照大标题和小标题的层级做出宏观上、条目上的分析，最后再写一个简单的总结。此外，一定要重视答题的严谨性、层次性，毕竟评卷老师多数为博士，他们喜欢有深度、有条理甚至有个人总结的回答方式。

在回答简答题的时候，通常根据题目的分数来决定答题的行数。如果是 5 分，可能要答 10 行，大概有一个 2 倍的关系，当然这不是科学的。如果没有

明确答案，切不可胡编乱造，而应使自己的答案尽量向课本靠拢，形成条分缕析的总结。简答题的关键在于有条理、有逻辑，在于专业术语的使用，如果能够结构清晰地把题答完，即使部分要点不是很正确，也容易得高分。

3. 论述题——谋篇布局，要有点睛之句

论述题的分值往往也比较大，是考查考生综合实力的测试点，所以考生必须按照写作文的方式作答，全面体现自己的知识涵养和论证深度。从本质上看，论述题是考查综合运用能力的，所以考生一定要避免照着课本的知识点机械作答。

首先，行数一定要合适。如果一道论述题有 30 分，那么你作答应该不少于 60 行或者更多，因为随便写几行不足以表达中心思想，也不容易展开有层次的论证。当然，60 行是虚指，很多考生会根据答题卡留的空白来定具体怎么答。总之考研的作答多答一些是没有错的，可以体现认真思考的精神。

其次，要紧扣课本理论。课本上的基本知识点是回答各类问题的“纲”，是支撑论证大厦的基石。如果回答的问题连基本的“纲”都没有，那么内容就会偏离核心主旨，就不会得到专业老师的认可。所以考生在作答论述题时，一定要先阐释清楚相关的概念和核心理论，之后再围绕相关概念和核心理论进行分析，从而让回答的专业性和系统性不断增强。

再次，要有层次性和逻辑性。回答论述题时，考生一定要有整体的布局，就是和简答题一样，有总体的答题布局、有层次分明的段落和有深度的标题。最忌讳的就是考生写字很差，还密密麻麻不分重点地写了一大段，让老师去理解你的写作意图。

最后，要有自己的延伸。当遇到自己没有碰过的问题，一定要紧扣理论要点，因为答题的核心还是在于理论。如果一味地照着课本作答，没有自己的独立思考和专业语言，那么创新性和可塑性就会降低很多，也不会令评卷老师有好的印象。所以，要学会一些亮点句子的使用和深入性的论证，从而获得不错的成绩。

此外，遇到不会作答的题目时，可以先设计排版，之后按照一定的组织方式作答。首先，可以考虑在每一道题目后面留两三行的空白，方便补充。

其次，注意字体和排版。由于专业课考试需要写的内容很多，所以考生在书写时注意行间距和字体，不要写得过于紧凑，要学会合理布局。最后，实在不会的题目也要作答。也就是说，遇到实在不会的题目，一定要结合自身的知识体系作答，因为有时候老师也会因为你这种迎难而上的态度多给你几分。一切皆有可能，但没有答就什么也没有可能。

第二十八章

考研复试应该注意些什么

考研初试通过之后，考生就要认真准备复试了，因为复试成绩也是考研录取的关键，甚至很多学校复试成绩权重很大，稍有不慎就会出现初试成绩高、复试成绩不理想的人生玩笑，最终竹篮打水一场空，名落孙山了。考研复试除了专业课考试外，面试一般有固定程序，包括抽签、候场、复试入场、自我介绍、英语问题回答、专业问题回答等，对考生进行综合考量进而给出复试分数。所以考生一定要做好复试各个环节的准备，体现自己的亮点和优势，从而在残酷的竞争中脱颖而出。那么考研复试究竟应该怎么准备，要注意什么呢？本章就针对这个问题进行系统作答。

一、复试的基本常识

1. 时间安排

（1）2 月中下旬，各院校陆续公布初试成绩，考生可以通过热线电话、登录网址等途径查询初试各科分数。

（2）3 月中旬，34 所自划线院校分数线公布。高分过线的考生准备复试，低分过线的考生复试调剂两手抓，未过线的考生等待国家线出来准备调剂。

（3）3 月中旬，国家线公布。该阶段高分过线的考生应认真准备复试，低分过线的考生复试调剂两手抓，未过线的考生工作或“再战”。另外，前述 34 所自划线未过但是过了国家线的考生可以开始调剂了。

（4）3 月底至 5 月初，各个院校进行复试和调剂。复试时间由院校自行安排，结束时间有早有晚。复试落榜的考生需要抓紧时间，在其他院校还没有开始复试时联系调剂。

2. 复试材料准备

（1）初试准考证、身份证、学生证复印件（基本"三证"）以及学籍证明。如果确实需要学籍证明，那么考生可以找自己的辅导员开，有的院校可以在网上直接下载。

（2）思想政治审核表。该表发布在目标院校的官网上，一般需要考生所在学院进行盖章和签字。

（3）本科成绩单。本科成绩单一般可以在院校的教务网站上下载，同时要加盖公章。

（4）诚信考试承诺书。院校一般会提供模板。

（5）个人简历。简历最好一页，需要有一些条纹或标志进行装饰，简历整体要求干净整洁，体现出院校层次、政治面貌以及本科期间获得的奖励荣誉等。

奖项应按照国家级—省级—校级的顺序排列，说明自己本科期间是否参与科研项目、学科竞赛。

需要专门详细说明科研技能以及参与科研项目的感受，以及对自己的读研生涯进行一些规划，以便老师对你有一个准确的判断。

以上材料是大多数院校复试需要的材料，但是还要根据目标院校的要求进行准备。

二、复试"场域"环境的准备

1. 手机环境

在复试的过程中，云端面试一般会有两部手机，一部是正对考生面部的手机，一部是处在考生侧身45°位置的手机，所以考生需要借用父母或者朋友的手机来进行考试。某些院校也会用到视频会议来进行复试，所以需要准备电脑。在正式开始复试前，通常会有一次调试的机会，所以考生要抓住这次机会来确认自己的声音、视频画质以及光线问题，及时解决可能出现的各种问题。此外，要注意复试开始前，再次确保网络设备的正常运行以及网速的稳定性。

2. 视觉效果

考生正对手机屏幕，并且保持平视的姿势最好，因为这样能保持较好的视觉感受和亲近感。如果考生的头部低于摄像头，老师在屏幕上看考生可能会有些压抑；如果考生的头部高于摄像头，老师可能会有被学生俯视的感觉。因此，最好能够准备一个支架和补光灯，在考试之前将角度和位置调整好。此外，还要注意的一点就是不要离手机屏幕太近，尽量让老师和自己的注意力都保持在合理的对话范围内。

3. 家庭环境

线上复试并没有强制性的场地要求，但并不是没有一点要求，因为过于脏乱或者压抑的环境会让评委老师觉得不舒适。建议考生可以选择自己的书房或者客厅某个安静的角落，以保证评委老师对考生的复试环境有一个较好的印象分。一些居住在农村的考生，如果实在无法保证绝对安静的环境，或者摄像头总能够看到杂乱的房间布局，那么可以去老师的办公室、亲戚家，或者租一间干净整洁的房间完成考试。

4. 外部环境

除了复试环境之外，还应考虑父母是否在家、会不会突然出现其他人干扰考试等，因此考生当天一定要和家长交代清楚，避免出现各类嘈杂声或者家人的说话声、楼上的装修声等。另外，考试过程中如果出现其他人可能会被视为作弊，会取消考试资格，因此一定要格外注意。

三、复试个人形象的准备

考生复试的形象也很重要，如果忽视，也可能会丢失一些分数，因此建议考生注意以下四个方面。

1. 头发造型

考生不要为了图一时的新鲜，染了头发，弄了个奇怪造型，很多年长的评委可能接受不了，因为他们观念中的知识分子都是中规中矩的。此外，很多评委老师都是严谨、古板的学者，如果他们看到另类的或者二次元的造型，可能会觉得考生不重视考试，因而分数也会受到影响。

2. 面部表情

从表情上来讲，有的同学在面试过程中表现得异常兴奋，加上本身带着紧张情绪，可能面相就比较凶一些；有的同学喜欢眯着双眼回答，还时不时拨弄自己的头发，面相就显得狡黠一些；有的同学眼神不坚定地到处乱瞟，那么就显得不庄重；有的同学遇到不会答的题就习惯性地向天花板上看，或者手里玩弄着东西，那么姿势就不适合评委观看了。建议考生对面部表情适当管理一下。

3. 衣服穿搭

在衣服的选择上，考生要明确自己的身份，选择匹配自身形象的着装。从现场看，评委老师虽然期待考生衣服穿搭要与学生身份相协调，但不是要求考生穿正装，因为对于学生来说，穿着过于正式的衣服体现不出学生应该有的特点，因此如果考研复试院校没有特别要求的话，建议考生不要穿正装。在衣服搭配上，遵从三色原则即可，也就是说全身上下包括鞋子的颜色不要超过三个，因为超过三个就会显得花里胡哨，给人不庄重的感觉。除了衣服外，像首饰等考生也要注意，尽量给评委老师干净利落、文质彬彬的印象，因为他们期待学生有一种沉稳、朴素的感觉。

最后强调一点，那就是考生一定要检查自己衣服的标识，最好穿一些合适品牌的衣服，因为部分衣服品牌存在辱华的行为，所以不要马虎，不要因为自己的一件不合适的衣服给评委老师留下不好的印象，从而葬送了前程。

4. 妆容打扮

女生可以化淡妆，可以戴简单的首饰，但不要过度包装，因为过多的修饰让评委老师觉得这个学生社交活动太多，不能安定下来搞科研。男生的话，脸上不要留过浓的胡须，手指甲不要太长，因为干净整洁的装扮会让人觉得干练，让人觉得这是个细心搞科研的人。值得注意的是，如果考生戴手表，要选择机械手表，避免电子设备带来的不良影响。

四、复试时评委可能会问哪些问题

1. 要好好准备个人简介

一般考研复试的第一项是自我介绍，即自身情况、家庭情况、兴趣爱好、好友舍友等方面的介绍，所以初试通过的同学要认真准备这方面的内容，甚至可以找一些英文范文背诵以备双语介绍之需。关于个人经历的介绍，包括自己之前学习的情况、科研经历等，在复试之前一定要认真梳理一下，拣重点、亮点着重解释一下，因为无论是中文还是英文都有可能问到。特别是英文方面，如果在回答问题时磕磕巴巴，那么一开始就会给导师带来不好的印象。在真实的考场上，很多同学就是依靠自身有特色的简历或者流畅的英文赢得评委老师的一致好感。

2. 认真准备专业性问题

一般而言，考研复试现场，考生会按照抽签顺序抽到专业问题进行作答，所以考生一定要在初试后围绕往年复试中出现的专业问题认真准备。在考场，考生最害怕的莫过于抽到不会的问题，然后语无伦次地作答，建议平常多进行相关演练，按照问题的核心展开 1~3 点，用首先、其次、再次等词语进行展开，避免乱答。如果实在想不出来，应该根据书本上的知识点结合自己对题目的理解展开，一定要有层次和逻辑，千万不要不说话或者胡说八道，白白地失去一些机会。

3. 考研和学科竞赛方面的内容要认真准备

在复试现场评委老师会围绕考生参与的科研训练或者学科专业竞赛进行提问，以发掘其科研素养和科研潜力，所以一定要前期准备好专业性的科研问答材料，因为评委老师可能会让考生递交或者现场阐释一下其中的核心内容。如果只是一个“打酱油的”参与者，什么情况都不了解，就会失掉一些本该得到的分数。如果是自己主持的项目，娓娓道来的说明或者有针对性的解答会极大地引起评委老师的兴趣。总之，考生要提前进行各种准备，针对自己的科研经历、参与的工作、获得的科研技能、心里的真实感受、存在的不足、前瞻性的思考等进行准备，从而在现场能从容不迫地回答。

4. 专业探索题要认真答

复试现场评委老师会出一些没有固定答案的题让考生发散性回答，所以平时考生在积累基础知识的同时，多看一些前瞻性、专业性论文，以形成一些独到见解。另外，一定要体现出谦虚的态度，科研是一个探索未知、求大道的过程，也是“止于至善”追求卓越的过程。需要给考生说明的一点是，回答探索性问题时，不要守着课本上的条条框框进行背诵，因为课本上的内容缺乏科研方面的“专、精、尖”知识。

5. 可以看评委老师们的论文

考研复试的面试环节会侧重考查考生的科研素养，因此现场评委老师会问一些和专业文献相关的前沿性问题，那么考生提前看一些评委老师的论文，有助于在现场应对难题。首先，评委老师在提问时，很有可能会按照他自己的研究方向进行设计，所以考生通过了解评委老师的研究，可以得到一些启示。其次，考生通过提前阅读评委老师的论文，能够培养学术方面的素养，能够了解自己心仪导师和相近导师的论文情况，为录取之后的师生互选提供支撑。最后，考生提前了解专业的文献，能在回答评委老师提问时拓展思路，避免自己回答问题的片面性，也会在某种程度上提升复试得分。

五、复试究竟考查什么能力

由于很多考生进入复试后会紧张，发挥得比平时差很多，因此有时一般的表现就碾压了很多人。笔者就考场上评委老师的提问，考生需要表现出哪些基本素养进行了总结，以供大家参考。

1. 流畅性

由于进入复试的考生都多少会紧张，所以很多考生会出现表达不流畅甚至结巴的现象，一些考生会出现听不清题目语无伦次的现象，还有一些考生会出现头脑空白一句话也说不出来的现象。因此，考生在复试中，尽量让自己心态平和一些，将内容用流畅的语言表达出来，以赢得评委老师的认可。值得说明的一点是，即使自己出现一两个词语错误或者词不达意也不要紧，迅速调整状态就可以。如果一直支支吾吾或者表达不出来，语言非常不流畅，那么复试成绩可想而知。

2. 逻辑性

考研复试现场，很多时候评委老师会让考生围绕专业性问题进行系统性论证或者探索性分析，所以考生在现场要迅速在脑海中找到一些关键词和核心观点，之后用专业性的语言组织作答，让评委老师看到其中的逻辑。如果东一榔头西一棒槌地胡乱作答，那么知识上的缺陷就会暴露，科学思维上的不灵动也会被洞察。总之，想告诫考生的是，复试考查的内容涉及思维活跃性、课外阅读量以及知识延展等方面，建议在平常就要学会总结一些知识要点，进行有逻辑的学术性表达，从而为复试的专业问题作答提供支撑。

3. 层次性

在复试的过程中，通过引入一句过渡性的语言“关于这个问题，结合我自身的知识结构，我觉得应该从以下几个方面展开”，使自己迅速进入对这个问题的思考，之后按照首先、其次、再次、最后的语言进行解释，那么就会让评委老师对你作答的层次性有很好的认知。如果一上来就“嗯，我觉得”“啊，我也不清楚”等支支吾吾地作答，那么评委老师对你的印象也不会好。如果你遇到问题一时没有好的思路，也可以通过“老师我可以思考一下吗”之类的语言过渡，之后按照层次结构展开，虽然评委老师一时觉得你思考没有跟上，但是如果你后续能系统性地作答，而且表现出很大潜力，那么也会有个不错的得分。

4. 创新性

在复试现场，很多同学就是因为紧张或者不适应，让自己陷入自身的知识架构和信息的“茧房”之中，回答问题的深度难以达到评委老师心中的预期。如果有些同学敢于针对评委老师的观点或者问题向自己独立思考的空间延伸，甚至给出了不错的答案方向，那么就会令评委老师眼前一亮，因为你的回答反映了你的科研潜力。所以，建议考生在探索性思考时，可以用“老师，我大胆尝试一下作答”“老师，我想了一个观点或者方向，不知道可行不可行，诸位老师可以听听”之类的语言引出自己的见解。如果见解具有创新性，那么就提升了复试分数；如果见解不是很有探索性但提出了设想，或许也会有更好的效果。总之，创新性是研究生培养的核心和灵魂，如果在面试过程中，让评委老师能感受到你的创新能力，那么你一定会感受到赞赏的目光。

5. 可塑性

研究生培养是一个循序渐进、不断挑战难关的过程，所以需要考生具有很好的学术品质和吃苦精神才可以顺利度过三年的学习生活。如果在复试的过程中，你反映出不畏艰难、勇毅向前的学术上进精神，就会得到评委老师的赏识。也就是说，如果让评委老师觉得你的可塑性很强，认为你具有独立思考的科研品质和非常强大的自我学习能力，是非常加分的。但是这些，你可能在现场是意识不到的，因为导师对你的科研判断和性格解读是基于他们的科研思维的，你现场只要正常表达个人见解就可以，最自然的仪态就是你的名片。

第二十九章 研究生调剂及考研再战

如果考生初试考得不理想但超过了国家线，那么就有机会参与院校调剂，因为每年都有一些院校因为报考人数不多或者上线人数较少发调剂公告，也有一些院校由于第一年招生而出现生源不理想的情况。如果考生不准备“再战”一年了，还愿意接受比自己目标院校低一档的院校，可以着手准备调剂复试的事宜了。如果觉得没考上是因为自己状态不佳或者没有好好准备，还有报考目标院校的热情，那么可以考虑“二战”或者“三战”，毕竟一旦苦功夫熬到了，水滴就能穿石，有志者事竟成。

一、调剂信息如何获取

如果考生能早早地获取准确的调剂信息，就可以有针对性地进行复习，进而在调剂面试中获得一些机会并体现自己的实力；如果考生不会捕获各种调剂信息，也不知道调剂院校到底要考试什么内容，就很容易在备考的过程中丧失一些机会，复试的表现也会欠佳。因此，很多人将调剂比喻成一场信息战，一点也不为过。如果考生能意识到这一点，那么就要在这场战争中动用一切力量去获取相关的信息，从而让自己在激烈的调剂大战中获得一些机会。在现实中，获取调剂信息的渠道有很多，考生既可以提前了解去年的相关调剂信息进行预判，也可以联系目标院校研究生办公室的人员或者导师获取调剂信息，还可以通过本科院校老师或熟人介绍获取更多信息。那么调剂信息该如何获取呢？

1. 权威平台发布的信息

中国研究生招生信息网、中国教育在线、中国考研网等网站是研究生招生信息的权威平台，考生可以根据上一年度院校发布的调剂信息进行预判，然后重点关注这些院校二级学院发布的招生信息。这些网站影响力大，调剂信息较为丰富，但有利有弊，因为很多人都会看到且能及时沟通，所以要保持清醒的头脑进行各种信息筛选。其中，中国研究生招生信息网是研究生招录的官方网站，是最正规、官方的查询渠道，考生应及时地关注该网站发布的各类信息，根据已有的信息进行预判。其他的一些研究生招生网站虽然信息较为准确，但由于更新速度较慢会信息滞后，因此需要研究生做多手准备。

2. 小木虫等社交平台

国内很多高校的老师或者课题组会在院校公布调剂名额之前优先在小木虫等社交平台及相关论坛上发布调剂信息，更新时间较早，信息内容也较多，值得考生多加关注。由于是招生院校老师提前发布的一些调剂公告，其信息的准确性经常受到质疑，建议考生要对这些平台上的信息仔细甄别，毕竟不是院校的官方平台，有些信息可能是假的。

3. 导师微信群等可靠的内部消息

有些考生所在院校就有硕士研究生招生点，有些还会招一部分调剂生，因此考生可以利用自己本校生的身份向辅导员、毕业论文指导老师或者熟悉的任课老师咨询，让自己对本校的调剂情况有清晰的预判。这是因为，本校的研究生导师一方面可以通过咨询院研究生办公室人员获取相关信息，也可以通过自己所在的微信群、朋友圈获取一些消息，让熟悉你的导师帮忙留意一些信息对你还是有很大帮助的。此外，一些好心的导师，会通过自己熟悉的院校导师获取一些调剂信息，也能为考生提供一些实质性帮助。

4. 目标院校相关网站发布的信息

目标院校的研究生院网站与二级学院的网站上会按照时间节点发布一些专业调剂安排，因此考生可以根据往年的情况及时关注各类信息，让自己尽早地获取消息。当然，你也可以拜托目标学院的学姐学长到其所在学院的研究生招生办公室或者学校的研究生院获取信息，让自己少走一些弯路。如果今年的信息迟迟没有公布，那么考生可以查看其往年所发布的信息，提早做好各项准备。当然，这些信息也不只在院校网站上能找到，与其相关的微信公众号上一般也会发布，所以也建议考生多关注一些目标院校的官方微信公众号等媒体号。

5. 咨询部分靠谱的考研机构

考研机构具有超强的信息整合能力，能够帮助考生在名额有限、时间有限的情况下，对高校的考研调剂信息进行汇总并筛选，找到适合考生的目标院校，并帮助考生完成调剂系统的填写，因此考生可以考虑咨询一些辅导机构的老师。需要注意的是，市面上也出现了一批利用研究生考试中考生的信息盲点和焦虑心理，打着“调剂保录”名号的调剂培训机构，以“内部信息”为诱饵，以“保过”为承诺，来达到敛取钱财的目的，实则不能对调剂起到任何作用，一定要警惕。

二、考研调剂该怎么准备

1. 调剂要有规律地打电话、发邮件、做记录

提前联系调剂院校的目的就是获取相对准确的调剂信息，并且让目标院校针对考生的情况给出初步的答复，或者询问对方能否邀请自己加入院校的官方考研调剂微信群或者 QQ 群。所以考生要从获悉有可能调剂院校的一瞬间开始，进行系统性汇总，有规律地打电话、发邮件和做好各个单位的反馈信息记录。如此做法不仅能够让目标院校对你的信息有了解，而且也增加了你调剂成功的概率，甚至对你有不错的印象。需要注意的是，在这个过程中，一定要详细记录对方所给出的有效信息，甚至做成一格一格的条目，用打对钩或者备注的形式做提醒。在考研调剂的过程中，联系的院校较多，得到的信息也较多，因此，考生需要有足够的耐心和意志力，对海量信息进行整理、记录，从万千消息中找到对自己有用的信息，从而为调剂院校的复试做好各项准备。**特别强调一遍，可以找一个专用的笔记本将这些信息记录下来，以便进一步筛选，从而找到适合自己的院校及专业。**

2. 调剂电话怎么打

首先，要明确所需要联系的对象是了解调剂信息的人员，而非什么信息也不知道的办公室闲杂人员。如果这点明确了，那么可以打电话给想要调剂

的目标院校的二级学院研招办，就调剂消息发出的时间、理论上的可能性和需要调剂量等进行咨询，并了解目标院校对考生的筛选要求。其次，要快速进入主题，咨询有用的调剂信息。也就是说，考生接通电话后要言简意赅、直奔主题地告诉对方是否需要调剂，把自己考研初试所报考的院校、分数，以及自己的毕业院校等信息告知对方，礼貌询问是否有调剂名额，以自己的条件是否有机会调剂等。当然，如果你有某些过人之处，比如英语成绩、科研成绩较为突出，也可以适当表述，让对方了解你的亮点。不过，给目标调剂院校最重要的反馈信息还是你参加考研初试的成绩，所以咨询的时候一定不要忘记报初试成绩。最后，做好进行下一轮咨询的准备。有些时候，由于你联系目标院校的时间过早，调剂名额还没有出来，所以研招办的老师不能给出肯定的答案，这就需要确定下一步与其联系的时间，以增加调剂成功的机会。

3. 调剂的邮件该怎么发

与打电话相比，发邮件能够更加详细地介绍自己，并表现出自己的诚意，因此要认真地撰写调剂邮件，向目标院校可能招生的、你心仪的导师进行邮件咨询。与打电话相类似，发送邮件也需要“广撒网”，因为只有这样才有可能获得更多的调剂机会。需要注意的是，多发邮件不等于群发邮件，此种行为会引起老师们的反感，会认为你的态度不够诚恳。那么，邮件应该怎么发呢？首先要明确一点，无论是导师还是招生办老师都会收到大量调剂邮件，特别是一些调剂热门院校，所以发邮件一定要讲究内容质量、特色和亮点，甚至要在标题上下功夫，因为标题可能直接决定了老师会不会点开邮件。建议调剂邮件可以采用三段式，同时注意不要用不正式的邮箱和杂乱的昵称，要附带考研初试成绩单和个人简历。

标题：×××+分数：××× 专业申请调剂

正文如下：

××× 教授（或者老师）：

您好！

第一段为自我介绍、表达目的。我是 ×××，今年报考的学校是 ×× 大学，初试成绩为 ××，各科的成绩分别是多少。听闻贵校 ××× 专业往年有调剂名额，冒昧发邮件询问自己是否有调剂到贵校的可能性。

第二段，突出成绩，突显亮点。你需要在这段文字中介绍自己本科阶段的亮点，比如成绩、比赛、项目等。需要注意的是，该段表达得不要太啰唆，可以将一些内容放到附件中，10行左右即可。

第三段，表达意愿，再次感谢。在这段内容中，可以写自己的未来导师选择，再次表达自己的意愿并表示感谢。

冒昧来信，恳请您海涵。衷心祝愿您身体健康，工作顺利！

此致

敬礼！

×××

附件：考研初试成绩单、简历

4. 调剂系统怎么填写

（1）考研调剂征集系统要不要填。

考研调剂征集系统是一个预告的系统，是院校预采集的系统，填写与否对考生没有影响，但是建议大家填写，可以节省正式考研调剂时间，因为正式调剂系统开始后填写的人很多，加上系统有时候不稳定，很容易错失良机。另外，有时候部分院校在系统开放后短时间内就会关闭，当然现在已经有规定的最短开放时间了，但还是要小心为妙。考生在填写时，一定要认真阅读调剂院校的招生要求，如专业科目、考试科目、四六级成绩等，以免在填报时出现失误。此外，备注栏有时间可以填写一下，可以将自己的四六级成绩、获奖经历、论文证书等填入，便于院校查看信息，从而增加自己调剂“上岸”的可能性。值得说明的一点是，考生一定要仔细核对自己的联系方式，如果填错了，可能错失院校发给你的信息。

（2）填写正式调剂系统的注意事项。

首先，认真查询调剂要求并留对电话。认真阅读各招生单位在其院校信息栏目及其他途径公布的调剂办法，打开研招网首页后，用学信网账号登录调剂系统后，查询各招生单位的专业计划余额信息，特别要留意招生单位的调剂申请条件。考生如果不符合条件就别填写了，按要求志愿会被锁定，那么填报其他院校的机会就会丧失。

其次，一定要把有把握的院校往前填写，但要预留一个志愿等其他的机会。如果考生在前期的交流中，已经与目标院校的招生老师有过联系，那么一定要把有机会的院校往前填写。系统一次最多可以填写三个平行调剂志愿，但不建议一下子全部填写进去，如果贸然地全部填写了，系统最长会锁定 36 个小时。此时，你心仪的其他学校发通知了，可能就白白丧失了机会。

再次，要及时关注系统的状态。考生填写完信息后，会出现一个滚动条来反映志愿的进度。第一，滚动条会显示已经提交至目标院校的招生单位。第二，关注调剂申请是否被目标院校查阅。如果信息已经查阅，那么系统会显示调剂申请已被招生单位查看。第三，如果招生单位对考生的情况比较满意，会发送复试通知，那么考生可以选择接受复试或者拒绝。值得说明的是，考生要慎重选择要不要拒绝，因为即使拒绝志愿依然会被锁定一定的时间。此外，还有招生单位迟迟没有回复的情况，那么考生要及时联系目标院校了解情况，情况有所变化的时候可以申请解锁。第四，如果参加复试之后被录取，会在系统里收到拟录取通知，那么就恭喜考生了。

最后，黄金“36 小时”“48 小时”要重视。有人说，考研调剂系统开放的前 36 个小时或者 48 小时非常关键，因为如果你在这个时间段不认真填写，那么将直接影响未来的录取。从现实情况看，这种解释还是有科学道理的，一方面绝大多数院校会在这个时间段发布调剂信息，如果你不知道这个黄金时间的重要性，那么就错失了一些机会，因为有些学校就开放短短的 12 个小时；另一方面很多“双一流”院校会在这个时间段及时发布信息，如果不申请，那么未来选到优质院校的可能性就不高。

三、要不要“二战”或“三战”

有一部分同学受自身复习状态或者考试发挥不佳的影响，没有达到国家线或者没有达到目标院校的复试线要求，心里盘算着要不要再考，因为心里很是不甘，也很渴望读一个研究生来提升自己的综合竞争力。当然，也有部分同学看到平时成绩不如自己的同学都“上岸”了，怀疑是自己选错院校和专业了，心里懊恼不已甚至产生了自卑心理。那么面对人数日益增长的考研大军和更加激烈的考研竞争，到底要不要再复习一年呢？笔者建议下述考生可以考虑“二战”或者“三战”，其他的就不支持了。

1. 有疾病或发挥失常的可以“再战”

有些考生在考研当天或备考阶段，由于身体原因耽误了考试进度，使得自己考试时没有发挥出百分之百的实力，那么这些心存遗憾但有学习潜力的同学，可以考虑调整好身体后来年再考，以检验自身实力能否达到目标院校的要求。

2. 复试表现欠佳的可以“再战”

有些同学在考研初试阶段成绩很高，进入复试后因为自己没有好好准备或者缺乏应试技巧，遗憾地被刷掉了。如果能调整自己的心态，总结自己复试失常的原因，那么可以通过有针对性的训练，重点提升复试应试技巧和综合技能，是可以准备来年再考的。

3. 努力不够的，想再来一次

有些同学在“一战”时，由于荒废时间或者不努力，复习进度缓慢，匆忙走上考场，考得一塌糊涂。后来这部分同学发现只有全心全意准备复习才有可能“上岸”，回心转意了，意志坚定了，那么在重新建立目标和重拾信心的前提下，选择来年再考是可以的。值得说明的是，这些同学一定要建立完整的复习体系甚至报个辅导班，针对自己的弱项提升实力！

4. 择院校择专业失误的可以“再战”

有些同学在考研之前就是凭着自己的感觉，认为自身的实力可以匹配到更好的学府、更好的专业，在没有查阅任何数据的前提下就硬着头皮去考了，最后因为自己报的院校高而自身的实力弱，考研失利了，甚至没有过院校的复试线，在反思自身行为后，决定重新选择与自己实力相符合的院校，这种情况是可以再考的。有些同学因为不了解某些院校的招生政策或者不了解考试的侧重点，使得自己在初试中某一科分数极低或者因为院校的招生名额过少而导致失利，那么在新的一年通过重新择院校择专业，是可以再考的。总之，如果因为报考了与自身实力不符合的院校，而且没有好好地投入“考研大战”之中的话，那么选择一个相对稳妥的院校再冲刺一下是可以的。

第三十章

什么样的导师才是匹配你的好导师

导师是研究生阶段与学生见面最多的人，也是管理研究生各项成长的核心人物，还是研究生学业成长、科研求索、精神追求的引路人，因此一定要选择适合自己的好导师，建立和谐的师生交流机制，让自己顺顺利利地度过研究生三年的学习时光，从导师身上学到多项技能。有同学说，选择好的导师，能给自己带来学习上的优势，能很容易地产生多篇高质量的论文；有同学说，导师平时太忙，没有时间管理，自己就是应付地过了三年，没学到啥；有同学说，自己和导师的脾气不对付，经常对着干，三年过得很不顺畅，产生了一些心理上的郁积。那么怎么选择适合自己的导师呢？本章就针对准研究生关心的这个“热门”问题，谈谈如何选择心仪的导师。

一、导师希望招什么样的学生

从一般性的期待看，导师期望招到的研究生，应具有很强的学习能力。笔者觉得导师期待学生具备以下三个方面的基础能力。

1. 有独立思考意识

大学教育是通识教育，有很多需要记忆的知识性内容，因而学生学习的方式往往是被动的、机械的或者刻板的。研究生阶段需要围绕一个点进行深入延展和系统性学习，而非基础性地背诵知识，因此导师选择学生时，往往需要其具备独立思考、自主学习的能力。如果准研究生在和导师交流的过程中表现出的都是呆板、不会独立思考的样子，那么导师就不会选择了。

2. 英语水平较高

如果准研究生英语过了四六级或者考研初试英语成绩很高，或者英文复试现场对答如流、翻译特别自如，那么其印象分会比较高，导师在筛选学生的时候可能会优先选择。这是因为，研究生阶段导师会要求学生花费很大一部分时间进行论文写作，英语水平较高就代表着论文写作的基础素养和撰写高质量论文的可能性高。

3. 吃苦上进、性格稳重

有些准研究生比较傲气，说话不太注意分寸，这样就会让导师觉得心里不踏实，担心其难以专心搞科研，甚至担心其意气用事、干着干着突然甩手走了，那么导师就会降低选择这类学生的可能。如果是性格稳定、吃苦上进的准研究生，导师在内心里就会认为，只要好好地带这个学生，他就会深入钻研，投入很多精力去克服一个难题。如果准研究生见异思迁，不喜欢下功夫，脑子里尽是些小聪明，那么导师与其进一步沟通时会心生不安，从而影响导师的判断和最终选择。

二、学生期待选择什么样的导师

1. 水平高、杂事少的导师

很多准研究生想着进入研究生阶段之后，找一个业界认可度高的导师，背靠大树好乘凉，自己也可以少奋斗一些。有些准研究生期待着研究生阶段导师少给自己安排一些杂事，让自己有释放天性的空间。

2. 出手大方的导师

有准研究生听说一些导师没有课题和项目，很抠门，三年都不请学生吃一顿饭还天天催着学生干活，也不给学生发任何补助。准研究生可能更期待导师每月给自己发补助，时不时请吃大餐，还可以以“兄弟”“姐妹”相称，这样的研究生生活岂不是太美了。

3. 不 PUA 的导师

有些准研究生想着自己最好找一个性格和蔼可亲的导师，遇到事可以敞开心扉，让自己愉快地进行各项工作，每天心情都很舒畅。还有些准研究生说，不喜欢选择一个天天板着脸的导师，动不动不回复信息，让自己心里不堪重负，从此对科研没有一点兴趣。

4. 不管自己的导师

有些准研究生说，来读研究生的目的就是“混”一个毕业证，因此希望导师平时少管自己，能保证自己顺利毕业就可以。因为在这样导师的管理下，可以放心地干自己的小事业、忙自己的活、方便自己考公考编的备考等，研究生学历就帮助自己顺利镀金了。

5. 能够解决工作的导师

有准研究生说，读研究生的目的就是能够找到一份理想的工作，最好位高权重责任轻，离自己家近一些，如果能达到这些要求，导师怎么培养自己都可以。此外，如果研究生期间导师还能多给自己分配一些横向课题，让自己出去赚点外快，那么就“誓死效忠”导师了。

三、研究生和导师究竟是什么关系

从理想的层面，研究生和导师应该是合作伙伴式的关系，甚至是类似同事的科研利益共同体，经过双方的磨合、融合和结合，逐渐形成彼此信任、携手共进、共克困难、挑战前沿、追求至善的良性互动关系。然而，由于导师在知识上、管理上、身份上具有领先性、前瞻性和社会性，使得导师的“导”不仅具有指导的含义，还带有引导、领导、主导的意义，因为只有在这样多重“导”的过程中，才能培养出优质的研究生。从现实情况看，可以将师生关系简单总结为以下几种状态。

1. 亦师亦友型

研究生和导师从本质上就是共进退、共发展的学术共同体，未来很可能是学术同人或者学友、同事，那么这种类型的师生关系，导师就会从各方面帮扶学生，不仅让学生在学业上快速进步，而且给学生带来各种温暖和关爱，使得师生之间的情谊不断加深、师生共同的研究精品不断产出。这种师生关系在一些文科类的专业特别常见，因为这类专业不需要安排实践性工作，多是软课题性质的师生共同搞研究，因而师生互动以学术上的探讨为主，导师的领导性、安排性事宜就少了很多。

2. 师徒型

之前相声界有说法：师访徒三年，徒访师三年，看资质和彼此适应程度确定关系。现在有些理工科特别是传授技艺的导师也是如此，是带着自身使命传授学生安身立命技能的，因此这种培养模式就类似师徒制模式，无论是学业上还是生活上、情感上的事情导师都会及时关注和指导学生。这里的一个好处就是，一旦导师认定了这个徒弟，就会传授其实实在在的技能，甚至传授不怕“饿死师父”的技能，很有可能将研究生培养成行业的翘楚。值得一说的是，这种类型的导师是把研究生作为接班人培养的，不仅传授其学业上的基本功和造诣上的精髓，也会安排学生干杂活，还会锻炼学生的社交技能，绝对是传道、授业、解惑。

3. 现代公司制管理型

一些理工科专硕的培养目的就是使学生获得安身立命的技能，会安排学生进行实习实训或者从事与职业相关的培训，那么就需要职业性的导师引导。在现实中，专硕的另一个导师就是职业导师，需要研究生到职业导师所在的公司锻炼，因而理工科类的很多专硕类似现代企业管理制度下的员工，工作内容有规定性要求，作息时间也有严格的要求，有事情必须和导师汇报等，很多研究生在这种情况下就称自己导师为“老板”。值得一说的是，这种关系模式下的师生有比较高的经济效益产出，导师能为学生带来实实在在的效益，还能锻炼学生的社交技能。当然，如果这种类型的导师管理太严格，学生的资质天赋、自由精神会受到影响，甚至会出现心理不健康的现象。

值得说明的是，上述三种师生关系也会有交叉融合。无论怎样，研究生阶段的学生要有足够的抗压力，找到合理的宣泄渠道，否则很容易产生各类心理问题。

第三十一章

怎么邮件联系导师

优质的研究生导师不缺给他发邮件的学生，因为导师自身的过往成绩、主持项目和对学生的态度就会吸引很多研究生慕名而来。那么准研究生如何让自己的邮件引起导师的兴趣呢？又如何通过高质量的邮件表现自己的特点和优势呢？这一章就针对这个问题进行回答。

一、什么时候邮件联系导师合适

从理论上讲，很多学校是不允许学生提前联系导师的，因为怕复试期间有不妥的行为或者因师生的往来影响考试的公平性。然而，很多初试不理想的考生，会给目标院校导师发邮件以试探是否有机会参加复试。有些考生在参加复试前会给导师发邮件，和有些调剂生的咨询邮件混在一起，这或许也能起到一定的作用。那么准研究生到底什么时候发邮件合适呢？下面笔者就来谈谈自己的看法。

1. 复试前不鼓励考生发邮件，但调剂可以

有考生甚至问一些奇葩的问题如“复试前要不要面见导师一下”之类，答案肯定是否定的，因为师生的这种联系往来或者互动可能被视为影响考研复试公平的利益行为，所以最好不要有这样的想法。那么问题来了，复试前邮件联系导师可以吗？其实也不建议，因为导师也不知道你到底复试表现如何，不能贸然回答你，多半是不回复的。如果你复试发挥不理想最终失利了，那么你提前发的邮件就失去了意义。当然，很多导师看到考生发过来这样的邮件信息也会睁只眼闭只眼，因为没有经过复试，导师就视这类邮件为一封

空邮件，不会与其互动的，因为怕互动后影响公平。由于调剂类邮件多半是问有没有机会参与调剂等信息式咨询，导师只需要回答“咨询 ×× 办公室”或者“有 ×× 名额，留意学院发布的调剂公告”，不会有选导师方面的事宜，所以导师一般会回复的。

2. 综合成绩高的可以考虑发邮件

综合成绩比较高，且本科阶段具有较好的科研表现的考生可以联系自己比较感兴趣的导师，不必坐等学校统一公布录取结果的时候再联系导师，因为只要你确保自己的排名在院校的招生范围之内，那么十有八九是录取了。另外，一些导师如果是评委老师的话，你复试表现好导师也可能会提前联系你，让你决定是否选择他的团队，因为导师所带的研究生是有名额限制的，他有可能提前选择适合自身研究方向的优质考生。值得一说的是，其他优秀的考生可能都在提前联系导师，若你不提早准备，别人可能就捷足先登了。通过邮件与导师进行互动，有利于导师发现你的优点，直接选择你作为他的学生。如果你考试成绩靠前且本科履历较好，可以将大学中曾经发表的论文、学术研究上获得的奖励等材料发送给导师供其翻阅，一旦导师认可你的能力，拟录取就会主动电话联系。

3. 初试成绩中等或者偏下，建议确定录取后再联系

此类考生初试成绩中等或者较差，复试也没有亮眼的表现，不确定自己是否被录取，所以，建议先安定一下，仔细制作简历，整理下本科阶段的科研项目和学科竞赛成果，确认录取后再给心仪的导师发邮件，试探导师的态度。需要注意的是，考生与导师的联系邮件应弱化自己的劣势并突出自己的亮点，比如考生可以把本科期间做过的课程作业和社会实践成果附上去，表现出自己的能力与闪光点。另外，在联系导师的邮件中要表达出自己的学习态度和跟这位导师学习的决心，甚至写出未来一段时间的学习计划，让导师看出考生的潜质，果断地选其培养。

值得说明的是，导师选择研究生的标准不统一，有些导师喜欢品学兼优的学生，有些导师喜欢吃苦耐劳的学生，有些导师喜欢能说会道、情商极高的学生，还有些导师看颜值 + 才华 + 性格，所以同学们大可不必担心自己不

被导师喜欢，因为你不清楚导师到底喜欢什么样的学生。只要你觉得自身的能力还不错且非常想选择某位导师的话，准备好邮件正文和简历就给导师发过去，说不定有好事发生，不要一味地害怕自己能力差、初试成绩不好。

二、如何撰写规范性的邮件正文

一封理想的联系导师的邮件，应该具备以下几个特点。

1. 简洁明了，直截了当

邮件正文要符合写作的基本要求，那就是简洁明了、言简意赅，因为导师都是博士毕业，一般都喜欢简洁舒适的文风。所以考生可以按照自报家门、体现亮点、谈未来设想的方式进行表达，避免啰唆、不分主次地胡乱表达，字数控制在 500 字左右即可。

2. 突显优势，体现科研

考生一方面应从考研成绩或者学习成绩出发，体现学习方面的优势，让导师对你的科研态度有基本的认知；另一方面尽量在文字中或者附件中多体现本科阶段取得的科研成绩和学术锻炼，让导师对你的学术素养有一定的认可。其实，在导师眼里，如果有学习上的向上精神和科研学术经历，会被认为有培养的潜质，所以建议大家有时间还是参与一些科研训练或者学科竞赛，因为在师生互选阶段这些经历很有帮助。

3. 谈谈方向，说说文献

考生可以对以后的发展方向进行表达，也可以围绕未来三年的学习规划进行阐述，从而让导师对你的系统性规划和发展潜力有一个初步的判断。此外，应该多看看导师的文献，基于文献中的研究点谈理解，也会在师生互选中占得一些先机。

4. 有礼有节，格式正确

在撰写邮件正文时，考生要按照普通信件的基本格式，体现出应有的礼貌和学术礼仪，因为在研究生阶段，你会经常与导师和编辑部的老师进行交流，而这些规范性文字会让导师、编辑觉得你很上心、态度很认真。需要注意的一点是，考生要逐字逐句地进行邮件全文的检查，尽量避免出现错别字，尤其是导师的名字等非常重要的信息不要错。

5. 上传成绩、简历等附件

由于一些研究生导师没有参加复试，不了解考生复试的情况，那么上传个人简历、本科成绩单、获奖证书等一系列附件，有利于导师深入了解你的过往。此外，有些导师看到考生不重视附件信息和成绩单附件的上传，只在邮件正文中谈态度和打算，反而会感觉其态度不诚恳，其在导师心中的初始印象就不会那么好了。

为了更好地让考生了解规范性邮件的表达，笔者引用一个学生的邮件并稍作修改，供大家参考。

邮件模板：

邮件主题：考研学生 ××× 自荐信

尊敬的 ×× 老师：

您好！

我是 ×××，本科就读于 ×× 大学 ×× 专业，此次报考贵院 ×× 方向，从学院官网得知您的联系方式，希望能够有机会攻读您的研究生。

我的初试成绩为 ××× 分，单科成绩为：政治 ××，英语一 ××，数学一 ×××，专业课 ×××，根据综合成绩排名应该能录取，现将我个人的情况进行简单介绍。

1. 专业背景（这几个字不用打上去）

一直以来，我对地理学就有着浓厚兴趣。在小学阶段，我就喜欢收集各种各样的地图，了解不同地区的风土人情；到了中学，我更是热爱地理这门课程，喜欢认识世界各地的山川地貌、自然景观、人文特色、文化风情，让我确定了以后的兴趣方向；在高考填报志愿时，我也都将地理科学类专业放在首位。大一下学期，我通过选拔进入了我校的特色专业——×× 实验班，这个专业以培养地理学领域学术人才为目标，从大二开始实行导师制培养模式，开设各种前沿专题课程，课程涵盖自然地理学、GIS、遥感、人文地理学等多个方向，为我打下了扎实的学科基础。

本科期间，我一直坚持以课程学习为主，强基固本，前五个学期中，我的加权平均分为 ××，连续 5 个学期专业成绩和综合测评成绩均为专业第一，获得了国家奖学金等各类荣誉。同时，我也一直坚持学习数学、英语和计算机等方面的知识，为专业知识的应用提供技能支撑。数学方面，我不仅注重学习理论知识，在“高等数学”“概率论与数理统计”课程上取得满分成绩，并获得了全国大学生数学竞赛三等奖；也强化应用实践，在全国大学生数学建模大赛、河南大学数学建模竞赛中获奖。英语方面，我不仅高分通过四六级考试，还在雅思考试中首考达到 6.5 分，并获得了全国大学生英语竞赛二等奖。计算机方面，我不仅能熟练使用 Office 办公软件和 ArcGIS、Envi 等地理学软件，还学习了 Python、C、R 等编程语言和工具，并应用在科研当中。

2. 科研经历（这几个字不用打上去）

课程学习之外，我还在导师的指导下，探索各种各样的地理学问题，我的主要科研经历如下。

（1）2020 年 9 月至 2021 年 7 月，我参与了导师的一个科研项目——黄河流域红色旅游发展的时空特征与推进路径，并主持了该项目最重要的一项内容——黄河流域红色旅游发展水平的空间差异及格局优化的研究。研究中，我们构建了基于“质量规模—支撑能力—发展潜力”的综合评价体系，并利用多种空间分析方法，探究了黄河流域红色旅游发展的空间格局，提出了“一心、两轴、四大分区、九大功能区”的空间优化方案，成果论文已于 2021 年 9 月发表在《××××××》(核心期刊)。

（2）2020 年 12 月至 2022 年 5 月，在电商经济和抖音视频火热的背景下，我开始思考其背后的地理分布规律。在与导师讨论后，我申请和完成了一项课题——基于抖音大数据的黄河流域电商经济空间差异研究。在该研究的基础上，我将研究内容从电商经济推广到数字经济，将研究范围从黄河流域扩大到全国。通过融合社会经济数据、POI 数据和多种评价指数，我构建了基于发展环境、发展指数、发展活力、网络影响和电商水平五个维度的数字经济评价体系，并在分析县域数字经济空间格局的基础上，解析了不同区域的驱动因子，成果论文已投稿至《××××××》(SCI)。

3. 未来规划（这几个字不用打上去）

作为一个一直热爱地理的学生，我计划继续踏上地理学的学习和探索之路。未来，我打算在区域发展与规划方向进行学习和探索，攻读硕士、博士研究生学位。然后走上科研岗位，将地理学的理论融合到区域发展之中，成为对地理学理论和实践均有贡献的科学家。

冒昧致信，请老师海涵！感谢老师能在百忙之中阅读邮件！祝身体健康！工作愉快！

学生 ×××

2022 年 ×× 月 ×× 日

模板可以借鉴，但自己写的时候一定要多从导师的角度出发，体现自己的优势和长处，力求简练，不赘述与研究方向和学习能力无关的内容。即使是同一课题组里的导师，研究方向也有可能各不相同，所以要尽可能在联系不同导师时有不同的侧重点，酌情修改邮件内容，想要得到老师青睐，就要尽可能地投其所"好"。邮件里体现出和所联系导师研究方向关联的内容越多，对自己就越有利。

三、导师回复邮件的含义

给导师发邮件一般会有以下几种结果。

第一种：有肯定的意思。导师会邮件联系你或者通过微信等方式直接表达出让你加入团队的意愿，也就是导师对你有好感，基本给你预留了名额。如果导师给你确认的双选结果，也就是说选定了你，那么他会直接安排你做一些文献阅读的工作，甚至留出科研任务或者论文，让你正式融入研究生学术生活的方方面面。

第二种：回复竞争压力大。有些导师如果名气很大或者选择的人特别多，就直接留言"报名人数多，竞争压力大，你最好选择其他导师吧"，那么表明你的机会很小。当然有时候导师会回复你比较官方的消息如"现在还是初试的双选阶段，学校给每个老师的名额不确定，但希望你考虑选我，到时候我会优先选择你"之类的话，这话有可能是导师真心为你着想，也有可能是暂时"养着鱼"，看看情况再做进一步的选择。

第三种：回复"对你印象很好，欢迎加入我们的团队"等客气话。如果考生收到类似这样客套式的回答，那么既可能表明导师对你有好的印象，让你等着他的进一步沟通或者双选，也有可能是导师对你礼貌性的回复，并没有真正看上你，那么你就需要进一步和导师沟通确定真实的情况。此外，有些导师就是前期对一些同学这样说，但过两天筛选和判断之后就直接联系你了，所以你可以等等导师的实际态度，再做进一步的打算。

第四种：未答复邮件。有些可能是导师对该考生不太满意，有些可能是导师想等等其他考生发过来的邮件再综合回复，有些可能是导师太忙忘记回复邮件了。建议考生给导师发送邮件后，不要奢望立即或者 1 天后就收到回复，最好等上 7~10 天，因为有时候导师的科研事务太多，看邮件不及时，有些导师就是想综合考虑后再与心仪的考生联系。如果你默认导师 2 天不回复你消息就意味着没戏，那么你很可能错过一些优质的导师。

第三十二章

准研究生暑假该怎么过

考生被招生单位录取后就成了准研究生或者称之为“研 0”，那么就面临着毕业后的一段暑假时间该怎么过的问题。如果导师对招收的准研究生很上心，那么从确定师生关系的那一刻起，导师就开始安排学生参与各项科研活动或者安排其进行文献阅读并撰写读书笔记。一些没有科研项目或者对新生重视不够的导师，会让准研究生自己掌握这段时间或者不安排任何活动。早起的鸟儿有食吃，如果你能合理地度过这段时光，那么有可能获得很多科研上的关键操作技能，让你在未来三年的研究生生活中受益匪浅。如果你就等着导师安排任务，自己从来不主动探索一些科研问题或者学习一些专业技能，那么你在科研方面很容易落后，从而在研究生阶段的评优奖先中不占优势。本章就结合笔者的认知，谈谈准研究生在暑假应该注意的问题。

一、准研究生英语不好，假期怎么看专业文献

1. 第一阶段：精读几篇文献

首先，读几篇中文的硕士或者博士论文。很多准研究生在一开始的时候看不懂英文文献，对一些专有名词也感到非常陌生，这时可以看一些学位论文，尤其是文献综述部分，因为这样很容易让你看到研究的前沿动态，也学习一些核心词的英文表达，从而打下英文写作或者中文摘要翻译的学科基础。

其次，下载三到五篇本专业领域质量较高的英文论文精读。准研究生可以让导师推荐几篇英语高质量论文，自己静下心来从头读到尾认真领会和理解，遇到看不懂的可以借助翻译软件进行翻译，必要时可以找中文论文对照。

准研究生遇到不会的问题，可以用笔在文献上标注出来重点解读，尤其是关键段落的翻译可以按照语法结构深入剖析，从而加强对关键问题的理解。这一步骤既可以方便准研究生日后回头看的时候快速抓到要点，也能够在很大程度上提升论文写作的效率。

最后，熟悉中英文写作的套路。如果准研究生已阅读了一些中英文论文，熟悉作者们研究的核心点并弄懂了一些专业表达的结构，就可以分析论文写作的基本套路了，可以拿个本子记录一些核心表达的漂亮句子，为以后自己写中英文论文提供支撑。当然，这个过程可能比较枯燥，但只有读会弄通，才可能在进入下一个阶段的时候少些磨难和痛苦。

2. 第二阶段：带着目标定位阅读

到这个阶段，准研究生拿到文献之后可以很容易地理解所表达的核心内容，可以先看题目和摘要，之后有重点地阅读相关的核心内容，最后看看结论和讨论部分。这是因为到了这个阶段，准研究生已经具备了阅读专业文献的核心素养，所以逐渐开启定位式的阅读文献模式。定位阅读的核心要领如下。

（1）定位文章：准研究生要学会判断和自己研究领域相关的内容，如果有关且质量较高果断留下来，如果无关直接放一边，完成第一次筛选。

（2）定位章节：准研究生在认真阅读时，要准确地定位到核心章节，即判断文章中哪部分有助于解决现在的困惑或者能为研究提出新的思路。如果准研究生已经达到这种状态了，那么准确定位章节的阅读也就实现了。

（3）定位速度：通过前期的训练和系统的学习，准研究生已经学会了筛选论文的标准，那么这个阶段就要提升阅读速度了，筛选与文章契合的段落，逐步提升论文写作的技能和方法。

3. 第二阶段：精读最新的核心论文

发到专业领域核心期刊上的最新论文，往往反映学术的前沿动态，能让准研究生了解当下科学研究的重点和自己应该突破的方向。为了提升对最新论文的领悟力，准研究生可以把论文打印出来，精读全文并用笔画出重点，解析论文的独到之处，以达到有针对性的强化阅读。如果准研究生认真读过了这类论文，也发现了其中的亮点、突破点和创新之处，那么就可以琢磨自己撰写论文的方向了，因为其已经具备提出问题和分析问题的核心能力了。

二、准研究生暑假与导师交流应注意什么

1. 避免犯一些低级的错误

（1）重复发邮件与消息。

有些同学可能是因为性子比较急，总期待导师能够迅速回复消息，因此经常会不断补上几句催问“老师您收到了吗”“老师您能抓紧时间看看吗”之类，这个时候你可能犯了一个大忌。这是因为，导师除了教科研任务，还有会议、家庭生活和社会交往等方方面面的事，你贸然催促反而让导师觉得你心态不稳、思虑问题不周。另外，导师一天要处理很多邮件与消息，日常事务比较繁忙，有时候就会忽略一些信息，甚至不回复一些无关紧要的事情。催促本身就是一种带有强迫性的举动，让人心里不舒服，所以请准研究生不要老是强迫自己的导师尽快回复信息，避免引起不必要的反感，反而影响了师生和谐的相处。如果是不重要的选题沟通、方法学习等内容，担心导师忽略了你的邮件，那么在几天甚至一周后，再重发一封邮件询问导师邮件是否收到，说明上次的内容后可以补充“我至今仍对 ×××× 问题感到困惑，希望得到您的指导”之类谦虚的表达。

（2）对导师发牢骚。

如果准研究生在定期给导师汇报的过程中，经常出现“老师，你布置任务太多了”“老师，你催我太急了”“老师，我完成不了”等抱怨、牢骚的语言，那么你在导师心中的印象会变差许多，因为这不是你积极态度的体现，也反映出你不会独立思考、不能扛大任、不能合理安排时间等。如果一个准研究生经常出现抱怨和发牢骚之类的情绪，那说明你最近对学习或者学术这件事情产生了懈怠，不具备研究生处事不惊、有序上进、积极进取的品格，那么导师今后对你培养的时候就会重新考量了，所以建议准研究生要牢记，在导师安排任务时，第一法则或者心里第一想到的是要先完成，而不论论文质量，因为这反映出你的态度，无论你当下遇到多么大的坎，都要先完成一些任务，

让导师看到你学习上进的积极态度。

（3）隐瞒或逃避问题。

在日常科研中犯错是非常普遍的，没有人会永远不犯错，但准研究生一定不要隐瞒或逃避错误，因为小聪明的人喜欢糊弄，大智慧的人知道知错就改。如果准研究生意识到自己犯错了，那么犯错后要第一时间和导师承认错误，并分析犯错原因以及后续改进的方法，因为这样导师会觉得你是一个有担当的人，会继续加强对你各方面的培养。同时，导师很清楚准研究生能力有限，所以你在做科研或者写论文的过程中一定不要敷衍，在自己能力范围内做到最好，避免鸵鸟式处理方法。

2. 哪些行为在导师眼里是加分项

（1）尊重导师，相互帮助。

师生关系一定是双向互动的，导师给你布置工作，带你科研，你也要主动给导师提供力所能及的帮助，那么师生就会有和谐的相处氛围。比如导师开组会需要一本参考书，你可以主动帮导师借，为导师节约一些时间；如果导师接了一个重大科研项目，你可以主动联系导师是否需要帮忙，体现你积极上进的精神。

（2）主动联系，促进交往。

导师平时都比较忙碌，所以准研究生不要总等着导师想起来找你或者给你电话联系时，你才被动地与他交流，殊不知这个时候导师可能就会批评你。其实，有时候准研究生科研不顺利，不是因为能力差，而是将自己与导师隔离了，不反馈具体问题。准研究生可以每隔三五天或一两周的时间就跟导师主动联系一下，聊聊最近的生活、研究进展、遇到的问题等，要让导师知道你的近况，在交流过程中拉近距离。

（3）收到任务不要老是“好的，收到”。

很多准研究生在收到导师布置的任务时就立刻回复“收到，好的”，然后过了几个小时才仔细看导师任务，殊不知，有时候就会遇到导师催论文进展或者安排任务而你没能理解的错误回复。如果准研究生收到导师的安排，要第一时间了解任务的内容、时间节点和要求，不明白的地方要仔细询问，然后再给导师汇报大致思路，给出“老师我尽快推进，争取 × × 内给您初步方案”的表达。

（4）学会在组会汇报自己的进展。

很多准研究生在组会汇报时总是紧张或者逻辑不清，没有重点和条理地表达了一通，让导师觉得你近期做的任务不够多或者认为你现场汇报的能力很差；有些准研究生只会汇报 1~2 页的结果，过程性内容从不展示，那么导师就看不到你的努力，很多亮点可能体现不出来。建议准研究生在汇报导师安排的任务时，按照“结果 + 准备 + 遇到的问题 + 解决思路”的逻辑汇报，这样导师就能清晰地知道你做了什么事，遇到了什么困难，也会更有针对性地帮你解决问题。

（5）重要节假日主动问候。

师生关系是建立在彼此信任、共同成长的基础上的，因此师生间的情谊也需要维护和经营，所以建议准研究生在重要的节日抽时间向导师表达问候，让导师看到你温暖和有人情味的一面，也能拉近你与导师之间的距离。教师节是重要的情感表达日，如果你有什么心里话，可以化成文字表达，让导师感受到你的内在力量，说不定就换来一些发展的机遇和具有指导意义的帮助。

3. 与导师交流的准则

及时：看到导师消息要第一时间回复，不要拖延，因为在拖延过程中可能就错失了导师的重要任务，导师下次可能就不会再给你安排重要任务了。

准确理解导师的意思：不要总是自以为是，有不明白的就和导师确认一下，避免你理解的“以为”和导师交代的任务差别太大，反而徒劳。总之，对于把握不住的事情，准研究生可以重复问下导师是不是这样，不要埋头忙活，最后反而影响了进程和各项任务安排。

随手记：导师随口说的一些专业知识，特别是在指导你论文写作的时候，如果当时你不是很懂，可以随手记下或者征询导师的意见用手机录音，以方便后期查资料、验证导师的提法，也可以有效地打开思路。

规范性反馈：如果有些任务需要及时汇报进展，那么你在汇报的时候要注意质量，同时保证发过去的 PPT、PDF 的规范性，体现出你在科研方面的认真态度。

礼貌：导师也是长辈，时刻要保持尊重和礼貌。

仔细：发消息、文件时要仔细检查一到两遍，不要出现错别字。

三、准研究生怎么在假期锻炼写作能力

1. 前期准备

大量的文献积累：在撰写论文之前，准研究生首先要进行大量的文献阅读，快速获取基本知识的同时借鉴别人的论文框架与思路，强迫自己思考还能怎么做和该如何做，进而确定自己的选题。当然有的导师会直接给准研究生选题，因为导师就是这个领域的专业翘楚，他的选题往往具有前瞻性和创新性，那么准研究生只需要按这个方向撰写论文即可。

各种科研软件：系统地学习自己专业领域要用到的软件，这对于准研究生撰写论文必不可少。除了常用的 Excel 软件能够进行简单的数据处理与图表分析外，准研究生需要借助 Eviews、Spss、Matlab 等分析软件，加强对数据内在规律的分析，剖析数据之间的相关关系、归因关系、趋势状态等。同时撰写科技论文必不可少的就是图件的制作与表达，需要对输出图件的颜色搭配、字体大小、局部组合等进行美化和优化，那么准研究生就需要学习 CorelDraw、Photoshop 等图件处理软件，使制作出来的图件能更加准确、科学、美观地展示给编辑、审稿专家。

专业学习习惯：在假期撰写论文时，准研究生往往会遇到各种阻力，探索的科学问题很难进行下去，那么如何克服这一阻力成了撰写论文的一大难题。在这个过程中，好的专业学习习惯无疑是一剂良药，因为这个习惯能克服消极影响，使自己真正管理自己。因此，建议准研究生在学习过程中制定详细的学术研究进度表，不断地进行测试、反馈与挑战，确保导师制定的任务能在规定之日完成；同时建议准研究生能够详细安排一天的作息，最好精确到小时，使自己高效利用每天的时间。

2. 开始写作

论文一般由题目、摘要、关键词、引言、正文、结论、参考文献等几部

分组成。

题目：题目要恰当，不能过大，也不能太小，更不要出现文不对题的现象。值得注意的是：题目一般有字数的要求，不宜超过 20 个汉字。

摘要：摘要是就论文核心内容的总结，是论文的导读，需要准研究生对论文高度总结。从评审的角度，干练、有深度的总结性摘要有利于读者快速了解文章的主要内容。从写作的角度，摘要强调对创新性和成果重要性的提炼，那么需要强化论文深度，避免啰唆的表达。此外，摘要撰写不应使用第一人称，而应以第三人称进行客观总结。

引言：引言的目的在于快速为读者建立起背景知识体系并定位主题范围，也在于让读者清楚地知道作者利用什么方法解决了提出的问题，以及有什么实际意义，因此从写作的角度，引言要体现出对国内外研究背景与他人工作的综合概括能力，阐释本研究的着力点、突破口和创新点。引言撰写大致可以套用以下模板撰写：①开头部分。基于题目引出背景知识，然后基于此背景提出问题。②中间部分。提出问题有哪些解决方案并进行已有研究的归纳总结，明确他人研究对该领域作出了哪些实质上的贡献，指出已有研究还有哪些不足之处和有待改进的方案，从而为自己的研究选题提供支撑。

关键词：关键词是体现内容的核心词语，一般 5~7 个即可。

正文：正文一般包括理论知识、实验部分、实验结果及分析几部分。实验部分应该包含足够的信息以供其他研究者准确重复文中描述的实验。

结论：结论部分是对引言与论文主题进行相关的总结，让读者获取比摘要更详细的结论，因此准研究生在写作的时候，应以正文中的技术方案、实验数据或考察到的现象为依据，准确、完整地描述出实验结果。该部分还应撰写文中解决了什么理论和实际问题、得到了什么实验结果或者对前人的研究成果做了哪些改进，以及对未来其他可以开展的工作或研究方向的建议。

3. 论文修改

在论文撰写完成后，还需要在导师的指导下对论文进行 5~6 遍的修改，不仅包括逻辑结构的调整，还有语言的反复打磨、图表的不断美化、句子表达不断提升的细节改变。可以说，当论文修改得已不是最初模样的时候，就日臻完善并逐渐达到了发表的状态，准研究生也在这个过程中进步了很多，因为论文很多时候就是日趋完善、不断追求“至善”的。可以不夸张地说，没有任何一篇研究生论文是可以不经过修改环节就随随便便发表在高质量期刊上的，只有经过“千淘万漉虽辛苦”的反复修改与推敲，才能达到“吹尽狂沙始到金”的写作境界。

在撰写第一篇小论文时，不要以发表在高质量期刊上为目标，而要抱着科学写作论文的心态，因为很多非理工科的同学第一篇论文可能是发不出去的。所以，准研究生写第一篇论文的正确心态是，在写作过程中锻炼学术思维，加强写作技法的学习，不断提升写作功力。当然，如果想让第一篇论文就成为高质量论文，首先选题需要足够好，还需要做好不断修改、不断完善的准备，还要做好一年后或者两年后发表的准备，因为任何事情都是一个循序渐进、不断提高的过程，世界上是没有那么多捷径可言的。

参考文献

［1］ 大树成长营．考研难度再增！2023 年考研大军或达 520 万，高校毕业生 1174 万人［EB/OL］https://www.sohu.com/a/573025632_120175571，2022-07-30.

［2］ 丁志伟．研究生是如何炼成的：学术研究与论文写作导引［M］．北京：中国经济出版社，2019.

［3］ 丁志伟，张乐涛．区城系观影感受［EB/OL］．https://mp.weixin.qq.com/s/XvqEiEQKxdxu7v65UiJbwQ，2021-10-15.

［4］ 国家卫生健康委员会 2018 年 11 月 23 日例行新闻发布会文字实录［EB/OL］．http：//www.nhc.gov.cn/wjw/xwdt/201811/b0ca3817224e44899a3248a0f6e48948.shtml，2018-11-23.

［5］ 国务院学位委员会 教育部关于印发《专业学位研究生教育发展方案（2020—2025）》的通知（学位〔2020〕20 号）［EB/OL］．http：//www.moe.gov.cn/srcsite/A22/moe_826/202009/t20200930_492590.html，2020-9-25.

［6］ 河大新媒．他们获奖了［EB/OL］．https://mp.weixin.qq.com/s/6zA52eIuxZz1xMlfDAzMJQ，2021-9-14.

［7］ 河南大学关于修订印发全日制普通本科学生转学实施细则的通知（校发〔2022〕116 号）［Z］．开封：河南大学，2022.

［8］ 河南大学教务处．关于做好推荐 2021 届优秀应届本科毕业生免试攻读硕士研究生工作的通知［EB/OL］．https://jwc.henu.edu.cn/info/2124/6781.htm，2020-9-21.

［9］河南大学普通本科生转专业暂行办法（校发［2019］194号）［Z］. 开封：河南大学，2019.
［10］河南大学校长办公室. 关于修订印发本科生学科竞赛管理办法的通知［EB/OL］. https://xzbgs.henu.edu.cn/info.jsp?urltype=news.NewsContentUrl&wbtreeid=1034&wbnewsid=3680，2020-12-7.
［11］河南大学研究生院. 河南大学招收优秀应届本科毕业生直接攻读博士学位研究生暂行办法［Z］. 开封：河南大学，2020.
［12］婚嫁指数网. 大学生谈恋爱的概率有多少？［EB/OL］.https://www.aimcx.com/askinfo-121313.html，2022-9-1.
［13］教育部部署做好2023年全国硕士研究生考试招生工作［EB/OL］. https://yz.chsi.com.cn/kyzx/kydt/202209/20220906/2215453642.html，2022-9-6.
［14］教育部关于印发《2023年全国硕士研究生招生工作管理规定》的通知（教学〔2022〕3号）［EB/OL］. http：//www.gov.cn/zhengce/zhengceku/2022-09/07/content_5708701.htm，2022-9-6.
［15］教育部办公厅关于进一步加强推荐优秀应届本科毕业生免试攻读研究生工作的通知（教学厅〔2013〕8号［EB/OL］. http：//www.gov.cn/govweb/zwgk/2013-09/11/content_2485891.htm，2013-9-11.
［16］刘强. 大学生气质类型、家庭教养方式与亲子沟通关系研究［D］. 曲阜：曲阜师范大学，2011.
［17］路遥. 平凡的世界［M］. 北京：北京十月文艺出版社，2017.
［18］求是网. 中国共产党的丰功伟绩［EB/OL］.https://www.sohu.com/a/460677014_117159，2021-4-14.
［19］全国硕士研究生招生考试2023考研数学考试大纲［M］. 北京：高等教育出版社，2022.
［20］全国硕士研究生招生考试2023考研思想政治理论考试大纲［M］. 北京：高等教育出版社，2022.
［21］全国硕士研究生招生考试2023考研英语考试大纲［M］. 北京：高等教育出版社，2022.

［22］搜狐网．青春绽放的模样——河南大学第21届研究生支教团速写［EB/OL］．https://www.sohu.com/a/428012843_119038，2020-10-29.

［23］孙小川．中国青年志愿者研究生支教团政策执行研究［D］．呼和浩特：内蒙古大学，2021.

［24］王友文，续梅．农村学校教育硕士师资培养计划今年全面实施［N］．中国教育报，2006-03-08（第1版）.

［25］徐梦娇．青少年HIV感染者健康信息获取方式和性行为特征研究［D］．北京：中国疾病预防控制中心，2019.

［26］杨雪娇．研究生应具备什么样的特质，才能过好别样的三年？——地理与环境学院丁志伟老师专访［J］．新研究生时代，2021（41）：65-69.

［27］姚歆蕾．基于艾宾浩斯遗忘曲线的英语词汇学习微信小程序的设计与实现［D］．昆明：云南师范大学，2021.

［28］章正．近5年我国大中学生艾滋病病毒感染者年增35%［N］中国青年报，2015-1-26（第01版）.

［29］中国共产党章程［M］．北京：人民出版社，2017.

［30］中国共产党发展党员工作细则学习读本2020［M］．北京：红旗出版社，2020.

［31］中国青年报．青春绽放的模样——河南大学第21届研究生支教团速写［EB/OL］．https://baijiahao.baidu.com/s?id=1681836201489889140&wfr=spider&for=pc，2020-10-29.

［32］中国研究生招生信息网．2022年研招网报流程图（统考）［EB/OL］.https://yz.chsi.com.cn/kyzx/kp/202109/20210916/2109349287.html，2021-9-16.